儒家天下

通经致用的年代

还是定风波 ◎ 著

史上十大口水战
华夏思想三千年 叁

重庆出版集团 重庆出版社

图书在版编目（CIP）数据

儒家天下：通经致用的年代/还是定风波 著；—重庆：重庆出版社，2014.10
（史上十大口水战）
ISBN 978-7-229-08665-7

Ⅰ.①儒… Ⅱ.①还… Ⅲ.①中国历史—汉代—通俗读物
Ⅳ.①K234.09

中国版本图书馆CIP数据核字（2014）第211987号

儒家天下：通经致用的年代
RUJIA TIANXIA：TONGJING ZHIYONG DE NIANDAI

还是定风波 著

出 版 人：罗小卫
策　　划：华章同人
出版监制：陈建军
责任编辑：徐宪江
营销编辑：王丽红
责任印制：杨　宁
封面设计：蒋宏工作室

重庆出版集团
重庆出版社　出版
（重庆长江二路205号）

投稿邮箱：bjhztr@vip.163.com
北京中印联印务有限公司　印刷
重庆出版集团图书发行有限公司　发行
邮购电话：010-85869375/76/77转810
重庆出版社天猫旗舰店
cqcbs.tmall.com
全国新华书店经销

开本：787mm×1092mm　1/16　印张：16.75　字数：260千
2015年1月第1版　2015年1月第1次印刷
定价：32.80元

如有印装质量问题，请致电023-68706683

版权所有，侵权必究

目　录

总序 / 1

第一章　存亡续绝　天人三策
1. 都是秦火惹的祸 / 1
2. 孔子的七重外壳 / 4
3. 好先生与好学生 / 8
4. 六经的命运 / 11
5. 大一统理论 / 15
6. 天下第一策 / 19
7. 天命与情性 / 22
8. 四个难题 / 25
9. 天人第三策 / 30
10. 天道与人心 / 32
11. 天不变道亦不变 / 35

第二章　天地阴阳　王道三色
12. 《春秋繁露》 / 39
13. 天人感应宇宙论 / 42
14. 阴阳五行系统论 / 45
15. 新阴阳家 / 48

16. 五行的新应用 / 51
17. 防灾攻略 / 54
18. 求雨与止雨 / 58
19. 董仲舒的新王道论 / 61
20. 三色世界 / 64
21. 汉朝的颜色 / 67

第三章　春秋大义　原心定过

22. 春秋笔法的秘密 / 71
23. 春秋笔法之用 / 74
24. 微言大义 / 77
25. 张三世与存三统 / 80
26. 《春秋》的社会发展史 / 83
27. 为人处世之道 / 86
28. 程序正义和结果正义 / 89
29. 复仇有理论 / 92
30. 原心定罪与春秋决狱 / 95
31. 春秋决狱的技巧 / 98
32. 原心定罪和自由心证 / 102
33. 必也无讼乎 / 105

第四章　异端叠起　古经之坷

34. 王官学与百家言 / 109
35. 博士制度之变迁 / 112
36. 五经博士 / 115
37. 古文经学之问世 / 118
38. 异端的学者 / 122
39. 古代世界之重现 / 125
40. 古经之争立 / 128

41. 挑战者刘歆 / 130

　　42. 时来天地皆同力 / 133

第五章　古文真伪　周礼治国

　　43. 穿越者王莽 / 137

　　44. 社会风气之流变 / 140

　　45. 换个角度看王莽 / 143

　　46. 春秋大义到周礼治国 / 147

　　47. 两个故事 / 150

　　48. 不靠谱的古文经书 / 153

　　49. 康有为的反对者 / 157

　　50. 不靠谱的伪经考 / 160

　　51. 刘歆真造假了吗 / 162

　　52. 顶层设计时代之终结 / 166

　　53. 禅让制度之复活 / 169

　　54. 谶纬之学 / 173

　　55. 孔子的狗血剧情 / 176

　　56. 谶纬的命运 / 179

第六章　宗师终现　一扫众讹

　　57. 今古文之优劣 / 182

　　58. 后汉今古第一战 / 185

　　59. 昙花一现的博士 / 188

　　60. 经学统一运动 / 191

　　61. 后汉的经学和政治 / 194

　　62. 回到董仲舒 / 197

　　63. 一代宗师的诞生 / 200

　　64. 名师高徒 / 203

　　65. 一生布衣复何求 / 206

66. 小统一时代 / 209

第七章　诗礼传家　昏冠乡射

67. 诗三百的用处 / 213

68.《毛诗》的传承 / 216

69. 孔子的见解 / 219

70. 礼仪之邦的维护者 / 222

71. 三礼的价值 / 225

72. 礼学笔记 / 228

73. 礼的法则 / 231

74. 长大成人之礼 / 235

75. 成家立业之礼 / 239

76. 婚礼"六步曲" / 242

77. 洞房花烛与共牢而食 / 244

78. 公平竞争之礼 / 248

后记 / 252

跋 / 256

总序

老虎有爪子，熊有掌，蝎子有尾巴，而人有口水。牛会顶，马会踢，蜜蜂会蛰，而人会骂。狼会把别的动物咬死，鹰会把别的动物啄死，蛇会把别的动物毒死，而人会把别的人"用口水淹死"。

呜呼，口水之义亦大矣！古书上说，"防民之口，甚于防川"，儒墨相争，孟子把墨家的言论称之为洪水猛兽，口水泛滥起来，如长江之水滔滔不绝，又如黄河泛滥而一发不可收拾，所以先贤们慎对口水，实在是防微杜渐哪！治口水也如治洪水一样，疏胜过堵啊！

口水既然这么厉害，自然很早就被人类当成"生化武器"。人类学家说，语言的产生是人类进化的重要阶段，听说尼安德特人之所以被晚期智人淘汰，正是因为后者有语言而前者没有，可见口水真的是能淹死人的。古书上还说，仓颉造字，有鬼夜哭。因为文字一旦出现，即使千里之外，仍能骂人。鬼魅害人，也要天时地利人和，夜路不行，危路不入，鬼魅也没什么招儿；而人却能骂人于千里，气死人于无形，难怪人越来越多而鬼越来越少了。

等到世上的其他动物都在人类三尺垂涎的鼓动下渐渐消亡，如果没被关进笼子里，多半也端上了餐桌，准备和口水亲密接触的时候，口水战也开始了。古人打仗，往往找几个善骂的，在阵前向对方辱骂，轻则挫对方士气,重则对方"将不胜其忿"而大出昏招,有时久攻不下的围城,竟给"骂"开了。

口水战实在也是文明的标志、时代的进步。古人曾经云过,"君子动口不动手",近人也曾经云过,"要文斗,不要武斗"。现在的那些东夷人和西夷人,时不时在国会上打架。蛮夷就是蛮夷,真是不及我华夏多矣,须知这世上有很多完全不用动手就能达到目的的办法。清朝有人为钗黛的优劣争得"几挥老拳",真是斯文扫地,斯文扫地啊!哪怕在墙上写上几句什么"喜欢林黛玉的是小狗",或"喜欢薛宝钗的是乌龟变的",也要文明得多啊。所以如果在菜市场看到两位大妈吵得面红耳赤,掉了一地的生理器官,一定不要生气,须知我们人类与那些只会动拳头的猩猩表亲们的区别,也就在那两片上下翻动的嘴皮子上了。

古罗马人特别推崇演讲术和雄辩术,善于讲演善于辩论者备受追捧,名满天下,有些人甚至在临死前把遗产赠送给他们。文明就是文明哪,哪像那些来自北方的日耳曼蛮子,天天就知道打打杀杀。我们华夏作为东亚文明的中心,自然也不逊色于西方。两千年来,有多少场重量级的口水大战,令后人至今想望其风采。

口水战又名舌战。想当年,有多少青年才俊靠着"三寸不烂之舌"封侯拜相,位列公卿。可恨那韩非,自己说话不利索,也不许别人说话;又可恨那孔丘,自己不会甜言蜜语,却说别人"巧言令色,鲜矣仁",以至千年以来,大道之不行也久矣。看今天的粉丝之争,明清之争,中西医之争,不仅不能把祖宗家业发扬光大,简直是一代不如一代。靠着这些口水战,慢说什么六国相印,就是六盒月饼也混不到啊。本着"为往圣继绝学,为万世开太平"的精神,又岂能不把这些口水大战写出来呢。

有人又要问了,什么样的大战才能入选"十大"呢?史上的口水战可谓多矣,但够得上"十大"的,第一是级别够高,第二是影响够大,第三论战水平够给力,第四还要双方力量够均衡。如果力量相差悬殊,那不叫战,那叫殴,比如雍正把曾静关在牢里,像审犯人似的一问一答,最后声称对方被自己说服,那就不叫战,而叫殴;如果只见一方骂骂咧咧,另一方置之不理,那也不叫战,那叫攻,比如宋儒辟佛,却不见和尚来辟儒,那就是攻；如果一方动口，另一方动手，那也不叫战，那叫谁骂我我就打谁，比如清流东林们和宫里的残疾人互相看不惯，一个会骂，另一个就会杀。十大口水战就是十次华山论剑，东邪打西毒叫华山论剑，东邪打欧阳克就不能叫华山论剑，东邪打官兵当然更不能叫华山论剑了。

当然还有人不服——你说那个是"十大"，我偏觉得这个是"十大"。很好，孺子可教，学以致用，知行合一，第一战就从谁能进"十大"开始。但是别忙，我还没说出哪个才是"十大口水战"呢，又为什么这些才是十大口水战？等细细说完了，再来分辨计较。

在请出十大口水战之前，再来一段《口水歌》吧。古人作文如作画，讲究反复渲染，又如做川菜，要把味儿做足。我既要"存亡继绝"了，又岂能不再渲染一回，也算是提纲挈领了。

鸿蒙开辟，六合炜炜。
天倾八极，地裂四维。
有圣人出，荐为五味。
辛甘交伐，乃有口水。

其形若何，淫雨霏霏。
其采若何，云蒸霞蔚。
其生若何，宿鸟惊飞。
其地若何，驴唇马嘴。

儒墨相攻，猛兽洪水。
盐铁善论，国事堪为。
两汉经学，今古谶纬。
牛李互斗，士族式微。
熙宁新旧，汴京遂围。
鹅湖之会，旧事堪追。
释家老子，高下者谁？

立宪革命，其辞蓁斐。
国学西学，洋奴夏鬼。
救亡启蒙，甘冒不韪。

雄哉口水，取齐亡魏。
壮哉口水，变乱宫帏。
神哉口水，食之可肥。
至哉口水，皆言可畏。
圣人用之，天下称美。
奸人用之，人间鼎沸。

能不慎哉，口水之威！
一言可兴，一言可毁。
人身百物，以此为贵。
如尚疑之，必召谤诽。

第一章　存亡续绝　天人三策

1. 都是秦火惹的祸

　　剧情其实很狗血。

　　很多年前抱错的两个孩子，造成了很多年后一场悲剧——啊，不对！这是傅红雪。

　　很多年前两位前辈误读了一本武功秘籍，造成了江湖一个大门派的分裂，自相残杀，人才凋零——啊，又不对！这是华山派的气剑二宗。

　　很多年前两种不同文字的经书，造成了儒家内部的大分裂，其争斗历时两千年——啊哈，这下终于对了！这是经学的两大派别。

　　融合儒道阴阳为一体，打造儒家新纪元，开创了一个全民学经、通经致用新时代的董仲舒，大概没有想到，一百年后，另一种版本的经书会横空出世，并拉开经学两大派系的大斗争。

　　要怪只能怪秦朝的那把大火——我指的是项羽烧的那把。

　　有同学要问了，为什么不怪秦始皇和李斯烧的那些火呢？那些火可比项羽烧的要厉害得多，也要广泛得多。是的，你说得都对，可谁叫项羽烧的是最后那一把呢？

秦始皇说了，我一生就做了两件大事：一件事是消灭了六国，另一件事是消灭了旧文化。灭六国这件事被无数人说了无数遍，基本上是肯定的居多，原因无非是统一总比分裂要好，又无非是郡县总比封建要好，还无非是，神州地方这么大，人口这么多，没有个强有力的领导层，能行吗？但也有人有不同的意见，这些人要么觉得封建也有封建的好处，要么觉得秦始皇创立的制度，是两千年专制社会的开始。

不过对于秦始皇消灭旧文化的事，就是否定意见居多了——原因嘛，大约是因为我们中国人实在是一个喜欢"朝后看"的民族。西方文化里，理想国在海外，亚特兰蒂斯在海外，而美国的大片里，科幻题材不知凡几，他们的理想世界，总在那遥远的地方，在天边，在将来；而咱们的黄金时代，则总在过去。尧舜禹汤，贞观之治，康乾盛世，那都是很好很好的。所以世风总是日下，人心总是不古，而如果把市面上的古书全部销毁，把电视里所有的古装剧全部删掉，很多人恐怕会瞬间无所适从吧？

秦始皇做的就是这样的事。

他消灭的旧文化有：旧文字——所有的繁体字都一律不准用，全部改成李斯创制的简化字；旧礼乐——所有的封建礼俗一律要消除，新社会的一言一行，以法律为准；旧家族——封建社会大家庭一律进行拆分，成人之后，父子必须分家，结婚之后，兄弟必须分家；旧城市——什么临淄、大梁、定陶、蓟城、郢都这些历史文化名城，一律进行破坏，新世界的中心只有一个，那就是咸阳；旧历史——六国的史书一律销毁，那些书对新制度极尽诋毁之能事；旧书籍——最最根本的，是所有的旧书，全部没收、焚烧，旧社会旧文人写的东西，一律按大毒草论处。谁家要是藏了旧书，烙铁、铡刀和绳子，随便选一样——注意，这不是美剧《越狱》第四季，绳子不是用来逃跑的，是用来向阎王报到的；这也不是大清朝十大酷刑，烙铁不是用来屈打成招的，而是用来具五刑的，这是大秦朝的七十二种死法。别挣扎了，爱读书的人们，知识分子将成为一个历史名词，他们将成为劳动人民的一员，修城墙，筑陵墓，种庄稼，扫厕所……

不过，秦始皇却给自己留了个后门儿。也就是说，虽然普天之下的旧文化给消灭干净了，旧书籍给焚毁得很干净，但在咸阳宫中，却留了那么些个旧东西。书留了一些，以供秦始皇欣赏——啊不对，是批判。人也留了一些，以供秦始皇咨询——啊又不对，是改造。

那些人被称为博士。

什么叫士？士曾经是贵族的最底层，后来是平民的最上层，再后来，差不多就是知识分子。士是无恒产而有恒心的那些人——士就是明明过着农夫的日子，却有着王侯一样的社会责任感的人。什么叫博？博就是什么都懂，博就是跟文艺男聊政治，跟科学家谈穿越，跟文科生谈元素周期表，跟理科生谈日期变更线。所以那些人就是所谓"通古今"、"备顾问"的。

这些人里有儒、有道、有阴阳，可能还有墨啊兵啊什么的，反正是百家都有，不过总数只有七十人，据说七十这个数目是为了向当年齐国的稷下学宫致敬。区别是，齐国稷下学宫是向全社会开放的，而秦国的博士是给皇帝特供的专家团队。

有同学要问了，秦始皇不是认为读书不好吗？不是反对专家治国式的贤人政治吗？为什么自己还搞了个七十人的专家团队呢？这位同学就有所不知啦，不想让别人学，不代表自己也不会去学。像那些关闭国门，不准人民学习外国的东西，自己却躲在小书房里学习西方科学的人，很显然，都是别有用心；想让别人都糊涂只有自己一个人聪明的，对不起，我说的是康熙。还有像那些反对百姓黔首读很多书，尤其反对读古书，百姓黔首除了官府文件什么都不必知道，而自己却藏书满室，手不释卷的，很显然的，也是别有用心；想让别人都糊涂只有自己一个人聪明的，对不起，我说的是秦始皇，秦始皇每天的阅读量都要一副担子才能挑得动。

这样一来，等民间的诗书百家语全部销毁干净，这七十个人就是仅存的能安全研究诗书百家的人了。对不起，忘掉了一个，那就是秦始皇。通古今的人是很少的，但有人比他们更通古今一些，那就是秦始皇。所以没过多久，秦始皇就发现这些人其实不靠谱，比如那个叫淳于越的儒家，居然主张恢复封建，这叫什么话！封建制度那么落后的制度，居然让我们恢复它？李斯，给我骂！还有些神仙家，说要替朕找不死药，可怎么看都像是骗人的！没说的，给我滚！什么？居然背地里骂我对知识分子不宽容？没说的，给我刨坑埋了！后世都说秦始皇坑儒，其实最主要是因为这些人里只有儒家成功逆天。当年被"坑"的，其实啥人都有，最典型的，却是方士。

不过秦始皇那套"知识越多越反动"的理论，还真的造成了广泛的影响。刘季，不爱读书，拿儒生的帽子当夜壶；项籍，不爱读书，连兵书也不学。刘季先入长安，只顾泡美女，同行的萧何强一点儿，不过也只是把地图、户口本什么的带走；项籍后入长安，一把火给烧了个干净。这把火之后，世上再也没有成文字的诗书了，真好，真好。

不过秦始皇千算万算，没算到大秦朝那么短命，只十五年就亡了。

结果诗书并没有失传，因为总有些强人在你削一只水果的时候秒杀一道算学题，总有些强人在你爬到树上捉一只知了的时候记住一首诗，总有些强人在你虚度一年光阴的时候记完一整本的《周易》。结果就是秦朝都死了，而他们还活着。什么是活经书，他们就是活经书。他们甚至已经忘记了繁体字的写法，但他们还记得那些经文。

这就是今文经学的来历。

当然，他们是不会称自己为今文经学的，因为他们就是经学，唯一的经学。他们不知道一百年后，有一些用被秦始皇消灭的繁体字写成的不一样的经文，被挖了出来。那一挖，让整个经学体系天翻地覆，再也无法复原。

2. 孔子的七重外壳

孔子有很多身份。这些身份就像魔法师手里的套娃一样，熔掉了外面的一层，才能看到里面的。经学的面目，当然也是一样。

第一重身份是"先师孔子"。

最初的孔门弟子眼里的孔子，就是"我的老师孔子"、"尊敬的长者"、"一个仁者"之类。他们对孔子的尊敬就像一个学生对最尊敬的老师的尊敬，也是一个晚辈对最尊敬的长辈的尊敬。孔子的价值在于为人师表，在于传道、授业、解惑，也在于他实实在在的亲和力。他诲人不倦，人不知而不愠。但也有生气的时候,那便是在弟子白天睡懒觉的时候,或者在弟子帮权臣谋私利的时候。也有悲伤的时候,那便是在弟子英年早逝的时候,在弟子君子临死也要把帽子扶正以保持庄重仪表的时候。也有叹惜的时候,那便是在理想得不到实现的时候,在弟子描述了一幅沂水暮春情境的时候。还有情急的时候,那便是在弟子怀疑他和南子有暧昧关系的时候……这些都是师生之间的常态。

那孔子眼中的孔子又是什么呢?"述而不作",自称并没有写什么原创性的东西,不过是把传统文化传播一下而已——我不是国学大师,也不是学术超男,我只是一个文化传播人。"有教无类",自称只要带十条干肉,就可以到他的学堂里读书,不问高低贵贱,不问贫富贤愚,只要来,都可以教。

教什么呢?六经——《诗》《书》《礼》《乐》《易》《春秋》。《诗》,可以多认识一些草木鸟兽的名字,也能让心灵更为洁净;《书》,可以了解古代的文献;《礼》,让人变得优雅、文明、谦和、得体;《乐》,可以陶冶情操,也可以让人优雅知礼;《易》,可以认识世界万物的变化规律,还能知道一些吉凶;《春秋》,知道近代的历史,知道世道人心。

所以那时候是没有什么经学的。所谓的经书,不过是孔子这个平民教育家拿来教学生的课本。而这些课本,本来只有贵族才能读到。

可虽然孔子一生最大的事业在于平民教育,在于他是第一个成功进行平民教育的人,而他一生最大的理想,却似乎不只是平民教育。他有政治上的抱负,所以他又有了更多的身份。

他的第二重身份是墨家给他的。这身份是什么呢?无信仰者孔子,虚伪者孔子,装逼者孔子。

孔子无信仰,不信鬼神,不畏鬼神。一个人连鬼神都不怕,该有多可怕!孔子虚伪,明明不信鬼神,还要祭神如神在,要做出样子给别人看,明明主张仁义,可真正途穷了,还不是生存第一;孔子装逼,搞一堆不清不楚的仪式,花一堆不明不白的钱,请一堆不三不四的人,说一堆不痛不痒的话。

第三重身份就是后来的儒家,孟荀们给他的了。这身份又是什么呢?

王道的倡议者孔子，圣人孔子，理想主义者孔子。

到了这时，孔子开始提倡"王道"。虽然在孔子的时代，更常听到的称呼是"君"或者"君子"之类。到了这时，孔子也有了更为完整的政治蓝图，虽然在孔子的时候，他无非跟学生们聊聊人生、诗歌、音乐以及理想，谈到政治的时候，也无非就是统治者一定要言行一致，诚信为执政之本之类的家常话。

第四重身份是法家给他的。法家的帽子比较大，是落后的顽固的封建思想总堡垒，是死不悔改的新社会的敌人，是毒害头脑腐蚀心灵的五种害人虫里最最厉害的一种。

所以孔子的那些书，那些孔子从贵族们的书房里拿出来、教给平民的贵族教育课本，就成了最大最坏的大毒草，必须彻彻底底地撕掉，再加上一把火。必须批孔子，批周公，必须消灭一切害人虫，全无敌。

所幸的是法家当道的日子不久，这一重身份并不算深入人心。

第五重身份是今文经学给的。

在今文经学家那里，孔子是大政治家。六经嘛，当然是孔子亲自写的了，那么重要的东西，怎么可能假手别人？而六经里，最最重要的，当然是《春秋》了，因为孔子在《春秋》这本书里就把几百年后的社会蓝图都给描绘好了。而六经，都是他的治国方略，只看你怎么去理解它。《春秋》可以用来断案，《禹贡》可以用来治水，只要你把经书看通了，你就可以治国安邦，下对得起百姓，上对得起朝廷，中对得起良心。

不过古文经学家却不这么看。古文经学家说，孔子不是大政治家，他是——他是大历史学家。

古文经学家认为，孔子最大最大的贡献，是保存古代文化，传播古代文化。六经根本不是孔子写的，孔子只是修订、整理和传播。不信，我来告诉你证据——不过嘛，你得先学习一些文字、音韵和训诂的知识，这样你才能像我一样，了解那些上古文字的奥秘。也只有这样，你才能了解孔子的伟大之处。没有孔子，上古的文化就永远永远地失传了，再也没有人能理解，更没有人能继承。你问六经里什么最重要？当然是礼了！读礼的时候，你能看到那个上古的骑士社会，那个贵族时代，那是古代传统文化的核心,是周公整理三代礼仪而创制的,到孔子时代已经没落,孔子整理三代礼仪,当看到周礼时,叹为观止,说"吾从周"。

可到了宋代,又有一群人说,你们都说错了,孔子的真正身份是——思想家、伦理学家。你问六经里什么最重要?我告诉你,六经都不重要,六经那都是给俗人看的,只有《论语》才是留给最最理解他的人看的。

思想家当然只有思想家才能理解,所以宋明两代出了无数的思想家,各有各的学问,各有各的思想,什么濂溪之学,什么康节之学,什么横渠之学,什么明道之学,什么伊川之学,什么晦庵之学,什么象山之学,什么浙学,更别说王阳明之后的那些光怪陆离了。头脑风暴的结果就是出了李贽这个异类,说六经嘛就是那么回事,要么就是史官拍马屁的东西,要么就是古代文件汇编,还不全,要么就是一些悟性有限的弟子,记忆不清,记后忘前写的笔记,还都是两千年前的东西,谁知道管不管用。

连李贽啊、狂禅派啊这些东西都出来了,宋学自然保不住,所以孔子这一层外壳最先被烧掉,露出了里面的古文经学。加之以清朝文字狱,文字、音韵和训诂嘛,最为安全,所以古文经学复兴了两百年,直到章太炎这最后一个古文经学大师。

可古文派考据式的经学,在洋人的枪炮之下,显得毫无用处,这一层外壳也就被烧去了,真刀实枪,通经致用的今文经学露了出来,风光了那么几十年。而最最著名的今文经学大师就是康有为,所著《新学伪经考》声称所谓古文经学的那些经书都是假的,是刘歆伪造,帮助王莽上位的东西。其影响之下,造成了认为古书十有八九为假冒的古史辨派。连主张不看古书的鲁迅都看不下去,说"他是有破坏而无建设的,只要看他的《古史辨》,已将古史'辨'成没有"。今文经学的壳又被烧掉。

于是把孔子说成落后的顽固的封建思想总堡垒的"打倒孔家店派"出场。五四以降,孔子成了"反封建"的主要对手,虽然他们眼中的"封建",已与两千年前韩非子眼中的"封建"不同,虽然他们认为的专制社会,三纲五常之类,正是拜韩非子所赐。而更奇怪的是,数十年后,竟迎来了又一次拥法批儒的高潮。而且与两千年前相同的是,这次拥法批儒又没有持续多久。

这一层外壳烧掉之后，就是孟子、荀子及墨子那里的孔子，仍在那里斗来斗去。他们可能没想过，孔子的第一重身份，其实是个老师。

不过不管他们有没有想过，真正让孔子成为后世那个影响深远的孔子的，正是这第一重身份。正是孔子"有教无类"、"因材施教"、"言传身教"、"为人师表"的教育方法，让儒家从孔子之后三百年，代代相传，挨过了秦朝那段惨淡的岁月，终于发扬光大，否则，又哪儿来的今文经学呢？

那么从孔子之后，到董仲舒之前，这些儒家弟子们又是如何代代相传的呢？且听下回分解。

3. 好先生与好学生

好先生难得。江南七怪教了许多年，还不及马钰教几个晚上管用，虽然马钰不过是教些呼吸、走路、睡觉的法子。岳不群教了许多年，也不及风清扬教几个晚上管用，虽然风清扬也可以说只教了九招，也可以说是一招都没有教。

好学生也难得。所以岳老三居然希望从一根骨头的位置上来寻找好弟子，最后给自己找了个见了就要躲的便宜师傅，一个便宜师娘。所以少林那么多弟子练了那么多年，居然让一个火工头陀给比下去了。

没有好先生怎么办？东学一招西学一招，听说天才都是自我培养的，郭靖和杨过，你能说是哪一家的弟子？尤其是那个杨过，好不容易认了一代宗师的郭伯伯，可人家不教武功，好不容易入了武林大派，可只被欺负，除了背叛师门另寻明师，还有什么法子可想？

经学也是这样。那些背经书背得昏头昏脑的弟子们，只听先生说儒家以外，都是些歪理邪说，少年子弟轻易信不得的；又听说能通一经就很不容易，不宜贪多务杂好高骛远。可他们不知道，那些博宿鸿儒们，不仅通经，而且通史，而且通子、儒、墨、道、法、兵、名、阴阳，无一不知无一不晓呢，那些歪理邪说都入了他们自己的学问呢。孟子有墨侠气，荀子有道法气，董仲舒多阴阳灾异，而朱子道、陆子禅呢？

没有好学生怎么办？两个办法。

第一个办法，顺其自然。他能学什么就让他学什么，他能学多少就让他学多少。比如九难神尼只教韦小宝神行百变，而黄药师只教哑姑三招。

孔子对学生就是如此，有教无类，因材施教。子路问，听到一件正义的事，应该马上去做吗？孔子说，你想想你的爸爸妈妈吧；而冉有问同样的一句话，他就说，做吧，赶紧去做。

这么做的好处是，不搞标准答案，让学生顺其天性发展，成材率非常高，桃李满天下，孔子弟子三千，通六艺者七十二，这个成材率，在当时似乎还没有第二个。坏处之一是对老师的要求很高，你得洞察每个学生的长处，在适当的时候给以帮助，玉不琢不成器是不假，可琢坏了算谁的？坏处之二是你不搞标准答案，可后世那些迷信标准答案的，可就头脑短路了。你一会儿说听到正义的事情不应该立即做，还得回家请示父亲大人，一会儿又说赶紧去做，别犹豫了，这到底哪个是对的啊？

所以还有第二个办法——死记硬背。记下来，相信后世有那种聪明的弟子，参悟其中的奥秘。如果洪七公的降龙十八掌，不是每一掌都要弟子学上几个月学得烂熟才能传下一招，而是让弟子一代代地牢记下去，收了弟子第一件事就是全部记住。虽然武功还是可能不济，也不至于降龙十八掌变成降龙十五掌，再变成降龙十巴掌了。

孔子的弟子子夏就是这个办法。

别看子夏在孔子门人中毫不起眼，论悟性不如颜回，论武功不如子路，论治国不如冉有，论经商论外交不如子贡，连看着孔子修春秋，都是一点儿建议也提不出来，"游夏之徒，不能赞一词"。可是孔子六经传承中，子夏却算得上第一功臣，虽然子夏师承之下，多半也都是毫不起眼，可人家就能在三百年间，把经书传得八九不离十——三百年哪！

孔子之后，传说儒家分成了八派：子张氏，子思氏，颜氏，孟氏，漆雕氏，仲良氏，公孙氏，乐正氏。又传说这八派中，颜氏把《诗》传了下去，孟氏把《书》传了下去，漆雕氏把《礼》传了下去，仲良氏把《乐》传了下去，乐正氏把《春秋》传了下去，公孙氏把《易》传了下去。还有一种传说，子木学了《易》，子开学了《书》，子贡学了《乐》，而孺悲大约是自幼失怙——看这名字就知道，对《士丧礼》情有独钟。似乎是没子夏什么事，不过时间证明，没他们什么事儿才是真的。

不知道子夏是咋教学生的，大约就是一个字——背，两个字——死背，三个字——必须背，四个字——不背不行。在别的门人们忙着从政、从商、从文的时候，在别的门人们说，不用急着背，反正咱有书呢，子夏的门人，还有门人的门人，总是在那里摇头晃脑，一直晃到两千年后，大小私塾里，先生们还在拿着戒尺要学生们往死里背。

结果就是别的门人们，门人的门人们，几代下去，或者失传，或者虽然学问都记在书上，可书是会被烧掉的，而子夏的门人，传了三百年，居然还发扬光大了。

五经之中，有两经都与子夏直接相关。

《诗经》是从子夏传到曾申。曾申是曾参的儿子，曾皙的孙子，不知道为什么不跟他爷爷学着玩小资，或跟他爸爸学《孝经》，却跟子夏学《诗经》。他还有个典故就是小的时候，老爸带他上街玩，他闹，他爸就说别闹了，爸爸回家杀猪给你玩，然后回家后，虽然猪还小，还真杀了。君子就要讲诚信，一言既出，什么马也难追，哪怕是对自己的儿子。可见言传身教也是儒家师承中的不二法门。曾申的弟子里最著名的是吴起，不过跟他学《诗经》的，却是李克。然后是孟仲子、根牟子，都是些很古怪的名字。然后，然后终于等到了一个天才的学生，荀子。跟荀子学诗的则是浮丘伯，又是一个古怪的名字。不过这之后，却——不是失传了——是出现了三家，什么鲁地的申公、齐地辕固、燕地的韩婴。想是浮丘伯这位老爷爷口齿不清，来自三个地方的学生操着不同的方言，学到了不同的《诗经》。

还有一经直接传自子夏，那就是《春秋》。而学《春秋》的，又是两个名字古怪的孩子，一个复姓公羊，另一个复姓榖梁，这两个复姓还很押韵，所以很多年以后，又有人怀疑这两个人其实是同一个人，只是方言不同口音有别——又是方言惹的祸。

不过主流看法是这样的。

复姓公羊的叫公羊高，传给了公羊平，再传给了公羊地，再传给了公羊敢，长得又高，又有水平，还有地，高富帅啊，当然敢了。然后是公羊寿，高富帅还长寿，似乎这个《春秋》就是姓公羊的了，结果后来却传给了胡毋生。又是一个很古怪的名字，《史记》叫了胡毋生——干吗要出生？《汉书》叫了胡母生——这不废话吗？谁不是妈生的啊！人是人他妈生的，妖是妖他妈生的。可见取名字，不取一帅，就取一怪，怪名字，想不出名都难。然后又等到了一个天才——董仲舒。有人说董仲舒是胡毋生的弟子，也有人说不是，但是不是已经不重要了，董仲舒终于让公羊家的《春秋》发扬光大了。

复姓穀梁的叫穀梁赤，中间不知道传了些什么人，又传到了荀子。这个荀子也算是六经的功臣——没孟子什么事儿，又不知道传了几个人，传到了申公——玩《诗经》的那个。

《诗经》和《春秋》，算是经子夏之手，流传后世，终于发扬光大。那么其他几经的命运如何呢？

4. 六经的命运

对于荀子来说，也许子夏真是个难题。

因为子夏和荀子都是六经传承里最重要的人物，六经里，至少有四经都与他们有关。从这个意义上说，子夏还算得上荀子的师承了。可荀子打心眼里不喜欢子夏。

荀子欣赏的人物里，孔子以下，只有一个子弓。

不仅如此，子夏——也许是子夏氏的弟子们，甚至被荀子骂成"贱儒"，"正其衣冠，齐其颜色，然而终日不言，是子夏氏之贱儒也"，每天穿得整整齐齐的，板着个脸，一天下来，不说一句话，你说这不是贱是什么？

荀子说的大概是真的。因为有一次子贡问老师，子张和子夏哪个更贤明？孔子就说，子夏贤明得还不够，而子张太过贤明了。子贡就说，那还是子张厉害啊。孔子说，所说你没明白，过犹不及啊，凡事不能过头，过分谦虚就等于骄傲，而过分骄傲就等于自贬。骄傲和谦逊嘛，都要讲分寸、讲火候，贤明也是这样。子张呢，儒家里的侠客派，急公好义，眼里揉不得沙子，上纲上线，结果水至清则无鱼，搞得别人很紧张；子夏嘛，架子太少，气场太小，面相太老，讲话太绕，你说这两人哪个更好呢？

不过正是这个整日板着脸的"贱儒"，最后让儒家事业得以最大化地传承——如果六经都传丢了，儒家还玩什么？

子夏能教出好学生，除了拼命叫人背书之外，大约还有另外一个办法，就是告诉别人，读书有用。因为子夏是"学而优则仕"理论的提出者——这实在是凤凰男的福音，"书中自有千钟粟"，"书中自有黄金屋"，"书中自有颜如玉"。而子夏能提出"学而优则仕"，或许正如荀子所说的，他自己出身寒微，小时候家里穷，幸亏孔子有教无类，自己又读书用功，才有了后日的成就。他了解凤凰男的苦衷和不平——那种自己明明比官二代强，可只是因为出身，永远也赶人家不上的苦衷。那种"世胄蹑高位，英俊沉下僚"的不平。他告诉别人，你也可以做到的，就像我一样。

但不管怎么说，子夏算是孔子嫡传弟子里，教育成就最高的。居魏国数十年，开创西河学派，育人无数，弟子中不乏出将入相者，如李克、李悝、吴起。吴起显然是凤凰男的另一个标本，他的命运，实在和荀子的学生李斯有着某种相通之处，虽然从某种意义上说，他们又都违背了老师的教诲。

除《诗》和《春秋》外，另外两本经书也与子夏颇有渊源，虽然传承者另有其人。一本是《易》，据说，子夏为《易》作传。还有一本是《礼》，据说子夏作《丧服传》。

据《史记》记载，传《易》的首先是商瞿。为什么没有传给更为好学的子夏，而是商瞿？大约是因为《易》这本书和别的不一样。就说通经致用吧，没有哪本经比《易》更能致用的了，因为《易》可是一本上古预测学秘籍啊。器局狭小、过于谨慎的子夏，打卦算命，又哪里及得上卜事皆验的商瞿呢？商瞿之后是桥庇子庸，接着是馯臂子弓，接着是周丑子家，再接着是孙虞子乘，都是很古怪的名字。虽然上古喜欢姓名字连举，严格说来商瞿应该叫商瞿子木，子夏应该叫卜商子夏，可子夏即使这样称呼，也不及那几位的名字来得命格清奇啊。

最后接经的是田何——齐国的王族田氏后人，弟子众多，东武王同子仲，洛阳周王孙丁宽，齐服生，都是非富即贵或至少名头很响的人物。田何一直没有做官——学《易》的哪能没点儿傲气？而汉惠帝则亲自登门求学——学《易》的就是这么不简单，一下子让田何成了汉初《易》学宗师。

学《易》的还有一件比较拉风的事：秦朝焚书，六经之中，据说唯独《易》没有被焚——即使是最伟大的秦始皇他也要占卜的嘛。

相比之下，《礼》、《乐》的命运就不太好了。《礼》本是儒家的看家本领，孔子就是做司仪出身的，通《礼》的弟子也很多，可师承流传却乱七八糟，以至于秦始皇封禅时，几十个儒生都没个统一的说法。汉初的时候，曹参请的几十个儒生又是没人能说出个所以然，还不如一个道家的老爷爷盖公。秦火之后，不是靠叔孙通有些急智能撑撑门面，恐怕早就被淘汰了。

《乐》的命运更坏，本来那年月没有五线谱，音乐本就难以流传，再遇到墨家那种音乐盲横行，又遇到法家那种"工作狂"当道，失传也就在情理之中了。《乐》的失传，也就让"六经"变成了"五经"。

《易》的传承很神奇，《礼》的传承很混乱，《乐》的传承很悲惨，而《书》的传承则很普通，普通到了根本不容外人置喙的地步，因为虽然有个漆雕开据说《尚书》学得很好，可《尚书》却始终在孔家人那里打转。先后是孔鲤——孔子唯一的儿子，孔伋——人们更多称他为子思、孔白、孔求、孔箕、孔穿——公孙龙的辩论对手之一，孔顺，孔鲋。平平无奇了六代，直到孔鲋这里才终于有了故事。

故事的内容是这样的：孔鲋赶上了秦始皇灭六国的非常时期，而这个秦始皇至少在一开始表示出了对旧社会知识分子的优容，要征儒生们做博士。孔鲋呢通读经史，是个明白人，又跟魏国名士张耳、陈余交好，自然知道这个博士未必那么好当，可又不能直接拒绝。怎么办呢？有办法！就是让自己那个很会做人也很会做官还很会讨人欢心的弟子叔孙通过去。叔孙通当然是不负所托，不仅在秦朝游刃有余，做了秦始皇的待诏博士，又做了秦二世的博士，见秦朝快不行了，又跟了项梁和项羽，看到项羽不行，又投奔刘季，最后做了刘季的博士，太子刘盈的太子太傅。这个叔孙通在后代那些读死书的人看来，未免有点儿不齿，因为叔孙通居然不忠于任何一位国君——他们不知道连孔子也说"危邦不入，乱邦不居"的。可叔孙通却实在是儒家的功臣，不仅在于他保存了儒家的实力，投靠了真正的明主，而且在于他及时向老师孔鲋通风报信，告诉老师，丞相李斯要焚书啦。这样孔鲋才得以及时地把所有的古书都藏到了祖堂的墙壁里，自己隐居到山上——那年月山里还没有庙。要是没有这次通风报信，可能就没有后来的古文经学了。

可事情并没有结束。没过几年，陈胜吴广起义了，势头很猛，席卷半个秦国，响应者无数。孔鲋认为一次新的"汤武革命"来到了，在这样的时代里，又怎么能没有我的参与呢？于是孔鲋带着礼器——其实就是古董啦——毅然加入了革命队伍，最后——你问最后？最后就像很多革命者一样，被可耻的反动派残忍地杀害了。

好在孔鲋虽然牺牲了，带着他的古董——应该叫礼器了——但他的经学事业并没有结束，《尚书》仍然流传了下来。只不过，有点儿小问题的是，为了防止秦朝的焚书之祸，孔鲋藏书的秘密，也没有告诉别人，这个秘密被他永远地带进了地下，直到很多年后，一个可耻的拆迁队把那些书给挖了出来。

孔子的七世孙孔鲋至死也不是什么博士，而成了烈士。孔子最用功的弟子，传承孔子六经最大的功臣，提出"学而优则仕"的子夏，他的后人也不是什么博士，他的后代的后代的后代，也不知道多少代之后，反正是两千年之后，康熙年间，才将他不知多少代的后代卜尊贤授为五经博士。而在当时成为博士的，却是另外一些人，比如叔孙通之流，这实在是命运的吊诡。

不过幸好，到得汉武帝刘野猪当政的时候，一个真正的当之无愧的博士，无论是品行，还是才学、见识，都当之无愧，被称为"当世孔子"的人物出现了——这个人，就是董仲舒。

5. 大一统理论

董仲舒是出身公羊的。

这并不是说董仲舒家是放羊的，放羊也不会只放公羊啊。也不是说董仲舒是白羊座什么的，虽然白羊座有个别名叫牡羊座，牡羊就是公羊，可那年月不但没有什么十二星座，连十二生肖也没有，甚至连甲子年乙丑年都见不到，那年月都是说旃蒙大渊献啦、强圉大荒落啦什么的。

而是说董仲舒学的是《春秋经》的公羊传——也就是据说公羊高传授自子夏的那个东西。

有同学要问了：有必要分得这么细吗？儒家不是要学六经、通六艺的吗？为啥非得说学《春秋经》？学《春秋经》就学《春秋经》，干吗非得说学公羊？

这位同学就不知道了，把你放到那秦朝焚书的时代，随便找本书都是大毒草，谁家里藏，就说谁是现行反革命。你的家里，你的亲戚家里，除了始皇帝的重要讲话，连个带字的木片儿竹片儿都很难找到。在这种情况下，你能保证把六经全部背下来，把六经的解释也全部背下来，并且一字不差地传给你的儿子或学生吗？做得到吗？

做不到是吧？儒生们也做不到。所以他们化整为零，一个人能记得一部经，那是天才。实际上，一个人能记得半部经就不错了。就说那个《尚书》吧，一个叫伏生的，也是把书封到墙壁里，到了汉朝才拿出来。据说有百篇的《尚书》，只得了二十九篇，这还是藏书，要是背书，伏生九十多岁了，晁错去学的时候，能传授几篇？何况《春秋》本来就有两套传经班子，两套教辅。

这样，董仲舒，还有与他同时的胡毋生（或胡母生），都是学公羊出身的，都是公羊学的大师。不同的是，胡毋生所做的，限于公羊，把公羊学更加完善、更加系统化了，而董仲舒的视野远超《公羊》，直接《春秋》，远超《春秋》，直通六经，甚至不仅限于六经，墨家、法家、道家、阴阳家的学问都学了个遍。而且最要紧的，他不限于把老师传给自己的公羊学继续传承下去，而是要以《春秋》为基础，以儒家为核心，吸收墨、法、道、阴阳诸家，重造儒家。这个儒家，不再是先秦那个天天喊封建、天天喊复古、天天喊民贵君轻，对于新兴的郡县时代完全不能适应的儒家，而是一个主张统一、与时俱进、重新界定君权范围、通经致用的新儒家。而且这个儒家因为吸收了墨法道阴阳，所以虽然名字叫儒家，却是实实在在的，是一个大一统的理论，有了这个理论，就够了。

也就是说，胡毋生还是那个经师，还停留在传经时代，而董仲舒已经脱胎换骨成了鸿儒，开创了通经致用的年代。

不过，吸引诸子百家，打造大一统理论的，董仲舒不是第一个，也不是最后一个。

最早打造大一统理论的是吕不韦。那个名义上以法家为基础，实际以儒道为主力，吸收百家理论的《吕氏春秋》，本来能够成为秦帝国的指导意识形态，让秦国不仅在地域上一统天下，在思想上也实现大融合。可这个吸收太多异端思想的大一统理论，却被秦王政给无情地抛弃了，连吕不韦也被当成修正主义典型进行了批判，最后在革命群众的反对和孤立中可耻地自杀了。

这样《吕氏春秋》也就束之高阁，没有发挥其指导实政的机会，连其编著者也不得善终。

董仲舒之后嘛，就不用多说了，什么以玄学入儒学啊，什么三教统一啊，连儒家都华丽变身了好几次。

甚至在同时代，董仲舒也不是唯一一个搞大一统理论的，甚至也不是唯一成功搞大一统理论的。

比较典型的，就是淮南王刘安。

淮南王刘安，刘邦的孙子，刘长的儿子。刘长死后，国分为三，其中一个就是刘安。刘安封地有十五县，规模比不上汉初的吴王、楚王，也比不上其父淮南王，但施展自己的理想抱负，却是够了，不是传说汤最初只有七十里，文王最初只是百里吗？

刘安的理想是什么呢？无为而治，国泰民安，创造一个道家的乐土。

而且他也几乎做到了，至少在他的淮南国内。

这样的理想，当然少不了一种与之相应的理论。老子庄子固然好，但对于新的时代，还略嫌不足，于是刘安以道家为基础，主持建立了一种新的大一统理论，完成了新一部伟大的著作，名叫《淮南鸿烈》。

看名字就知道，这本书有多么傲娇——鸿是高飞远走之鸟，鸿图远大；烈是壮志满怀之心，烈焰光明。据说，刘安本来的意思，就是要它大，要它明。不过，也可以做另一种解释：鸿当然志存高远，却往往孤独终身；烈固然壮志满怀，却不免未捷身死。

再看篇名：第一篇，《原道训》，老子思想的概括；第二篇，《俶真训》，庄子思想的概括；第三篇，《天文训》，这是讲天文；第四篇，《地形训》，这是讲地理；第五篇，《时则训》，这是讲时令。其后上天入地博古通今，涉及政治、思想、经济、天文、地理、农业、医学等等等等。

不过刘安也是必须要死的，原因与吕不韦大同小异。

第一，威胁到了刘野猪的生存。有同学就问了，刘安不过十五个县哪，跟天下两千个县相比，毛毛雨啦。可汤最初不是只有七十里，文王最初不是只有百里吗？淮南国虽然小，可经济发达，政治清明，人心归附，更重要的是，他拥有公元前一世纪最重要的东西——人才。刘安那里汇集了当时各种优秀的人才，与北方的河间王刘德齐名，人称北河间，南淮南。

第二，政见不同。就像吕不韦倾向于大融合，而秦王政倾向于法家，吕不韦搞改革开放，秦王政搞自力更生，吕不韦搞多元化，秦王政搞一元化，两条道路的选择，不是你死，就是我活。淮南王刘安也是这样，刘安的淮南国，是窦漪房薨后，道家的大本营、指挥部、总后台。这个反动的道家的大本营、指挥部、总后台不打倒之、捣毁之、批判之，儒家的正确思想，怎么能立得起来？

第三，刘安还参与了刘野猪即位初年的一件政治大阴谋，那件政治大阴谋差点儿导致了刘野猪被废甚至被弑。那时因为刘野猪刚一即位，就表现出亲儒厌道的倾向，让他奶奶非常不满，加之他的舅舅田蚡也在里面推波助澜，刘野猪危在旦夕，要不是早年与陈阿娇结了连理，让陈阿娇与馆陶公主成为自己的坚实盟友，还真不知道世上有没有汉武大帝这号人物。这么大的事儿，刘安当然不可能善终，能让他多活几天，那都是皇恩浩荡了，而刘安居然不知好歹，不自请降罪，还招兵买马，试图顽抗，"是可忍孰不可忍"，当然要灭了丫的。

这样，吕不韦基于法家的大一统理论束之高阁，刘安基于道家的大一统理论也从此夭折，只有董仲舒基于儒家的大一统理论终于成为官方的意识形态，并且一立就是数百年，虽然董仲舒自己本人并没得到重用。

至于为什么董仲舒的理论能被接受，除了刘野猪年少时心仪儒家之外，除了董仲舒的理论非常有吸引力之外，还有两个原因。

原因之一，吕不韦以丞相之尊，食客三千，编著此书，刘安以王侯之贵，人才无数，编著此书，无论是人力、资料都是应有尽有，而董仲舒只有自己一个人、一支笔、一座房子，三年里目不窥园得以完成。一个人编的东西虽然分量上、广度上可能不及众人编著，但融合度却肯定更好，所以《吕氏春秋》和《淮南鸿烈》经常被称为杂家，而《春秋繁露》则必然是儒家。

原因之二，吕不韦以丞相之尊，刘安以王侯之贵做的事情，一旦被重用，将权柄失手，太阿倒持，反而不及董仲舒一介书生，用或者不用，用他的理论，不用他的人，或用他的名义，不用他的理论，都不打紧。这不光是刘安参与过政治阴谋，因为与刘安齐名的河间王刘德，大量收集佚书，修兴礼乐，研究学术，振兴儒学，论理与刘野猪应该是同道，可就因为他是王侯之身，所以同样该死。于是刘野猪一句话：我听说汤以七十里，文王以百里，后来做了一番大事业，你好好努力吧！吓得刘德再也不敢妄图修兴礼乐、研究学术了，马上酒池肉林，仿佛换了个人，四个月后酒色过度而亡，年纪不到五十。

那么董仲舒的大一统理论，又是如何吸引刘野猪的眼球，又是如何成为朝廷的意识形态的呢？

6. 天下第一策

刘野猪其实是个薄情的人。

岂止是薄情，简直就是薄情寡义，无情无义，始乱终弃。

据史学家透露，被刘野猪始乱终弃的人，包括但不限于：陈阿娇，卫子夫，勾弋夫人，刘据，李延年，主父偃，朱买臣，张汤……这些都是不得好死的。还不包括被俘匈奴后家人被杀的李陵，有糖尿病而求甘露不得的司马相如，足智多谋却一直被当成俳优的东方朔，对策得志、曾位居相位只因一次言不称意就被弃置的公孙弘。这个人，用人无法无天，爱人昏天黑地，弃人也大地苍天。这个人，是男女通吃的杀手，是知人善任的领袖，是处处留情的魔头。所以，他所到之处，人才云集，将星辈出，烟花烂漫；他所离之处，长门宫锁，东市喋血，白首空楼。

所以董仲舒遇见他是幸运的，因为从此，"罢黜百家，独尊儒术"；也因为从此后，太学乡学大兴；还因为从此后，五经博士从皇帝身边的小顾问，变成天下文宗，门生无数；更因为从此后，察举征辟制取代军功爵制，"选贤任能"不再是梦想。

但董仲舒遇见他也是不幸的，因为董仲舒终生也不得重用，先后为江都王相和胶西王相，命运和那个做长沙王太傅和梁王太傅的贾谊，是一样一样的。董仲舒生于何年，死于何时，都不是特别清楚，他对策是哪一年也不能确定，《史记》和《汉书》的记载相差六年，两者都有无数的支持者，各有铁的证据。他的事迹呢，很少，《史记》里没有专门的传，《汉书》倒是有，但百分之九十五以上的篇幅，都是引用他的著作；他的著作呢，《天人三策》，被怀疑是班固伪作，《春秋繁露》，几乎失传，到宋代有好几个版本，没有一个是完整的，幸而《永乐大典》和《四库全书》的先后编辑，才得以流传下来。《春秋决狱》，二百三十二个经典案例，中华法系开山之作，没有人还能再见到这本书。他写的关于灾异的书，害得他被主父偃陷害，差点儿进了牢房，也没有人知道是什么。他所治的公羊学在当时为天下显学，他所治的《春秋》，辨析的注疏的著作有一间屋子那么多。他之前的孔孟，他之后的朱王，都是门生满天下，各领风骚百千年，而他却似乎很快就被人忽略了。虽然他让孔孟的儒家第一次成为官学，也让后来的朱王有了一个最好的开始，但他的《春秋繁露》却直到快两千年之后，才有人开始注疏。

想想诸葛亮被刘皇叔三番两次地登门相请，隆中一对，即以国事相付，直到白帝城托孤，都信任有加；想想拗相公王安石，被神宗一见倾心，从此后，为了你得罪小人又如何，得罪君子又如何？想想他们，真的想哭。董仲舒的《天人三策》，可一点儿也不输于隆中之对，或王安石对神宗的那番三代之治的宏论哪。在当时，《天人三策》的那些东西，囊括天地古今阴阳四时，安邦之道，治平之术，求贤之策，教化之门，尽在其中啊。在当时，这些东西，也曾让年少的刘野猪心潮澎湃，一发而不可收啊！而且董仲舒的才能，刘野猪也是知道的啊！以至于哪怕是老病了、退休了，遇到政事不决，也会派人过去咨询他。可是，可是为什么就是没有用董仲舒，反而让他两次三番地被主父偃和公孙弘陷害呢？

也许就是因为刘野猪的多情而又薄情，连自己儿子也下得了手，也许是因为刘野猪凡人皆可为我所用，但也只是按自己想要的方式去用。

但是不管董仲舒的命运如何，也不管《天人三策》是否班固伪作——《史记》的确没有录这三篇文章。但《史记》又何尝重视董仲舒了？太史公本来就是黄老一系的，也不管这三篇对策，是出自建元元年还是元光元年，《天人三策》也的确称得上天下第一策。

因为古今的对策可谓多矣，但是像这样的对策，还真的是石破天惊，绝后未必，但一定是空前的。

一般的对策都在术的层面绕圈子，这三篇对策直接在道的层面着手，简直是杀鸡用牛刀。

一般的策论，大约有两种思路：

一种是专注于一事一议。比如皇上问西夏老是闹独立，该怎么办，你就从西夏问题的根源着手，民族矛盾、地缘政治原因、经济原因，然后一一出主意、想办法，什么改土归流啦，什么剿抚并用、以抚为主啦，什么屯田边郡啦，什么设立学校啦，什么与内地互市啦等等。比如皇上问现在老是被外人欺负，打不过洋人，该怎么办，你就分析洋人制胜原因——枪炮之利，制度之利，器物之利，人事之利，然后再建言献策，什么选练新军啦，什么开办工厂啦，什么遣派留洋啦，什么教民守战啦，等等等等。

另一种是先唱衰再建策。先是把全国上下的形势说一遍，不是说形势一片大好，而是说形势一片大糟，北旱南涝，地震风暴，总之让你感觉这本朝是真的快不行了。然后再把这些问题的原因推到——当然不是推到天灾，因为根据天人感应论，天灾都是源于人祸，当然也不能真的推给皇帝，那样这篇策论很可能会成为你的最后一篇——是推给官吏！既不得罪皇帝，也不得罪群众。什么地方官员贪腐、任人唯亲，什么小吏渔猎百姓、搜刮民财，什么奸商无利不起早、赚尽黑心钱，什么大地主兼并土地、小民流离失所等等。最后想办法，无非就是第一整顿吏治，第二整饬教化，第三选贤任能，第四打击奸商，第五抑制兼并，第六当然就是我真的是忠臣，真的是大大的忠臣，你一定要用我。

当然也有不讲实事，全靠文采堆砌，走青词路线的，不过那算不上合格的对策。因为对策对策，都没个靠谱点儿的主意，哪能叫对策呢？

不过董仲舒的对策，却既非专注于一事一议，也不是先唱衰再建策，更不搞空话套话，而是从"三观"着手——哪三观？不是空观、假观、中观，也不是世界观、人生观、价值观，而是天地观、人间观、政治观。由阴阳入天道，由天道入人事，由人事入政治、经济、教育等等，儒道阴阳诸子百家这么走了一圈儿之后，再深入浅出地谈到具体的施政方针。这又如何不叫人又惊又喜、又悲又痛？惊的是竟有这等好见地，喜的是竟有这等好人才，悲的是这等好人才居然这般老了，痛的是见地虽好，可我现在要的却不是这样的人，我要的是会打仗的人，和会赚钱的人。

那么这个天下第一策，又有着怎样石破天惊的内容呢？且听下回分解。

7. 天命与情性

　　两千多年前某个阳光刺目的正午，长安未央宫的前殿，一位少年天子心潮澎湃地看着眼前的这些读书人。这些读书人，将会成为我的左膀右臂，黄老治国的时代，就要结束了，属于我的时代，属于我的积极进取大展宏图的时代，就要来了。七百年后，另一位中年天子，也是在长安，看着另一群读书人鱼贯而出的时候，也是一样地激动，他情不自禁地说，天下英雄，都在我这里了。

　　这位少年天子，就是刘野猪。他今天要做的事，就是对这些读书人进行试策。他试策的题目是什么呢？

　　题目是这样的：朕今天叫你们来，是想听真正的道理，真正的治国平天下的道理，不是走形式，也不是让你们说好听的，所以你们要畅所欲言，把心里想的都说出来。朕也知道三皇五帝的事迹，朕也知道三代之治的美好，那个时候创作的音乐，能让很多年后的人三月不知肉味，天下太平，百姓和睦，可后来就有了桀纣。有了桀纣也就算了，可不知道为什么，五百年间，多少仁人志士，多少贤君明相，都想恢复这个五帝三王之治。学习这个先王之道，做得也不能说不好，可都没有成功，最后反而被一个根本不学习五帝三王，只是醉心于当下的秦始皇灭了。这是为什么呢？是他们都做错了吗？是学习先王之道错了吗？我还听说了，现在出现了一种天人感应的观点，说人间的灾异祸福，是与天命有关联的。那么三代受命于天，有什么符瑞呢？那些天灾，又是怎么产生的呢？我还听说，人的性格千差万别，人的智商天上地下，聪明的，愚蠢的，善良的，邪恶的，长寿的，夭折的。那么多，真的有一种办法，可以让这许许多多不同的人，都能相安无事，天下太平，政通人和，五谷丰登，风调雨顺，让大汉朝成为世上最为富强、民主、文明的国度，让那些蛮荒之地，化外之民，都受到感染和学习。真的有这样的办法吗？真的有这样的治国之道吗？如果有的话，你们告诉我，该怎么做？

这是一个高难度的题目。难度之一，在于这个题目传达出一个意思，皇上很诚恳，一心求治，你不能光走形式，光搞文采，空话套话，都请收起来，这让那些套话专家们怎么办？难度之二，在于这个题目还传达出一个信息：皇上是有学问的，皇上还是有见识的，皇上做过努力的思考，所以你别指望能忽悠他，这让那些大忽悠怎么办？难度之三，在于这个题目很可能无解——为什么说很可能无解？是因为秦朝以前的五百年，都没有解出来，虽然儒墨道法各提出了主张，但是不是真管用，并不清楚，至少在秦以前来看，儒墨道先后被法做掉后，法又自己把自己做掉了，没有真正的赢家，所以也许你不应该再拿旧货色来骗新皇帝，你得拿新的东西，属于你自己的东西，这让那些炒剩饭的怎么办？

难度虽大，不代表没有人能做到，至少有一个读书人做到了，这个人就是董仲舒。

董仲舒的对策是这样的——

首先当然是谦虚一下，说陛下下明诏，求天命与情性，这个不是臣所能做到的。但是呢，臣读了很多年的《春秋》，《春秋》上的那些道理，那些天人感应的事情，真的是可惊可叹可畏可怖啊！

这是典型的破题写法，把皇帝问的那么多问题，总结为两个：一个是天命，一个是情性。这个水平就不一般。谦虚说自己做不到，但又并非真做不到，所谓做不到是为了表明后面的理论并非自己的发明，而是《春秋》中本来就有的。托古改制，有时能最大限度地减少改革带来的阻力，用传统来作为自己的支援。

接下来，自然是从天命和情性两方面来讲。

天命方面，董仲舒说，不要问天命为你做了什么，而要问你为天命做了什么。

为什么五帝三王之道不可复振，那不是因为天命改变主意了，而是因为人实在是太过分了。《春秋》告诉我们，老天爷并不会随随便便放弃一个国家，放弃一个民族，或放弃一个君主的，他总是先出点儿灾害来警告统治者，警告他们没有走在正道上；如果他们还不知道反省，再出点儿怪异的事情来吓唬他们；如果还不知道反省，老天爷才会放弃。所以一切天灾都是因为人祸，一切的亡国都是亡于自己，而一切的事也都在人为，只要好好努力，就有挽回的余地——天作孽，犹可违，自作孽，不可活。

为什么三代之时，虽然圣王都死了，还能维持几百年？那是因为仁义礼乐的教化。仁义礼乐改变的是什么？改变的是民风，是民心，是民俗。好的社会风俗是潜移默化的产物，也不能被一下子就消除掉，所以能维持很多年。但是再好的仁义礼乐，再好的社会风俗，也受不了统治者一天天的倒行逆施，总有一天，量变引起质变，灾难就降临了。孔子说得好，是人来弘扬天道，而不是天道来弘扬人，治乱兴废，虽说有它的天命，根本还是在于自己。

那为什么仁义礼乐有那么好的效果呢？不在于别的，在于阴阳。天地有阴阳之气，人间也有阴阳之气，它们对立统一，相生相克，否定之否定，普遍联系又永恒发展。仁义礼乐，就是那阳的一面，而法令刑罚，就是那阴的一面，这是人君的阴阳两面，正如春夏让万物生长，秋冬让万物凋落，是老天爷的阴阳两面一样。我们要顺应自然，顺应天道，顺应阴阳。对于自然界，阳的一面总是在上面，阴的一面总是在下面，天在上，地在下，云在上，雨在下，树干在上，树根在下，春夏在上，秋冬在下，为什么？因为上天有好生之德。所以统治者，也要有这个好生之德，以仁义礼乐为主，法令刑罚为辅，这才能调和阴阳，风调雨顺，百姓和睦。为什么会有灾荒？那是因为阴阳失和，阴气太盛就会洪水，阳气太盛就会大旱；为什么会有各种怪异，那也是失调的阴阳二气所生。遇到灾荒、怪异，统治者还不知道反省的话，接下来，这阴阳的冲突就会让天下大乱，上下互相敌视，人民流离失所。

老百姓的性情不一，智商有别，这很正常，都是阴阳正邪二气的产物，怎么可能都一样？不要紧。要知道，情只是欲望的表现，而人性才是他的本质。知道这一点，就可以克制他的欲望，同时引导他的天性。人是环境的产物。什么样的环境，才会有什么样的人民。那么谁来克制，又是谁来引导呢？当然是国君。国君又怎么样来引导呢？当然是先端正自己——自己都一身邪气，又怎么能帮助别人树立一身正气呢？

老子说得好，一生二，二生三，三生万物。这个"一生二"很重要啊，国君先要让仁、义、礼、乐教育好自己，然后才能教育官员，官员教好了，才能教老百姓，官都教不好，民也成问题。《春秋》同样是这个意思，《春秋》第一句话，就是"元年春王正月"——元年是什么？元年是一个时代的开始；春是什么？春是四季的开始；王是什么？王是一个国家的开始；正月是什么？正月是一年的开始。好的开端，才是成功的一半。作为一国开始的国君，能不好好努力，好好端正自己吗？

现在就知道为什么文王和周公的制度，能垂八百年，而秦朝则二世而亡了吧？因为秦朝不顺应客观规律，不调和阴阳，一味重用法令刑罚，哪怕他把法令刑罚做到了极致，也不能逃脱客观规律的惩罚。

秦朝不仅亡了，还给汉朝留下了个烂摊子，阴阳失衡，就像那枯朽的木头一样，禁不起一点儿大风大浪，靠秦朝留下的法令，能治得好吗？枯朽的木头，越敲越坏。虽然靠着几代人的休养生息，慢慢好转，但如果不进行一次彻底的改革，把秦朝留下的坏影响清除掉，终究难以达到大治。大治不是那么容易的，可能要花很久的时间，也许是几代人的时间，但如果不去做，就永远达不到。临渊羡鱼，不如退而结网。欲求天下大治，不如一点一点地移风易俗，改革社会，做一些耐心而细致的工作。这就是我想说的，也是《春秋》告诉我们的。

短短一篇策论，却从儒道阴阳里转了一圈，似乎把天下的道理都给说尽了，怎能不让一心求治的少年天子激动？可激动完了，问题也来了。因为董仲舒只说移风易俗，改革社会，却没说怎么移、怎么改。所以刘野猪看了这一篇对策之后，只说了三个字："还有吗？"董仲舒的回答也是三个字："请出题。"

那么刘野猪的下一个题目是什么呢？董仲舒又是如何回答的呢？且听下回分解。

8. 四个难题

第一策解决了体的问题，第二策就要解决用的问题了。

阴阳理论固然能解释世间万物，但如果不能用以解决实际的问题，也终究只不过是解释而已。黄老哲学的道法固然精妙无比，但如果只能一直无为下去，做甩手掌柜，也终究要遇到绕不开的难题。儒家的礼乐教化固然看上去很美，但如果只是听听音乐会，开开春晚，搞搞仪式，也终究是个摆设而已。刘野猪想要听到更多的东西，真正能派上用场的东西。于是有了第二篇试策。

第二策的题目是这样的：

朕是个有抱负的人，朕的抱负和你们一样，当然是天下大治。所以朕作为皇帝，自然要以古代的明君为榜样，朕要学习他们的治国方法。可朕上看下看前看后看，发现每个明君他都不一样。虞舜的时候，他老人家过得可快活了，没事儿就攀山越岭跋山涉水当"驴友"，根本不怎么管事情，垂拱无为，天下也过得很太平。可周文王就不一样了，早上天没亮就穿衣服起来了，忙到日头偏西了还没吃饭，加班加点地干，辛苦成这个样子，国内也是大治。你说这都是怎么回事儿？忙的忙死，闲的闲死，这做皇帝，想做好，到底是该学舜帝还是学周文王呢？

忙闲不一样，丰俭也不一样啊。俭朴得什么天玄地黄的装饰都不要，什么旌旗锣鼓的场面都不要。而周朝呢，养整个的王室车队、王室乐队、王室仪仗队，建的是两观，乘的是大路，舞的是八佾，一个都不能少，可大家也都说周朝好。有人说，良玉不需要雕琢，又有人说玉不琢不成器。这又是怎么回事儿？到底是俭朴好还是奢华好呢？

奢俭不一样，刑罚也不一样。商朝呢，设立五刑，主张对坏人就要见一个抓一个，抓一个处治一个，然后有了成汤八百年江山。而周朝呢，不搞那一套，不主张用刑，成王和康王时候，四十多年天下就没几个犯人，监狱都是空的，狱卒闲得无聊，可人家也是八百年江山；到了秦朝，再用刑罚，却抓不胜抓，你说这又是怎么一回事？

朕是越看越糊涂啊，所以朕索性一个也不学，朕按自己的想法来。朕的想法是什么呢？朕以为治国的根本无非两个问题：第一是农业问题，第二是人才问题。朕是这么想的，也是这么做的。朕每年春天，都要亲自到皇田上耕种，为的是让天下人都像朕这样，重视粮食生产。只有这样，老百姓才能丰衣足食，朕还嘉奖那些品德突出的人，鼓励天下的人孝顺父母，讲究品德，朕还慰问那些生活困难的老人，给他们送去东西，朕做了很多事，可结果呢？社会并没有什么改观，现在还是有很多人挨饿，很多人失业，照样有各种腐败现象和流氓团伙……难道我做错了？还是做得不够？朕想到的第二个问题就是人才问题。你们都是大汉朝的人才，朕现在请你们告诉我，这国家该怎么治，这世道该怎么理？

这个题目涉及四个问题，难度不下于第一个，因为够具体，也因为都是两难的问题。第一个问题是忙闲的问题：你能说虞舜错了，还是能说周文王错了？第二个问题是丰俭的问题：你能说大禹那样的节俭不对，还是能说周朝那样极尽铺陈不对？而且这个问题还是儒道的分歧之处，道家讲圣人被褐怀玉，儒家讲文质彬彬，你能说哪个就是错的？第三个问题是刑德的问题：三代之治，可这三代的制度都不一样，你能说商朝不对，周朝的就对？第四个问题更具体，皇上认为治国在于农业与人才，你赞同吧，按这一套做下去没有效果；你不赞同吧，你自认为比皇上更高明？好吧，你更高明，你提出更好的主意，效果好不好，不还得靠皇上执行？

不过这个题目照样难不倒董仲舒。

他的对策是这样的——

忙闲的问题不是问题。为什么这么说呢？因为所有问题，都有它的原因、它的根本，都脱离不了它的时代。尧的时代是什么时代，是人心思治但还没有治，国有乱象但也没有很乱，所以尧就要诛除乱臣，像什么四凶之类的，所以尧就四处求访贤人，像舜啊、禹啊、稷啊等，靠着这些贤臣，教化大行，天下大治，百姓都受到了仁、义、礼、乐的熏陶，做什么事、说什么话，都很有分寸。当然，也用了很长的时间。孔子说过了，"必世而后仁"，三代才能培养一个贵族，那么培养一个真正文明的社会，也少不了几代人的努力。好在尧在位有七十年。七十年就足够了，所以舜继位的时代，风俗啊、制度啊，都是现成的，他当然可以垂拱无为当"驴友"了，他的"无为"那是因为他前任的"有为"，他的垂拱是因为尧把该做的都做了。至于周文王呢，想想当时在位的是什么人吧——那是商纣王啊！商纣王把天下搞得乱到不能再乱了，不辛苦不努力不加班加点，行吗？

丰俭的问题也不是问题。孔子说过，"奢则不逊，俭则固"，一个过于奢华的人必定傲慢，因为他无视他人的感受，只关注自己，而一个过于节俭的人必定固执，因为如果他对自己都有着过于苛刻的要求，又如何会宽容他人呢？太奢华当然不好，但是太节俭，也有它的不足之处，有钱有地位的人当然不能过于浪费，但如果富贵了、发达了，一点儿外在的区别都没有，也就没有多少人会努力致富努力上进了。而且，一个国家还是应该有自己的乐队和仪仗队的。你可以说这是形式主义、面子工程，可有多少人能完全无视形式去看内容，又有多少人会无视外在美而只看到内在美？说良玉不需要雕琢，就好比说人生下来不需要读书就可以什么都懂什么都会，这合适吗？可能吗？

刑德的问题同样不是问题。明君治理天下，什么都不能少，老百姓小的时候，面对他的是教育，先生教给他知识、道理、做人；长大后，根据他的才能，面对他的是各种各样的职业；再后来，做官了，面对他的是俸禄和刑罚，足以养活一大家子的高薪养着他，让他廉洁自律，但如果他仍然贪赃枉法，那么等着他的，就只能是刑场和监狱。成康之治为什么四十多年没有犯人，那是因为武王把恶人都给除掉了，而周公又把礼乐教化的工作都做好了。而秦朝呢，一味用法家的办法，刑呀法呀律呀令呀，好好的人不做，非要做狼，结果狼越杀越多，直到天下大乱，群盗并起，又有什么奇怪呢？

至于最后一个问题嘛，当然也不是问题。首先呢，陛下的努力并没有白费。你看夜郎、康居那些遥远的国家都来归顺，还不够说明问题吗？但是为什么在国内效果不明显呢？那是因为陛下虽有致太平之心，却没有把这个心加到百姓身上。其次，为什么陛下那么努力，宵衣旰食地从清晨忙到午夜，从春耕忙到冬至，却并没能达到陛下预期的效果呢？又为什么陛下的致太平之心没有加到百姓身上呢？这不是陛下的问题，是官吏的问题，毕竟陛下的政策再好，也得靠官吏执行啊。那么接下来，我就给陛下出个主意，解决这个官吏的问题。这个问题其实是两个问题：一个是人才培养的问题，即教育问题；另一个是官吏选拔问题，即选举问题。

陛下也四处求贤，三番两次地试策天下，但是如果平时不培养人才、不重视教育，那么就像只顾砍树不顾种树，世上又哪里有那么多现成的人才等着你来发现呢？所以从地方到中央，都要兴办教育，而重中之重的，则是身为最高学府的太学，因为太学出来的将来很多都会走上官吏队伍。太学生将来都是国家的栋梁，将来为官一任的时候，是造福一方，还是祸害一方，将来是能臣干吏，还是庸臣贪吏，都是从这个太学时代开始的，尤其不能不重视。

教育问题关系到国家的未来，而选举问题则关系到国家的现在。现在官吏选用都是怎么选的呢？做官基本上两个途径：第一个是有权，有权的人让自己的儿子做郎官，做了几年就做长吏了；第二个是有钱，捐的钱够了，就可以做官，官吏队伍都被官二代和富二代把持着，怎么能好？现在官吏提拔又是怎么提拔的呢？要么就是拼背景，要么就是拼资历，熬得久了，就升上去了，不管你做得怎么样。这两点都要改，官吏队伍不能被官二代和富二代把持，要让给贤能的人，要让列侯、郡守、二千石以上的官员，每年都从自己治下的百姓或小吏那里给国家推荐两名贤能的人，放到皇帝身边当侍卫，由皇帝考察他们。如果推荐得好，就有赏，推荐得不好，就有罚，这样他们就会用心去察访贤人，官吏队伍就会慢慢改变。而提拔呢，不能光靠资历，要看实际做了哪些事，有哪些效果，百姓口碑怎么样，地方风俗怎么样。做得好，自然会提拔，哪怕资历不够；做得不好，就不提拔，甚至降职或免职。

这一篇对策很容易地就把四个难题给解开了。前三对矛盾最后都化为无形，第四个难题被轻轻地绕了过去，顺便还提出了自己的主张。所以这第二策出来之后，刘野猪心里的激动就变成了震动，但这个震动又似乎"动"得不透、欲动又止。所以更想听听后面是否还有更好的东西。于是又是三个字："还有吗？"董仲舒的回答多了一个字："请再出题。"

那么刘野猪的最后一个题目是什么呢？董仲舒又是如何回答的呢？且听下回分解。

9. 天人第三策

第一策解决道的问题、体的问题，第二策解决术的问题、用的问题，第一策比较形而上，第二策比较形而下，体用兼备，上下其手，按理应该是可以结束了。不过细想一想，除了后面的吏治和教育比较能够施行外，其他几个都似乎有点儿那什么——到底是什么呢？说得好听点儿是点到为止，说得不好听点儿是隔靴搔痒，说得再难听点儿，就是说了等于没说。

为什么说是"说了等于没说"呢？因为前三个难题的答案其实就是，忙闲不是问题，该忙的时候忙，该闲的时候闲；丰俭不是问题，该丰的时候丰，该俭的时候俭；刑德也不是问题，该刑的时候刑，该德的时候德。有同学要问了，这叫啥子答案哟，这不是滑头吗？这位同学说得就不对了——辩证法学过没有？虽然辩证法和滑头有点儿相似，但辩证法可不是滑头，而是最高级的哲学思辨，非智商一百五以上的人不能领悟。辩证法的最重要原则就是，具体问题具体分析。万物是对立统一的，你不能只承认其中一个方面；是量变到质变的，今天可能是这样，明天就可能是那样；是否定之否定的，看似相反的表象，都有着符合客观规律的本质。所以，最后的结论就是，具体问题具体分析。又有同学要问了，这不还是说了等于没说吗？笨！话都说到这份儿上了，你还说等于没说，只能说没救了，虽然没有给出一个肯定的答案，但答案就在问题之中。董先生解释了为何有的忙有的闲有的丰有的俭有的刑有的德，第一这就等于可以根据当下来对号入座，第二至少破除了一种观念，就是必须选择其中之一的观念，用道家的话说这叫达观，用儒家的话说这叫知命，用佛家的话说这叫破执，用辩证法的话说这叫矛盾论。

还有同学要说了，我还是没明白该怎么做。好吧，既然这样就送佛送到西，再说得通透一点儿。忙闲的问题，说白了，就是十个字，"没事别惹事，有事别怕事"。到底该忙还是该闲，得看现在有事没事。如果本来没事，你偏惹事，事情就会越惹越多；如果本来有事，你不当回事，事情就会越拖越坏。丰俭的问题，董先生用了孔子的话做解释——"奢则不逊，俭则固"，一个过于奢华的人必定傲慢，而一个过于节俭的人必定固执，所以要适当，适当晓得吧。刑德的问题，董先生说了，这就像一年四季，只有冬天没有夏天，只有夏天没有冬天，行吗？当然啦，北极附近的人只有冬天没有夏天，赤道附近的人只有夏天没有冬天，但寒带的人往往一生忧郁，而热带的人推崇娱乐至死，不是吗？文明常常诞生于温带，不是吗？不过董先生还说了，虽然刑德不可偏废，但还是要更重视德，这也是老天爷的意思，老天爷春夏在前，秋冬在后，春夏的时候大家比较高调，秋冬的时候大家都比较低调。

好了，现在可以看出，体和用，其实也是一体的两面，体是用的总结，用是体的延伸，不管是形而上还是形而下，其实都是一以贯之的。这个一以贯之的东西，可以叫作道，也可以叫作阴阳，也可以叫作天命，也可以叫作客观规律。你得看到事物的两个方面，你得看到这两个方面是互相矛盾的，也是互相统一的，你还得看到当前的主要方面。

这么一分析、一回味，就能看出董先生是真正的高手，而不是普通的滑头。其实刘野猪也知道董先生不是滑头，否则也不会一而再再而三地虚心地耐心地苦心地苦苦追问了。但是刘野猪显然不会满足，因为虽然治大国如烹小鲜，不可能事先规划出一套蓝图，然后生搬硬套，"敢教日月换新天"，得一步步一点点地，花很多年很多辈子，才能看到文明的果实，"必世而后仁"，但刘野猪等不及啊！而且，而且即使刘野猪等得及，即使刘野猪明白天道阴阳的奥秘，难道刘野猪跟臣子们交代办事宗旨的时候，也来上一句"具体问题具体分析"吗？这和"你看着办吧"有什么区别？

所以刘野猪又出了个题目，题目的内容是这样的——

朕听说过啊，那些思想家哲学家，没有一个是不通晓世道人心的，因为思想家是研究人的心灵的嘛，而思想家的思想常常能引起世道人心的变迁。朕还听说啊，那些对历史研究得比较通透的人，对于当今的时势政治，也是了然于心的，因为历史就是过去的现在，现在也将是以后的过去的历史。所谓究天人之际，通古今之变，说的就是这样的人。所以朕今天要再问一问天人之际古今之变的事情。

朕之前也问过关于天人感应的事情，也听到了关于五帝三王的事情，上自唐虞，下至桀纣，莫不受这天人感应的左右，但是朕还想知道的是，唐虞之世是怎么变成桀纣之世的，而桀纣之世又是怎么变成成康之世的。天命忽微忽灭忽明忽昌，就像那谁也抓不住的烟火，但朕想抓住，朕要掌握自己的命运。请告诉我，该怎么做？如果做得不对，朕可以改。

朕也听说卿们知道阴阳造化的秘密，也通晓古圣先贤的道理，但是对于当今世事，却似乎欲说还休，欲言又止，难道是有所顾虑？对于治国方略，又似乎欲擒故纵，戛然而止，难道是因为担心朕听不明白？还是怕说者无心，听者有意，有了误解？朕是那等糊涂皇帝吗？

朕还听说五帝三王，用的办法各自不同，都有它的长处，但是也都有其不足。朕又听说，这世上有一种不变的天道，有一种天下普适的价值。朕想知道，这两种观点是否有矛盾。卿们既然已经说出了天道的变化，也说出了治乱的规律，那就不妨说得再透彻点儿，把该说的、想说的，都说出来，这世上究竟有没有一种不变的道，能帮助朕治理好这天下众生？朕是认真的，朕真的是认真的，朕每一个字每一字都认真地看过，也会继续认真地看，所以你一定要认真地回答我这最后一个问题，卿。

这第三策里，刘野猪从初期的撒网阶段，中期的试探阶段，进入了后期的表白阶段，把想问的都问了。那董先生虽是圣贤，孰能无情，自然也会推心置腹地把自己的想法都说出来了。这些想法，有一些被当时称赞，有一些影响深远，还有一些，却招来了后世骂名。都是些什么呢，且听下回分解。

10. 天道与人心

应该说，第三策比第一、二策都更有难度。

为什么这么说呢？因为第一策是讲天上的道理，第二策是讲人间的道理，而第三策则是讲天上人间的道理——不要想歪了，天人三策，天人三策，可不就是天上人间嘛。第三策要讲好、讲透，要把道的层面和术的层面那些微妙的联系都讲出来，第一策深入，第二策浅出，第三策要再深入一点儿，再浅出一点儿，要在天上人间来来回回走上几遍——不要又想歪了，天人的联系是董先生学问里最为核心的部分，这部分不讲通，刘野猪是不会放手的。

不过题目再难，也难不倒董仲舒，谁叫人家通究了天人之际呢。董仲舒是这样回答的。

《论语》上说得好啊，一辈子有始有终的，大概也只有圣人了。坚持到底是很难的，有多少人因为种种原因，放弃了最初的梦想，他们抵御不了诱惑，忍耐不了清贫，经受不了打击，看清不了方向。臣呢自问不是圣人，虽然也一直坚持自己的思考，但是浅陋是在所难免的，陛下说前两次欲言又止，那不过是因为臣的浅陋罢了。但是陛下如此真诚地再三策问，臣又岂能不尽我的力再回答一番，希望能表达得更好一些呢？

陛下说，哲学家必定通晓世道人心，历史学家必定了解当今时事，这是对的。为什么这么说呢？因为这个世界是有规律的，而上天，宇宙，大自然，是世间万物的根本和来源，包罗万有，一切的日月阴晴、风霜雨雪，一切的阴阳变化、寒来暑往，都因此而生。所以圣人都会了解这个规律，掌握这个规律，并用这个规律来指导人的生活，这就是法天而立道。春天，是上天让万物出生的，所以君主要用仁爱来对待他的百姓；夏天是上天让万物长成的，所以君主要用德行来教化他的子民；秋天是上天让万物代谢的，所以君主要用刑律来惩罚那些作恶的人，惩恶而扬善。

圣人为什么要作《春秋》？作《春秋》就是要告诉我们这天人的联系，上知天道，下知人情，参考历史，了解当今。《春秋》又是怎么告诉我们的呢？通过记录那些人事和天灾，那些人事和怪异，人的过错与灾异的联系也就一一昭然若揭了。

《春秋》还告诉我们该怎么去做，《春秋》又是怎么告诉我们的呢？在古代那些太平盛世的时候，用德行去教化人们，人心淳朴，经常是监狱里根本就没有人，可后来，常常有些急功近利之徒，追求短期效应，追求政绩，追求军功，以利治国，结果人人争利，犯法的越来越多，一年要抓成千上万个。所以《春秋》看见那些用新奇的政策来刺激国家，追求政绩，不学习古代的事情，就特别会去讥刺。

天人之间的联系还不止这些。天是有自己的意志和愿望的，这就是天命，天命只有圣人才能知晓和推行。人是有自己与生俱来的纯良本性的，这个本性必然通过教化才能得到发挥。而人又有各种欲望，这些欲望则只能通过法律和制度来约束。所以国君要怎么做呢？国君要上承天意，按天意，按自然规律去做事；要下教百姓，培养发挥他们纯良的本性；要制定合适的法律和制度，约束人们，上下内外各有其秩序。这三个方面做好了，国家的根本就有了。

为什么说人有纯良的本性，又为什么说教化比刑罚重要呢？因为人虽然也是大自然的产物，但在世间万物里，却是最可贵的。人有父子兄弟的亲情，有君臣上下的谊情，有结亲访友，有尊老爱幼，有书信文章，有儿女恩爱，这些是其他生物所没有的。人的一生，要食五谷，要穿桑麻，要养六畜，要骑牛马，连老虎豹子，也被人关进笼子里，可见是万物里最为可贵的了。所以人的本性是从哪里来的呢？就是这个认识到自己可贵中来，人不能把自己活成了畜生，活成了猪狗，活成了蚂蚁。认识到这一点，才能知道仁爱；知道了仁爱，才知道谦让、礼仪；知道谦让、礼仪，就知道怎么去安身；知道怎么去安身，就知道怎么去立命、怎么去遵循天道，而知道怎么去立命、怎么去遵循天道，就是君子了。所以一切的根本，都从这个人为万物之灵中来。人为万物之灵，所以才能自尊、自爱、自重、自觉。教化之所以区别于刑罚的，就是它能让人活得有尊严，能带给人自尊、自爱、自重、自觉，而不是什么事都要靠别人管着。

这就是天道与人心的道理。

陛下还说，唐虞之世怎么就变成桀纣之世，桀纣之世又是怎么变成成康之世，天命忽微忽灭忽明忽昌，就像那谁也抓不住的烟火。这个臣也听说过，积少可以成多，量变会导致质变。而圣人要做的，就是在还没有成多，没有质变的时候，就能预见到它的发生。尧从一个部落首领慢慢成为天下共主，舜更是从一个深山里的匹夫而最终统领天下，这都不是一夜之间发生的，都是一天天、一年年地慢慢发生的。通过什么发生？一是说话，二是做事。话一旦说出来，就收不回来了；事情一旦做出来，就掩盖不住了，所以要谨言慎行。说话做事，虽小，影响可能很大。《诗经》里说得好，"惟此文王，小心翼翼"。为什么他要小心翼翼？还不是怕说错话、做错事！坏事情会慢慢导致坏的结果，就像那火烧着蜡烛，看上去只有一点点，烧着烧着，也就没了；好事情也会慢慢导致好的结果，就像人长个子，一天能长多少呢？但是一天天地过去了，竟然长高很多了。对于国家的治理也是这样，只有对人的情性冷暖，社会的风俗流变都了如指掌，才知道它会如何发展下去。唐虞之世不是一天建成的，桀纣之世也不是一天毁掉的。一个人行善，那么善行也会追随他；作恶，那么发生在他身边的，也很少有什么好事情。桀纣的时候，他们自己暴虐，结果群臣里也都是那些阿谀奉承之徒，恶一天天地增长，善一天天地消失，总有一天，量变引起质变，就亡国了。天命忽微忽灭忽明忽昌，全都是因为这世道的渐变，就连桀纣那么无道，也享国十几年，因为国不是一天就能亡的。

董先生这个"国不是一天能亡的，也不是一天能建的"说得好，正与第二策"必世而后仁"相呼应。所以像那些指望一位能活五百年的明君，一位能影响一千年的清官，一位能独行一万里的侠客，或者指望着靠某条舶来的术语，某个克隆的制度，某段鼓舞人心的口号，就能让世道人心马上改变，如果不是别有用心，也一定是糊涂幼稚。这个"第三策"果然比前两策更深入一些也更浅出一些，而长度自然也要更长一些。那么对于刘野猪提出的其他问题，董先生有没有好的解答呢？且听下回分解。

11. 天不变道亦不变

天人三策之所以是天下第一策，那是因为问得上天入地，答得也博古通今，缺一不可。

几场答下来，董先生的对策接近尾声，也到了最最艰难的地方，因为往深里说，有些东西太敏感，而有些东西也真的说不清；但是不说吧，刘野猪说了，难道是有所顾虑？难道是怕朕听不明白，还是以为朕是糊涂皇帝？

要知道，刘野猪的题目是，有没有一种不变的天道，告诉我该怎么做？你当然可以说，没有没有，就是没有。如果你这样回答的话，你可以回家生娃去了——当然得说有。而事实上，也的确不能说就没有。直到两千年以后，人们还在讨论普适价值呢。

董先生是如何回答的？

董先生是这样回答的——

陛下问，五帝三王，办法不同，又都有缺点，但是又有人说有一种不变的天道，到底哪个对？臣要说，这个不变的道是有的，道是什么呢？就是生活是快乐的，但永远也不会乐过头；就是生活是重复的，但永远也不会厌倦。真正的道，是不会出现问题的，如果出现问题，那一定是没有遵循这个道。

那为什么五帝三王办法不同呢？就是因为他们的社会出现了一些问题，他们必须补救这些问题。问题不同，办法岂能一样？改朝换代了，的确会换个国号，换个国旗国歌啥的，连历法也会变化。但是，这些都是表象，不是实质——这个表象是为了告诉大家，改朝换代了，历史中新的一页开始了，而并不是改变了治国之道。治国之道还是一样的，普适价值也还是一样的，仁爱啊、道德啊、正义啊、和平啊、自由啊、民本啊，这些东西都一直在的。啥都不变当然好。孔子说，舜可是真称得上无为而治了。但是改变一些表面的东西，有时也是有必要的，也是顺应天意，大自然就是这样的，每年都有一些叶子落下，第二年又有新的叶子长出来，叶子还是那样的叶子，但已经不是去年的那些了。

孔子说，殷礼是根据夏礼变变变的，而周礼则是根据殷礼变变变的，哪些变了，哪些没变，搞搞清楚，就能知道后世会怎么变变变了，万变不离其宗，无非是更像夏礼一点儿，更像殷礼一点儿，或更像周礼一点儿，周而复始，否定之否定，螺旋式上升。所以我们大汉朝，也无非根据周礼变变变，根据形势，变得跟夏礼相似罢了……至于道，道怎么会变呢？因为道是源于天的，天不变，道就不会变。

至于当今的治国之策，这本来不是臣应该说的，有三公九卿呢，也不是臣能够说的，毕竟臣没有这方面的实际经验。臣前面也提过建议，无非是根据圣贤的教诲，尽臣的本分。但是今天，陛下问了，臣就壮胆说一下吧。

臣这些年也很奇怪，同样的天下，古代五帝三王的时候，天下大治，上下和睦，不需要大量的法令、政策、规定，而人民安居乐业，不奸不盗，仿佛天下都是好人。而现在呢，同样的天下，欺上瞒下，人心浮躁，人人争利，这是为什么呢？臣在想，这一定是违背了天道，才会有这样的结果。那么天道是怎么回事呢？

看看大自然，那些牙齿厉害的，就不会有能置人死地的尖角；那些有翅膀的，就只有两只脚，不会长四只。总而言之，言而总之，大自然不会让你把风光占尽，所谓天之道损有余而补不足。而人之道正好相反，损不足而奉有余。本来嘛，你都当了官了，俸禄不少了，足以让全家享尽荣华富贵了，何苦与老百姓争利呢？可他们不行，有了权力还不够，还要捞钱；捞了钱还不够，还要占尽天下娇娥；当了官还不够，还要当老板；当了老板还不够，还要炒地皮……长此以往，天下能不乱吗？

一小部分人占尽权力、财富、土地，而多数人只能用极少的资源维持在生存线上下，这些人如果活都活不下去，又怎么会怕死？你搞再多的法令、政策、规定，又能吓唬得了谁？

所以大汉朝要想治好，依我看，第一条，就是要反对这种资源向少数人的集中，特别是向权力集中，因为权力所有者，有天然的优势。当官的，不能经商、置地、投资，除了俸禄，其他的不能拿。话说古代公仪子做了鲁国的相，回家看见他娘子在家织帛，都勃然大怒，说，我已经有俸禄了，你还想抢那些纺织工人的就业机会吗？于是把他娘子休了。

社会分工各自不同，有人薪水高，有人薪水低，这很正常，但你吃了肉，不要让别人连汤都喝不成，那样做的结果就是，有一天谁也过不安生。《周易》说得好，"负且乘，致寇至"，为什么这么说呢？你是开车的，人家没车开，是走路的，但你也得让人家有路可走，各有各的路。你开车的本来有自己的车道，可你把车开到人行道上，你让人家连路都走不好，还会不闹出乱子吗？

所以治国之道，是要遵循天道的，天之道是让万物各得其所，维持一个稳定的生态。你破坏这种生态，搞出一个有老虎的爪子，鳄鱼的牙齿，老鹰的翅膀，还有马的腿的怪物，你还让不让其他生物生存了？资源和财富高度集中，必然的结果就是导致这种怪物的产生。

臣要说的就是这些，虽然这些也都是先贤的意思。

臣最后还有个建议。为了让道更好地施行，应该有一种好的主导理论。而《春秋》中，就有能行之于古今的不变的天道，请陛下重视。至于其他的百家学说，公说公有理，婆说婆有理，搞得没有人知道该怎么做，他们自己玩玩可以，但请不要拿到朝廷上，不要作为治国的办法。久而久之，这些异端邪说，也就没什么可玩儿的了，老百姓也就知道怎么做，才是最好的。

董先生这最后一席话，真是褒贬不一啊。反对官府与民争利，这是好的，而后面的"罢黜百家，独尊儒术"，则被人骂了很多很多。虽然他没有烧书，也没有禁书，也没有搞什么"敏感词"，但很多人还是认为，百家衰落，是因为他的"罢黜百家，独尊儒术"，至于是不是呢，熊逸先生有一段话说得好："是权力选择思想，而非思想获取权力。正如任何一种信仰，无论是无神论的还是有神论的，无论是一神论的还是多神论的，一旦走入大众，都只会变作同一个样子：仪式化的偶像崇拜和一厢情愿的消灾祈福（而他们所祈求的往往是为教义所禁止的）；任何一种思想，无论是激进的还是保守的，无论是德治的还是法治的，一旦走入专制权力，也只会变作同一个样子。"

理解了这段话，大概也就理解了孔子孟子，为什么会变成董仲舒，而董仲舒三个对策中那些我们喜欢的成分，比如反对与民争利之类，似乎并没有被采用。

那么董仲舒还有些什么其他理论呢？这些理论的命运如何呢？

第二章　天地阴阳　王道三色

12.《春秋繁露》

　　让董仲舒在历史上得享大名，不管是盛名还是骂名的，是天人三策，不过董仲舒最精深的学问却在《春秋繁露》。毕竟天人三策只有三篇文章，董仲舒当世大儒，博古通今，学问如长江之水滔滔不绝，又如黄河泛滥，一发不可收拾，三篇文章怎么够？

　　有同学问了，《春秋繁露》又是什么个东西呢？"春秋"的意思我明白，可"繁露"是什么？

　　其实不光这位同学不知道，很多的人也都不知道，就连那些把古书啃烂了的人，也是意见不一。

　　最典型的有两种。

　　一种是说，繁是很多嘛，露是露珠嘛，繁还可以写成蕃，反正意思都差不多，就是说，这是一部关于春秋的书，这里面的内容很多，很多，就像清晨的露水一样多。它包罗万有，它有着你想要的道理，它把圣贤写在书里的所有的微言大义都说明白了。

　　还有一种是说，繁露又可以写成繁路，这又是什么东西呢？这是古代帝王贵族冕旒上所悬的玉串。那为什么要取这么个名字呢？那是因为这部书，是把《春秋》里的文字现象全部连贯起来理解，从而把那些圣人不想说的、不该说的、不能说的、故意不说的、要说没说的、说了别人也听不懂的微言大义全部搞搞清楚。一言以蔽之,《春秋》连连看！

是蕃露呢还是繁路呢还是繁露呢？恐怕只有董仲舒自己才知道了。不过在下更喜欢"繁露"二字，听起来更有文艺范儿——人世繁华，譬如朝露，方生方死，方晓方暮。

可以比较一下其他两个大一统理论的大部头的名字,《吕氏春秋》和《淮南鸿烈》。前者大气，后者霸气，毕竟是丞相之贵，王侯之尊，汇集成百上千优秀人才，参考成百上千文献著作编著而成。可董仲舒只有一个人、一支笔，比不了那种大气和霸气，可总得有点儿清逸之气吧？所以《春秋繁露》四个字，很好。

《春秋繁露》虽然是一个人、一支笔，却也算得上大部头，今存十七卷，八十二篇。据说本来有一百二十三篇，十余万字，分成好几本，而《蕃露》是其中一本。还有几本叫《玉杯》、《竹林》什么的，都是些很文艺很清新的名字，不过这两个，现在都成了《春秋繁露》中的篇名。所以又有人据此说这部书根本就不是出自董仲舒之手。但又有人说，这本书中的内容，篇篇了不得，别人哪里写得出，有本事你写一篇我瞧瞧。

而且话又说回来了,《春秋繁露》一书的文风笔法的确前后非常一致，而且自成体系。反正除了《玉杯》、《竹林》什么的篇名有些奇怪，也没有其他的证据，大部分人还是相信这部分完完全全是董仲舒一个人写的。

一个人、一支笔，却写出《春秋繁露》这么厉害的东西，除了董仲舒本人博古通今之外，辛苦自然不会少。为了这部书，董仲舒整整三年时间，大门不出，二门不迈，连园子里都是用个帷子挡住视线，三年里从没瞧过一眼，所谓"目不窥园"。真所谓世上无难事，只怕有心人，经书啃千遍，三年填一坑。

那么《春秋繁露》里到底有什么样的学问呢？

主要有五个：天人感应宇宙论，阴阳五行系统论，三代改制王道论，春秋一字褒贬论，春秋原心定罪论。

天人感应宇宙论是董仲舒学问的最核心部分。

孔子说仁爱，墨子说兼爱，老子谈道，孟子谈义，庄子逍遥游，杨朱打酱油，荀子谈礼，韩非谈法，而董仲舒，谈得最多的，就是天。

那么什么是天？

有同学要说了，我知道，我知道，天嘛，就是天空。

错！大错特错！

所谓"人在做，天在看"，这个话就与董仲舒有关。这个"天"能解释成"天空"吗？你做事情别在野外做，在屋子里做，"天空"不就看不到了？

还有同学要说了，我知道，我知道，天嘛，就是老天爷。

又错了！

"天道之常，一阴一阳"，老天爷有啥一阴一阳？一阴一阳，那得老天爷和老天婆加在一起才成吧？

董仲舒的"天"，至少有四层意思。

第一层，是情志的天。这个"天"源于墨家。墨家攻击儒家不尊重老天爷，搞得"天鬼不悦"，不过见到董仲舒，恐怕就不好攻击了。这个"天"，也可以翻译成"上苍"，反正就是类似的意思，"天亦有喜怒之气，哀乐之心"，跟人还真是一样一样的。

第二层，是自然的天。这个"天"源于道家。可以翻译成"大自然"，或"客观规律"，只不过道家讲"人法地，地法天，天法道，道法自然"，天也不过是顺其自然罢了，而董仲舒不这么看。董仲舒倒认为天比道更为重要，所谓"天不变道亦不变"，也就是说，对道家来说，根本没有什么第一推动，如果有的话，那也是本来就有的宇宙规律，而对董仲舒来说，宁愿相信有一个第一推动，这个第一推动是有情志的，从而比道家更多了一分宗教色彩。

第三层，是机械的天。这个"天"源于阴阳家。董仲舒只差一步，就成了教主，不过他遇到了阴阳五行学说。是阴阳五行学说这个比辩证法还要高明的学问，让董仲舒找到了上天如何推动世间万物的规律，那就是一阴一阳，通过阴阳的变化规律，天、地、人、阴、阳及五行本身就构成一个完整的系统。天虽然最重要，但本身也是这个系统的一部分。

第四层，是道德的天。这个"天"源于儒家。其实虽然墨家攻击儒，说儒不尊重天，但他们不知道儒家虽然不怎么相信鬼神，但对于天命还是非常在意的。生命也许很短暂，但永远不变的，是头上的星空和心中的道德律，正所谓"天行健，君子以自强不息"。

董仲舒把情志的天、自然的天、机械的天融合到一起，再回到道德的天，这个天，不仅与人互相感应，阴阳相生相克，不仅会爱、会怒，而且也是人师法的榜样。天道不仅是人道的根本，也是人道的模范。

而把天与人紧紧联系在一起的，则为天人感应论。

13. 天人感应宇宙论

天人感应是一个神奇的理论。

这种理论的神奇之处在于，它提供了一种中国人独有的宇宙观，这种宇宙观一方面让儒家多了那么点儿神学色彩，让儒家有了儒教的称呼，但另一方面，又让中国人从心理结构上对于此后的一切宗教，都有了相当的免疫力，因为中国人已经知道宇宙是怎么运作的了，不需要宗教来告诉中国人。如果说秦皇的郡县制完成了政治上的中西分野，汉武的中国模式完成了经济上的中西分野，那么董仲舒的天人感应论则完成了宇宙观上的中西分野。

西方要么是科学，要么是宗教，在这两者之间做单摆运动。科学至上的时代，则一切迷信都得推倒。宗教为尊的岁月里，则科学必须被焚烧。科学和宗教的斗争史，贯穿中古和近世的历史。而在中国，这所有的所有，都被熔于一炉，成了有中国特色的科学，以及有中国特色的宗教，但你又不能说是科学——因为不进行实验；也不能说是宗教——因为不排斥异端。反正就是这么个东西，它影响了中国人的心灵很多很多年，直到一种叫作"辩证唯物主义"的西方舶来学说横扫中国。但即使如此，直到今天,很多年轻人在搬家、嫁娶等各种事情上,都非得遵循某些特别的仪式或禁忌,不如此则觉得会遭到惩罚似的。

那么天人感应究竟有哪些内容呢?

第一,天人相类。这是天人感应论的理论依据之一。

也就是说,人作为万物之长,其实跟上天是很相似很相似的。你看,人有三百六十节,就好比那一年有三百六十天;大的经络有十二个,就好比一年有十二个月,五脏就像那五行,四肢就像那四时。再看头上,眼睛和耳朵,是用来看和听的,就像那太阳和月亮;头发繁多,就像那满天的星辰。再看身上,身上有空窍理脉,就像那丘陵山谷;胸在上,那是人的心神;腹在下,就像那百物,百物近地,当然要在下面;而脑袋当然最为尊贵,在最上面,如同天在上,地在下。眼睛一闭一睁,一眨眼就过去了,这就像那昼夜啊;人有刚有柔,这就像那寒暑啊;人有喜有悲,这就像那阴阳啊。

第二,天人相通。这是天人感应论的理论依据之二。

如果说仅仅是人与天很相似,还不能让你相信天人感应论的话,那么还有更叫人信服的证据。那就是天和人真的是相通的。

打个比方,天可能要下雨了,但还没有下,可人身上的病就先蠢蠢欲动了,这就是人和天的阴气在相互感应呢。再打个比方,阴雨连绵的天气,人就想躺着,宅着,阴盛阳衰似的,哪也不想去,但假如是晴天,人就想出去活动活动,阳气暴涨似的,这也是人和天的阴阳二气在相互感应,就像那水到了晚上就要涨上一点,酒气遇到东风则会浓烈一些,这都是阴阳二气互相感应啊。还打个比方,病人一般是白天,中午的时候病情会比较好转一些,而到了午夜,则会病情加重,到下半夜则是最最危险的时候,一直要等到公鸡打鸣,这个危险才算过去。为什么,因为白天阳气盛,而午夜阴气盛,到了鸡鸣,阳气才开始转强啊。

第三,天人相合。这是天人感应论的理论依据之三。

其实天人之间,不仅仅是相似和相通的问题,也可以这么说吧,天和人之间的相似和相通,全都是因为这天和人,本就是属于一个根据阴阳五行规律运行的系统。

这个系统有十个要素。哪十个？天，地，人，阴，阳，木，火，土，金，水。天地人的相互作用和支撑，阴阳二气的相互作用和转化，五行的相生相克相乘相侮，让这个系统普遍联系着和永恒变化着。在这个系统中，人这个要素如果顺应系统运行规律，则一切顺利，形成正反馈。如果不顺应系统运行规律，做那些不该做的事，那就会对系统造成坏的影响，五行失序，阴阳失调，从而会发生很严重的后果。

第四，天能干预人事。这是天人感应论的理论依据之四。

既然天与人，本就属于一个系统，那么天能干预人事也就不足为怪了。最简单的，"国之将兴，必有祯祥；国之将亡，必有妖孽"，人遵循天道，施行王道，大自然也会变得风调雨顺；而如果逆天而行，则灾异不断，妖孽丛生。你看那些遵循天道、以民为本的国家，很少能听到什么自然灾害；而那些不遵循天道的国家，总是大灾小灾不断，没几年就要闹一下饥荒。

第五，人能感应上天。这是天人感应论的理论依据之五。

虽然天在这个系统里面，占有绝对优势的地位，但作为万物之长的人，也并非就只能被动地接受，而是可以通过人的行为，影响这个系统的运行，调和阴阳，保养生民，从而国泰民安，风调雨顺。甚至对于那些阴阳失调、五行失序的时代，仍能通过励精图治转危为安。正如拿到一手坏牌，认认真真地打，也能打出一个不错的结局。打个比方，齐桓公，公子小白，当年得位不正，阴阳失调，本来是一手坏牌，可人家励精图治，发展经济，重视人才，最后整出一个"春秋霸主"。

第六，王者为天所命。这是天人感应论的推论之一。

阳居上，阴居下，正如天居上，地居下，或天居上，人居下。那么，王者和臣民，也当然是王者居上。而且天想让一个人为王，也会给出一定的证据，什么天上飞的地上爬的，都会齐聚在他们家屋顶，此之为祥瑞，祥瑞就是天命的证据。臣民要尊重天所命的王者，就像尊重天一样。

第七，王者要以天为法，奉戴天意。这是天人感应论的推论之二。

王者虽然在臣民那里至高无上，但跟老天相比，又会给一下子打回原形了。所以要尊重天意，循天道，行王道。王者为什么要称为天子，除了他比较至高无上之外，也表明他要把天当成父亲一样效仿、尊敬，不可违背，否则就要遭受惩罚。形式上要学老天，法天立官，官制像天，以三、四、十、十二为数。内容上也要学老天，博爱无私，布德施仁，设谊立礼。

第八，天为最高之神。这是天人感应论的推论之三。

没有什么是比天更为重要的了，王者如果不能遵循天意，就是敬奉一百个其他的神，也无济于事。

第九，屈民以伸君，屈君以伸天。这是天人感应论的推论之四。

既然王者为天所命，又为天之子，代表上天来治理子民，那么在君和民之间，当然应该屈民以伸君。这是董仲舒与孟子不同的地方。不过，虽然王者为天所命，也没有大过天去，跟天相比，王者又是渺小的了，所以一定要屈君以伸天。

打个比方，天现在要降灾异了。前年益州地震，皇帝没当回事儿，去年青州大旱，皇帝还没当回事儿，今年倒好，京城大水，要是再不当回事儿，下一次就该天下大乱了。皇帝该怎么办？第一，向上天祈福，让上天降罪给自己；第二，下罪己诏，"万方多难，罪在朕躬"什么的，骂自己，反省自己，并且让天下人都知道；第三，减税赋，减开支，减项目；第四，下求言诏，广开言路，让大家都来帮自己反省；第五，下求贤诏，让全国的贤人来帮自己渡过难关。

别的不说，这个前三条是一定要做的，特别是那个"罪己诏"。据说，自古以来，一共有七十九个皇帝下过这个。

还有一些要做的，比如调和阴阳、顺应五行什么的，就涉及阴阳五行系统论了。

14. 阴阳五行系统论

在请出董仲舒版的阴阳五行系统论之前，先说个风波以前看过的故事。

故事的内容是这样的。

话说某考古学高才生和他的牛逼无比的导师在一次考古过程中，看见某个远古的岩刻上，用古文字写着："科学啊科学，伟大的科学"。于是很有兴趣，也很有疑问，心想这么热爱科学的人群，为什么没有发展出牛逼无比的文明呢？当然他的导师更有兴趣，也更有疑问，于是他的牛逼无比的导师就带着他坐着时光机穿越到了远古。

在那个远古的部落里，他们遇到了一个非常聪明的族长，几乎已经产生了一些科学的萌芽，还有族长那漂亮的女儿。但是大部分的人都是愚昧的，迷信神灵，有一次差点儿要用族长漂亮的女儿去祭祀，族长则用他那最原始的科学知识，与大众进行沟通。这位高才生当然急了，心里全是族长那漂亮的女儿，于是让他的导师，用非常牛逼无比的计算方法，准确地计算出了日食的开始和结束。那些原始人转而崇拜他们，称他们为大神，他们告诉那些人，我们不是神，我这是科学。

最后，族长的女儿自己跳到了火里，临去前还说，以前我不舍得，以为献身了就见不到你，但是现在我知道了，担心是多余的。看着族长的女儿毅然地走进火里，再看着下面狂热的人群在狂热喊着"科学"，他们一下子明白了。

其实人们对于这个世界究竟是什么样子，需要的并不是答案，而只是一个解释——神学的解释，科学的解释，哲学的解释，又或者，玄学的解释。这些解释，只要能自圆其说——甚至不能自圆其说也没关系，人们自己会帮着自圆其说——就能让人们心满意足，然后把所有的注意力，转到那些与生活休戚相关的鸡毛蒜皮的事情上面。

很多人也许会对我花了过多篇幅来介绍阴阳五行表示不解，的确，正如辩证法是逻辑的毒药一样，阴阳五行也的确——在某种意义上——算得上科学的毒药，它们都能无比正确地解释这个世界，甚至比科学解释得还要完美一些，完美得让你不再需要科学。也的确，那些没有接受过阴阳五行，也没有接受过辩证法教育的人们，因为对这个世界的无限好奇，因为神学解释的漏洞百出，而独自寻找答案，最后让科学脱胎换骨。这些都正确。

但是，在中古时代，所有那些没有受到阴阳五行影响的文明世界里，接受的都不是科学，而是神学。就像开头那个故事一样，在那个世界里，即使你能让科学创造奇迹，那也不是奇迹，而是神迹。

整个古代文明世界里，唯一自始至终没有被神学或宗教完全占据的世界，而在大多数时候，对于未知都保持了充分理性的，只有两个：一个是古代希腊，一个就是古代中国。这未尝不是因为阴阳五行，或与阴阳五行结合了的儒学的功劳。《红楼梦》里，贾雨村用阴阳来解释人才现象，而史湘云则用阴阳来解释那些对立统一的事物。事实上，它能解释世间万物。

或者就像科举，与现代选举比较起来，显得古老而落后。但你不能不承认，在一千年前，取消科举，只意味着倒退而绝无进步，它至少让中国在一两千年前，就有一个全国规模的文官政府，同时，能让社会阶层非常好地流通，宋朝的宰相，几乎都是平民出身。相反，在科举废除之后的很多年里，中国的阶层固化更为严重，再也没有"朝为田舍郎，暮登天子堂"，上层和底层隔着天与地的距离，似乎回到了科举之前的"上品无寒门，下品无士族"。

神学用了解释未知，科学用于解释已知，阴阳五行，则既能解释未知，也能解释已知，它不像科学，而更像哲学。哲学总是超前的，是思想的旅行，它省略很多细节，直接看到世界的尽头。它能让人变得超脱，但超脱得过了头了，就不再对俗世的庸庸碌碌执着。正如在辩证法看来，一切的科学研究，都是破碎的、支离的、片面的、孤立的、静止的，科学家们总是想办法割断事物空间的联系、时间的联系，甚至连空气和地球引力也要想办法消除，却忘记了我们的世界，本就是普遍联系和永恒发展的，是一个整体，是一个完整的系统。

但是为什么现在的人仍然相信科学？这其中有很多人是因为科学能持续提供给他们奇迹，还有很多人是因为别人告诉他要相信科学，还有很多人是把科学当成一种新的信仰，就是相信科学能解决所有的问题，而真正能拥有科学的怀疑精神、独立思考精神的人，很少。所以他们可以一方面拥护科学，另一方面，遇到了神像又禁不住去磕头许愿；一方面摒弃阴阳，另一方面，又深信辩证法；一方面批判五行，另一方面，又深迷十二星座。让他们去说阴阳五行究竟哪里大错特错呢，又说不清楚。

还是回到两千多年前吧。这时的阴阳五行，是一个非常先进的理论。

因为它一下子就告诉了你世界的终极真相，而且都是对的。我想当初的儒者在遇到它时，一定激动万分，就像风波当年初遇辩证法时，激动得夜不能寐一样。而它在对世界的解释方面，也的确所向无敌，直到印度的佛学输入以前，都毫无敌手。

所以董仲舒给了阴阳五行很大的比重，几乎成为其核心部分，也就不足为奇了。以至于甚至有人说，阴阳论和五行论的合流，就是董仲舒搞的。也的确，关于阴阳五行论最早又最完整最系统的理论描述，也许董仲舒是首选。虽然他的阴阳五行理论，怎么看都怪怪的，怎么看都有很浓重的儒家味。但是看人家那篇幅。

以阴阳为名的，董仲舒写了六篇，以五行为名的，董仲舒写了九篇，再加上实际上也是阴阳五行具体运用的天地之行啦、郊祭四祭啦、四时啦、求雨止雨啦，还有十几篇。八十二篇里占了三分之一还要多。

那么董仲舒版的阴阳五行系统论，究竟有什么新鲜内容呢？且听一一道来。

15. 新阴阳家

董仲舒当然是新儒家——当然是阴阳家化了的儒家，但董仲舒差不多也算得上阴阳家——当然也是儒家化了的阴阳家，因为阴阳五行在董仲舒那里的比重实在是太大了。董仲舒各种观点和结论的最大两个理论基础，一个是《春秋》，另一个就是阴阳五行。

那么董仲舒对于阴阳五行又有什么有趣的内容呢？

先看阴阳。这部分董仲舒用了六篇，哪六篇？阳尊阴卑，阴阳位，阴阳始终，阴阳义，阴阳出入，天地阴阳。

阳尊阴卑。当然就是拼命地证明阳就是比阴尊贵，天就是比地尊贵，男就是比女尊贵，君就是比臣尊贵。证据当然一抓一大把，有天文学的证据，天本来就在地的上面嘛。有历法学的证据，计算日子，当然是以白天为主，而不是以晚上，计算年份，当然多半是说过了几个春天，而不是过了几个冬天，等等。还有数学上的证明，比如十，是天干之数，是天之数，而人怀胎十月，也是符合天道的，从孟春到孟冬，是万物的生长周期，也是十个月。还有经典上的证据，《春秋》，对于君，就比较客气，对于臣，就比较不客气，君尽量往好的方面描述，臣尽量——也不能说往不好的方面吧——不一定往好的方面描述。阳尊阴卑有两个推论，一个就是君权比较重要，阳尊阴卑嘛，如果反过来，就好比地在上，天在下，天下是会乱的，另一个就是重德不重刑，因为仁德是阳，而刑罚是阴。

阴阳位。说的是阴阳的方位，或者说，是阴阳二气的路线图。阳气是从东北开始其历程的，从东北，再向南，向南，到了最南边，再往西，到了西南，再往北，一直到西北，然后就，然后就休息了。阴气则对过来，从东南开始，向北，向北，到了最北边，然后往西，到西北，再往南，到了西南，也开始休息了。阳以南方为根据地，阴以北方为根据地，阳以夏天为基本盘，阴以冬天为基本盘，阳实而阴虚——看夏天外面多热闹冬天多冷清。总之，还是那句话，任德不任刑，德是实实在在的，而刑罚，只是做个样子，以防万一。

阴阳始终。这是阴阳二气在四季的变化，及与五行的关系。其实这个阴阳二气，从来只是多少的关系，而不是有无的关系，春夏阳多一点，秋冬阴多一点。春秋二季，阴阳都是共生共灭的。夏天看上去都是阳，但阴并非没有了，而是阴已经生于阳了。春天属少阳，也属木，木为少阳，夏天属太阳，也属火，火为太阳，秋天属少阴，也属金，金为少阴，冬天属太阴，也属水，水为太阴。

阴阳义。还是从阴阳来说要任德不任刑。人应该顺应天意，这样才能长治久安。那怎么顺应天意呢？阳气是天之德，阴气是天之刑，上天用三个季节来让万物生长成熟，只用一个季节让万物消失，人当然应该任德不任刑。秋天是万物肃杀的季节，用于行刑，冬天是万物收藏的季节，属于安葬，上天把大部分的阴气给了冬天，只留一小部分给秋天，所以人要少用刑罚，把最多的忧伤留给那些生离死别。

阴阳出入，仍然是阴阳的消长和变迁。

天地阴阳，则解释了为什么天之数是十。为什么是十而不是九，也不是十一呢？因为木火土金水，加上天，加上地，加上你，啊不对，加上人，再加上阴和阳，正好十个。为什么是这十样东西，多一样不行，少一样也不行呢？因为这十种，是大系统最关键的参数，也是方程式必不可少的变量，还是解释世间治乱之源的钥匙。人的行为，导致阴阳的消长、五行的顺逆、天地的反应，再回头作用到人。同样，天地阴阳五行的变化，也会导致彼此一系列的变化。什么是天机？这就是天机！

再看五行。这部分董仲舒用了九篇，哪九篇？五行对，五行之义，五行相行，五行相胜，五行顺逆，治水五行，治乱五行，五行变救，五行五事。

五行对，其实是董仲舒与爱学生的倒霉蛋河间王刘德的一段问答。除了阴阳五行的关系之外，还有两个观点值得注意。

一个观点是说虽然风和雨都是地产生的，但仍然要把它送到天上再放下来，人们不会称地风地雨，只会称天风天雨，这是地对于天的态度。这就像忠臣，哪怕是自己做的好事，也不要拿来向老百姓邀功，一定要说这是皇上的意思，或者像孝子，遇到老豆的不光彩事情，也要尽量揽到自己身上，就是黑锅我来背，好名声归你。

另一个观点，是说五行里的土最为尊贵。前面不是说春夏秋冬，木火金水各占一个吗？还有一个土呢。土哪个都不占，但也哪个都占了，它不占，那比占卜还要厉害，因为它太厉害，所以根本不用占。这就像五音里的宫，最尊贵。五味里的甜，最尊贵。五色里的黄色，除了皇帝，谁能用，谁敢用，就是没有皇帝，也不准用，谁用了扫谁，此之谓扫黄。

这两个观点儒家味儿十足啊。另外八篇也基本如此。不过基本可以分成两类，一类算是把五行相生相克理论进行儒家化，另一类则基本是董仲舒的进一步发挥了。

第一类的有五行之义，五行相生，五行相克，五行顺逆。

比如五行之义，把五行相生比作父子——不知道五行相克是否相当于婆媳。

比如五行相生。东木为农之本，官位为大司农，尚仁，要推荐经术之士，要亲入陇亩，搞好水利，关心三农问题，保证粮食丰收，国库充盈，这样南火的大司马，才有足够的力量来治国安邦，召公就是这样的人。而南火为司马，尚智，要推荐贤圣之士，要上知天文，下知地理，要知治乱存亡之道，让天下安宁，这样中土的司营才能安心搞建设，周公这是这样的人。后面依次是搞建设的司营，搞监察的司徒，搞执法的司寇。

比如五行相克。司农如果不关心三农，只关心亲朋，不增进丰收，只增进税收，不保证国库，只保证小金库，怎么办？西金克东木，司徒来查他。司马是治国安邦的人，如果不好好治国安邦，反而弄权结党，做那等权臣，怎么办？司寇来抓他。司营是最贴近国君的人，也是帮国君花钱的人，如果不安心建设，只知道吹牛拍马，对国君只拣好听的说，大兴土木，欺上瞒下，上下其手，怎么办？东木克中土，怎么克，司农估计是搞不定的，不过还有农民嘛，农民会造反的。后面依次是司马搞定司徒，司营搞定司寇，

比如五行顺逆。如果司农做的是该做的事，就会万物生长，水草繁盛，风调雨顺，粮食丰收，如果做的是不该做的事，就会草木枯死，风雨不时，连木匠做的车轮，都容易坏掉。司马呢，如果做的是不该做的事，显然就有火的方面的异变，不是大火灾，就是大干旱。其他土金水也是一样，依次有虫灾、冻灾、水灾之类。

朝中的权力制衡，国中的各类灾害，这么一解释，似乎都像那么回事。那么董仲舒对阴阳五行理论，还有怎样进一步的发挥呢？

16. 五行的新应用

前面说过，阴阳五行用得最多、也最彻底的两个方面，一是中医，一是术数。

不过在董仲舒看来，这些都不够。像阴阳五行这种能解释世间万物的理论，又怎么能不应用到世间万物之中呢？

董仲舒是这么想的，也是这么做的。

先看五行的新应用。

第一个新应用就是把一年分成五行，各有适宜的事，此之谓治水五行。这治水可不是大禹的那治水，说是治水，其实是治五行。那为什么叫治水呢？据说是因为水为五行之一，治五行就像治水一样，宜疏不宜堵，要顺着它的性子来。

具体来说，就是把一年三百六十天，五行各占七十二天，每个七十二天，都要按五行的规律做事。怎么做事？从冬至开始的七十二天，是属于木的。在那些木的日子里，要多种树，别砍树，要多开门，少关门，要走出去，请进来，要解放思想，打破框框，取消禁忌，胆子要大一点儿，步子要快一点儿。

接下来是火的日子。要划定边疆，出使四方，要提拔有才之人，要重用有德之人，要赏赐有功之人，要把日子过得风风火火一些……但切记不要放火，更不要顺风放火，那样的话，虽然有风有火，但是日子也没了。

接下来，在那些土的日子里，则要提高福利，特别是底层的福利，要多办养老院、孤儿院，奖励五好家庭，要表彰孝子。总之，土嘛，就是要稳定，稳定压倒一切；至于土建嘛，反而要少搞，最好不搞。事实证明，大兴土木，虽然也带个土字，却是最不利于稳定的。五行这东西，适宜就行，不能偏兴。

接下来，在那些淘金的日子里，啊说错了，应该是在那些金的日子里，就可以修城墙，训练军队，发展军火了——很多同学以为军火业五行属火，其实应该属金。对不起，还忘了一个，秋后斩秋后问斩，行刑这种事，也应该是金的日子里才能做的。

最后，时间来到了水的日子。水是冷的，所以一定要冷一点，酷一点，黑风衣，黑西服，黑眼镜，面无表情，那是水的最好写照。水是属于冬天的，所以要整顿吏治，要加强警戒，要从严治国，要从重反腐，要调整经济环境，整顿经济秩序，要树正气，要搞严打。总而言之，水，黑色，北方，冬天，这所有的词汇，让你能想到的东西，在水的日子里，都会降临。也许你不喜欢，但是别怕，七十二天之后，春天的故事又将发生。

这是五行治国的周期律。

第二个新应用，涉及五行的新关系。

最早《尚书·洪范》的五行，只是把五行分了类，而且顺序是水、火、木、金、土，之间并无特别的关系，只相当于五大元素。后来的五行家，才变成木、火、土、金、水的顺序，才发展出比相生，其后又有间相胜，再其后有相乘相侮，所谓五行顺逆。关系那叫一个复杂啊！

不过比起董仲舒来说，这些都是浮云。

因为董仲舒说了，五行还有一个关系，叫相乱。

啥叫相乱？就是根本不按木、火、土、金、水顺序相互作用，而是想怎么作用就怎么作用。有同学说了，这不就乱了吗？乱了就对了，就怕你不乱。大乱之后才有大治。五行相乱，这才有五行变救嘛。

五行相乱是本质，但本质要透过表象来看，表象又是什么呢？

从理论上说，五行如果根本不按顺序作用，就会有五乘以四，一共二十种两两作用，至少应该有二十种怪现象与之对应。你还别嫌多，还真给董仲舒找出来了。

比如木吧，可以被火、土、金、水挨个欺负。如果被火欺负，就好比夏天提前来到啦，虫子就会出来得早，虫子出来早了，禾苗树苗就会遭殃，可不就是木受到伤害了吗？如果被土欺负，鸟和虫子还有别的东西都容易夭折，因为不是夏天提前来到了，而是过分地早熟则必然早夭。被金欺负，金克木，金克木，会有战争的，而且是那种不恰当的地方打的不恰当的战争。被水欺负，相当于春天来了，而冬天还不肯走，结果呢春天还要下霜，像那种花都快开了，忽然一场雪、一场霜，又给冻死……一定是水在欺负木呢。

再比如火吧，当然也可以被土、金、水、木挨个儿欺负。如果被土欺负，天打雷劈，电闪雷鸣的事就比较多。如果被金欺负，草木会受伤凋零。如果被水欺负，天哪，六月天里下冰雹。如果被木欺负，更厉害啦，地震就是这么产生的。

其他几种也是一样，五行乱了，什么乱象都有可能出现，比如大旱是火欺负土造成的，粮食没收成是土欺负金造成的，而冰河纪，是金欺负水造成的。总而言之，各种灾难片啊。

有变乱，就有变救，正如有灾难片，就有救世的超人。不过董仲舒说了，从来没有救世主，也不靠神仙皇帝——其实皇帝还是要靠的，但主要还是要靠大家，只要掌握好五行的规律。灾难片不可怕，世界末日也不可怕。

董仲舒告诉我们，五行逆了也好，乱了也好，之所以不正常，全都是因为人不正常。人如果正常，五行再不正常，也会变得正常。人如果不正常、五行再正常，也会变得不正常。

那么，人要怎么做，才能让五行变得正常呢？

17. 防灾攻略

在董仲舒看来，这世上所有的天灾，归根到底，都可以从某种意义上归为人祸。

所以遇到灾难了，比如台风、地震、洪水、干旱了，除了要救助灾民、发放补贴、灾后重建，除了圣上要下罪己诏，"万方多难，罪在朕躬"之外，还有一件事情要做，那就是统治者反省，反省自己究竟做错了什么，让老天这样惩罚我的人民，从而能从另一方面让国家从灾难中恢复过来。

而且意义不仅于此。因为灾难了，必定是因为天地阴阳五行不正常了，那么只有找到问题的根源，才能治标又治本，才能有灾救灾，无灾防灾。有灾再去救灾，人死不能复生，无灾防灾，才能真正国泰民安，而不是多难兴邦。

那么，有哪些救灾防灾的办法呢？

第一，五行变救。意思就是五行不正常了，怎么样让它正常起来。

五行变了，变救的法子，是一个中心、五个基本点。

中心是什么？中心就是仁德，要爱百姓。要是做不到啊，不是我老董吓唬——就是我老董不吓唬人，老天也要吓唬人，不出三年，天上就会下石头，斗大斗大的，能砸死人的那种，你还别不信，从前还真下过，不信请看《春秋》多少页多少页。

五个基本点则要相应地五行异变。

木有变。有个特点，就是春天万物该繁荣的，结果凋敝，到秋天反而繁荣了。这种异变在人事上有个很大的原因，就是官府税收太重，百姓负担太重，结果破产失业，流离失所。变救的法子，一是减税，二是减负担（就修长城那种事情），三是救灾。

火有变。有个特点，就是冬暖夏凉。有同学说得好，冬暖夏凉不是好事吗？这位同学一定是在城里长大的吧，看天气巴不得天天是晴天，不知道农民伯伯有时盼望下雨盼得头发都白了。如果每个冬天都是暖冬，你是幸福了，可瑞雪才能兆丰年啊。人事上的原因，就是国君昏庸奸臣当道——国君昏庸奸臣当道才会是暖冬的呀同学，正义之士反而被埋没，所以才会阴阳失序，寒暑不明——这叫阴阳失序寒暑不明呀同学。变救的法子，当然是处治奸臣，重用贤良，还我一个朗朗乾坤。

土有变。有个特点，就是经常有台风、风暴，庄稼全给吹倒了。这又是为什么呢？这是因为儿子不尊敬老子，弟弟不尊敬哥哥，统治者不尊敬贤臣，反而大修宫殿，修完宫殿后在里面长期与多名女性发生或保持不正当关系。变救的法子，一是不修宫殿，二是表彰那些孝子悌弟，三是体恤百姓，发放津贴。

金有变。有几个特点：一是天上的毕宿与昴宿老是在那转悠；二是与周边国家关系老是紧张，小摩擦不断，大战争也不是不可能；三是国内黑恶势力嚣张，老百姓出门被盗进门被抢。这又是为什么呢？这是因为统治者不讲道德，只知敛财，把钱看得重要，不把老百姓的命当回事，搞得百姓也把钱看得比命重要，无所不为。变救的法子，当然是树立廉洁正直的新风气，把道德看得比财富重要，善待民命，处理好与周边国家的关系，外求和平，内求发展。

水有变，也有两个特点：一个是冬天阴冷、潮湿、多雾——那些被称为雾都的城市要自省啊；另一个就是春天和夏天下冰雹——那些被称为雾都的城市如果没有这个特征可以松口气了。这又是为什么呢？这或者是因为无法可依，或者是因为有法不依，或者是因为执法不严。总而言之，法制问题。变救的法子，当然是重塑法的尊严，让那些罪恶的人，都得到惩罚吧，让那些奸邪之徒，都无从遁形吧，让那些身怀冤屈的人，都得到解救吧。

第二，五行五事。这是从另一个方面说五行的异变。

国君的五种性格，也会引起五行的异变。

哪五种？

第一种是国君傲慢无礼。像对臣子呼来喝去啊，打耳光啊，都能造成木气之变，木头都长不直——因为在暴政之下人的腰都是弯的呀，夏天还有很多暴风。

第二种是国君刚愎自用。像听不进不同意见啊，甚至把持不同政见者关进牢里啊，都能造成金气之变，刀子都会变钝——老天爷也不希望统治者用枪杆子威胁笔杆子——都割不断皮革，秋天还有很多霹雳。

第三种是国君有眼无珠。像谁是好人谁是坏人他都分不清啊，这能造成火气之变，火都烧不旺——老天爷也不希望那些真正优秀的人不明不白地被烧死，秋天还有很多闪电。

第四种是国君偏听偏信。像听信谗言啊，净爱听好听的啊，这都能造成水气之变，水半天都流不进地里——这哪儿是水啊，这是忠良的泪啊！春天夏天还会有很多暴雨——就是要哭给你看哭给你看。

第五种是国君心胸狭窄。像什么怀恨在心啊，秋后算账啊，见不得大臣的人气比自己高啊，这都会造成土气之变，庄稼就是很难成熟，不是风不调就是雨不顺，总之就是很难有好收成。传说，当年有个晋景公，也是个心胸狭窄的货，因为有个算命的说他命不长了，吃不了今年新收的麦子了，结果到麦子成熟的时候，他把人家请来，当着人家的面说，这是今年的新麦子，还说我吃不成，你去死吧！刚把人家杀死，马上就开始闹肚子，往厕所里那么一蹲，就再也没站起来，而是直接掉进了粪坑，可谓"生得其厕，死得其所"了。所以碰到这种心胸狭窄的货，老天爷最好的办法就是，我就是没收成没收成，就让你吃不成新麦子吃不成新麦子，急死你急死你。

土气之变还有个特点，就是秋天多雷。不知道这个雷与闪电、与霹雳究竟有啥区别，或者，这只是老天爷给三种主旋律加了类似的伴奏？不过据董先生说，霹雳属金，闪电属火，而雷声属土。大概霹雳就是那种突如其来的，让人根本来不及反应的，如果手里有双筷子，那筷子一定会掉的，如果手里有杯子，那杯子一定会碎的那种，其特点在于突然。闪电呢，就是那种华丽丽地照亮我的夜空，亮瞎你的双眼的，从天上直到地下，从云端直到海底，仿佛一下子把夜都要点起来，把海都要烧起来，特点在于华丽。雷声呢，就是先是低咆，再是高啸，再是如千军万马杀将过来，又如战车万乘隆隆驶过，过程虽慢，却势不可当，特点在于霸气。

正所谓性格决定命运，如果国君有这五种性格中的一种，臣民们就有得受了。

但也不是完全没法子。法子当然是国君要努力避免性格的影响。要知道，上天给了国君五样东西，分别对应五行，那五样东西分别是貌、言、视、听、思，只要从这五个方面修炼，就能养成一个五行完美的国君。

修炼貌，不是说要用各种化妆品护肤品，那些没用的。要由内养外，而最最主要的，就是一个字——恭。对大臣，要做到恭敬，心里默念一万遍恭敬，就不会出现傲慢无礼的事儿了。

修炼言，要做到一个字——从。所谓虚怀若谷，从谏如流，不管别人说得中听不中听，听了再说。至于实施——那都是没影子的事儿，上的是白纸黑字的奏折怎么办？也好办，批上三个大字"知道了"。

修炼视，要做到一个字——明。借我借我一双慧眼吧，让我把这纷扰看得清清楚楚明明白白真真切切，说的就是这个"明"字。至于如何拥有这双慧眼，要多看，要多历练，要多读史。

修炼听，要做到一个字——聪。话不能净拣好听的听，要多想，想想他为什么这么说，想想假如他说的不对呢，想想要不要找别人问问。偏听偏信不好。聪的意思是什么，就是啥都能听到，要耳听八方。

修炼思，要做到一个字——容。凡事看开一些，不管你手下的那些人微博粉丝是你的多少倍，这微博还不是你开的？

貌、言、视、听、思分别对应木、金、火、水、土，搞得好了，五行就正常了，天下就无事了。

话说这个阴阳五行还真是神通广大，但还不只如此，在求雨、止雨、祭祀、养生方面，也发挥着十分关键的作用。

18. 求雨与止雨

烈日当空，万里无云。知了在嘶哑地叫着，热——啊，热——啊，仿佛那渴极了的人的叫唤。

汗水没命价流下来，滴到土里，很快就看不见了。地已经裂开，如干枯的树皮。

已经有一个月没有下雨了，庄稼全都枯死，怎么办？

人工降雨？连云都没有怎么降雨？董仲舒告诉你，可以求雨，按照我的办法，一二三四五六七八，二二三四五六七八。

暴雨下了半个月了，小河满了，大河满了，所有的湖泊都满了，而雨还在下，水位一天高似一天，眼看河堤就要保不住了，所有的人都在堤上加沙袋。河堤之下，是千万生民。

怎么办？

人工泄洪？连水库都没修怎么泄洪？董仲舒告诉你，可以止雨。按照我的办法，一二三四五六七八，二二三四五六七八。

阴阳五行说神奇也真是神奇，但说不神奇也真是不神奇，在董仲舒看来，这世间万物，都脱不了阴阳二气，木、火、土、金、水五行的变化，求雨止雨也是一样。

求雨怎么求呢？

一个高高的坛子，请个法师，坐在上面念念有词。午时三刻之后，天空变阴变暗，很快乌云密布，很快雷电交加，很快大雨倾盆。

董仲舒告诉你，错了，你那不符合客观规律，你那是巫术。

一伙乡民，携手涌进龙王庙，向龙王爷上供、跪拜、许愿、烧香。

董仲舒告诉你，又错了，你那也不符合客观规律，你那是迷信。

董仲舒的办法是这样的。

第一步，官府选个五行为水的日子，祭祀山川社稷。什么？和求龙王爷没啥两样？还没有求龙王爷直接？错了，你完全错了。下雨是天地阴阳交泰的结果，祭祀山川社稷那是为了和天地沟通，先写封信，下个拜帖，和你求龙王爷能一样？龙王爷算个毛线啊？

第二步，禁止砍伐树木。同时，让巫女们出去晒太阳，如此过了八天。这步明白啥意思吗？不明白就对了，后面止雨的时候，还会让女士们太太们小姐们不许抛头露面，因为怕阴气太盛会让雨退不下来。这里，让巫女晒太阳自然是因为外面阳气太盛，让阴柔之气平衡一下。至于为什么是巫女，是因为巫女更容易与天地沟通。至于为什么是八，那是因为八是一个神奇的数字，这个数字后面还会出现。

第三步，设坛——还是要有坛子的。但坛子尺寸有讲究，八尺见方，挂八根黑布条，用八条生鱼开始祭祀——不是龙王爷——是共工。论辈分，论资历，共工可比龙王爷古老多了，记住了，以后你烧香的时候，千万不要说自己在拜玉皇大帝太上老君，那些神出道太晚，一定要说伏羲氏共工氏啥的，再不济也得说西王母东王公，也可以来点异域风情拜个东皇太一。

除了八条生鱼之外，还有玄酒，清酒，肉干。啥叫玄酒？其实就是水啦。不会喝酒的同学们有福了，你可以喝玄酒了，虽然这个玄酒，一般都是给神仙喝的。神仙不像咱们凡人口味这么重，人家口味清得紧，清酒还嫌不够，顶好的是玄酒，像当年楚国进贡周天子的用来缩酒的包茅，也是用来过滤酒水，让酒变得更清，以便神仙享用的。

第四步，作祝。要找巫女里那些口才最好的来做这事，反正就是跟天地沟通啦。要斋戒三天，要穿黑色的衣服，拜两下，然后低声倾诉，然后再拜两下，再低声倾诉。都倾诉些啥呢，无非是"苍天哪，你产生五谷来养活我们这些人，但是现在五谷因为干旱，都要死了，你就可怜可怜我们吧，我把清酒、肉干给你，你给我们雨吧，求求你啦，求求你啦！"

第五步，舞龙。选甲乙日，制作一条黑色的龙。龙王爷终于出场了，不过是以一种很可怜的方式。因为它是被制作出来的,而且据说还将被杀掉。这条黑龙长八丈,放在中间。东边还有七条小龙,四丈,头都朝东,八个少年,也斋戒三天,然后开始舞这些龙。

然后还有农夫八名,斋戒三天,在边上杵着。然后还有五只蛤蟆,养在八尺见方一尺深的水池子里。然后还三岁大的公鸡与三岁大的猪,祭祀完了都烧了。

第六步,开门关门。把镇上的南边门都关上——南边有火嘛,门外都放上水,北边门都打开——北边有水嘛。然后北边放一头老猪,镇子中间也放一头猪,听到鼓声,一齐把猪尾巴烧了,和着人骨头一起埋了。

第七步,开条通往山上的路,放一堆柴火烧一烧。这一招据说是神农氏传下来的。

第八步,路桥不通的,都把它开通,沟渠不通的,也把它开通。

以上八步搞完之后,基本上雨也都会下下来了——不管怎么说又是大半个月过去了。

这可比电视剧里那些求雨复杂多了吧。不过如果你以为求雨不过如此的话,你就错了,因为上面所说八步,只是春天求雨,夏天、秋天和冬天,情况又不一样。仅以数字论,夏天的基数就是七,秋天就是九,而冬天则是六。

至于止雨,情况又不一样。求雨的时候是苦苦哀求,而止雨呢,则是连哄带吓,用一句话说,就是"鸣鼓而攻之"。为什么呢?董仲舒说得好,因为大旱是阳气太盛,大水是阴气太盛,而本着阳尊阴卑的精神,对于阴气就没必要那么客气,求雨可以苦苦哀求,止雨则必须拿出点儿颜色来。

止雨之外,还有祭祀。又是各种神奇的仪式。

祭祀之外,又有养生。养生的关键在于养气,而养气的关键在于中和二字。啥叫中?冬至,夏至,是阴阳二气的顶点。啥叫和?春分,秋分,是阴阳二气最为和谐的时候。要顺应这个阴阳二气的变化来保养心气,由内养外。

气由心动,养气还要注意情绪,怒则气高,喜则气散,忧则气狂,惧则气慑，小心小心哪。顺应天地之道，气就又顺畅又欢腾了。仁人为什么长寿，因为他内心平静，坦坦荡荡；仙鹤为什么长寿，因为它心无死气，超凡脱俗；猿猴为什么长寿，因为生命在于运动。总而言之，要顺应自然。

听起来又好像神仙家的气功派与阴阳家搞到了一起。

董先生总是这样的涉猎广泛，无所不通。

宇宙观养生观之后，则为历史观、政治观。董仲舒又把孟子的"王道论"加以改造完善，与阴阳理论融合，同时又扬弃了"五德论"，提出"三统论"，最终整合成了一种非常华丽而神奇的治国理论。

19. 董仲舒的新王道论

王道是一个旧命题。

在秦以前的那些个漫长的岁月里，那些读书人也不知道为了王道和霸道费了多少口水。王道看上去很美，由内养外，固本培元，但见效慢；霸道看上去很凶，绩效，刑罚，制度，但见效快，倒有点儿像中西药的区别。王道好，还是霸道好，难哪，难！

不过这些口水在董仲舒这里，都不再是口水，因为在董仲舒这里，与王道相对的，不是霸道，而是非王道。非王道是什么道呢？就是桀纣之道。桀纣之道，想想看，谁敢用？

王道的特征，在孟子那里，大致有以下几点：老百姓安居乐业，耕者有其田，国君内圣外王，是个哲学家，兴礼乐，上上下下普遍知书达礼。

不过在董仲舒，特征就多出了几倍。都有些什么呢？

首先是天界。风调雨顺自然是少不了的，明恩溥在《中国人的素质》里说，中国的二十四节气真的是很奇怪的，清明的时候，一定是天气晴朗，谷雨的时候，就会下雨，白露的时候就有露，霜降的时候就会下霜，小雪的时候，多半就会有雪花飘下来。王道的天气大概就是这样。此外还要元气和顺，天降甘露，甚至还能见到黄龙。阿瑟·史密斯没见到黄龙，所以他所见的，应该还不是完全的王道。

其次是地界。地上也会涌出甘泉，正与天降的甘露响应。甘泉不仅是有点儿甜，而且喝一口神清气爽，喝两口神明俱澈，喝三口，有病治病，没病防病。

再次是鸟兽界。在王道里，毒虫它都不螫人，老虎它都不咬人，厉不厉害？就是你听见鸟兽会说人话，也不要感到惊奇，因为这是王道。还有更惊奇的，就是凤凰啦，麒麟啦，都能在郊外看到，你一定会想，是不是游戏组今天搞周年庆，所以一下子放了这么多神兽出来？后来一打听，原来是你来到了王道乐土。

再次是花草界。除了"我们的祖国是花园，花园里花朵真鲜艳"之外，还有一种红色的草，茎像珊瑚一样，叫朱草的，也长了出来，到处都能看到。这种长得像勿忘我的草，是一种神奇的草，据说可以用金子或玉投过去让它变成泥浆，从而变成金浆或玉浆，人吃了能入圣超凡。

最后是人间界。人间界的税非常少，不会超过十分之一，家家安居乐业，富裕安康。人人健康长寿，从来没有白发人送黑发人这种事，甚至连哥哥比弟弟先去世的事，都从来没有听说过，因为人人都活到了他的理论最大寿命。人人尊老爱幼，知书达礼，没有人生气，因为没有什么事值得生气，也没有挑拨离间、羡慕嫉妒恨的人，因为没有什么事情值得羡慕嫉妒恨，大家过得都很幸福，连那些调查别人过得幸不幸福的媒体都不会有，因为毫无疑问，每个人都幸福。那里也没有监狱，偶尔有人做错事，根本不需要送到监狱，在他衣服上画上几笔，他就会洗心革面。

总而言之，这是一个神奇的世界。听上去，离孟子的王道，已经走出了很远，甚至孔子那个"天下为公"的大同社会，也没有这般神奇。这哪儿是人间界，这简直就是魔法界嘛。

与魔法界相对的，应该是"麻瓜世界"。不过，在董仲舒看来，与王道相对的那个桀纣之道，可不仅仅是麻瓜世界，而应该是由伏地魔统治的麻瓜世界。也只有伏地魔统治的麻瓜世界，才会那般恐怖，叫人不寒而栗。

那么，桀纣之道都有哪些特征呢？

首先是人间界。因为一切的根源都在人间界。

统治者吃的是什么呢？山珍海味，天上飞的，地上爬的，都要想了法子去吃它，甚至搞得山里没有野兽，河里没有大鱼，都被吃光了。甚至以酒为池，以肉为林，醉生梦死。

穿的是什么呢？各种奇珍异禽的羽毛或皮毛，各种费尽心力的色彩和装饰，花了无数工人的心血，只为一时的风光得意。

住的是什么呢？大兴土木，大建宫室，大修苑囿，耗尽人力，雕梁画栋，极尽奢华。甚至拆了又盖，盖了又拆，只为一时的高兴。

用的是什么呢？黄金美玉珍珠象牙，那都不够，一定要精心雕过的，一定要仔细选过的，一定要巧夺天工。

玩儿的是什么呢？听的是郑卫的靡靡之音，陪的是后宫的三千佳丽，连家里的宠物，那吃穿用度，都比平民要好上几倍。

统治者能这么极尽奢华，都是以平民的困苦为代价的。苛捐杂税，衣食无着，老人得不到赡养，儿童也得不到应有的教育。而统治者不仅自己极尽奢华，还赏赐无度。谁说统治者的好话，谁马屁拍得响，就赏赐谁、提拔谁；谁提意见、乱说话，就处罚谁，甚至杀掉。从而整个朝廷和官府，上下沆瀣一气，而百姓流离失所，上告无门。

人间界是这个样子，天界又能好到哪里去？自然是天灾不断了。有日食，有彗星，这是上天的警告，如果统治者不知改悔，还有更厉害的——夏天要下暴雨，山洪暴发，冬天下暴风雪，出现雪崩；又或者是春天不下雨，一直到夏天都没有雨，大干旱；又或者是秋天的霜连草都杀不死，冬天出现暖冬。

地界呢？地震是一定有的，地震就是大地给出的警告。还有山崩，还有黄河断流，还有陨石从天而降。

鸟兽界呢？凤凰麒麟是别指望了，鹳鸰倒是很多，叫得一个比一个难听。虫子也很多，甚至能从天上落下来。

总而言之，桀纣之道简直就是亡国之道。

王道和桀纣之道，你选哪一个？

有同学说了，当然选王道了，那还用说吗？

但是，请仔细想想，这两种道，对应的也是两种生活：一种是历尽艰辛，最后苦尽甘来，甚至到最后，也未必能看到最终的实现；另一种是享乐至上，开心就行，过把瘾就死，但运气好也不一定就会死。你选哪一种？

犹豫了不是？犹豫就对了，要不然咱们早就王道了。

听说有两种吃葡萄的方式：一种先从大的开始吃，一种先从小的开始吃。尽管钱锺书说，虽然前一种吃的每一颗都是所剩下最大的，但是前一种只有回忆，而后一种还有希望。也尽管斯科特·派克说，先难后易，先苦后甜，把最喜欢吃的奶油放到最后，才是自律的生活，也能得到最大的快乐。但是，生命可不止一把葡萄或一块奶油蛋糕那么短，而是有几十年，前三十年的辛苦和后三十年的快乐，与前三十年的快乐和后三十年的辛苦，你选哪一个？

而且王道，谁知道有没有王道，即使有，也许真如圣人所说的，百年才能胜残去杀，花几代人，才能实现转型，那也许就是我一辈子的辛苦，换下一代人或下下一代人的快乐，你愿意吗？

所以尽管董仲舒把王道进行了全新改造，而且用一个人见人厌的桀纣之道与之相对，但是，这个新王道论，也并没有真的被统治者搞起来。因为无论是董仲舒的新王道论，还是孟轲的旧王道论，都有一个最最重要的前提，就是统治者的自律。而这，几乎是不可能的。

但不管怎么说，董仲舒的新王道论，还是别开生面的。那么董仲舒的这个新王道论，还有哪些内容呢？

20. 三色世界

要达到董仲舒的王道，除了要以仁德治国，除了要以礼乐教化，除了要丰衣足食，除了要顺应阴阳五行天道什么的，按照那些方法来做事，还有些其他的内容。

比如立元神。无非是说国君是一个国家的根本，一言一行，都关系重大，一定要谨言慎行，安精养神，寂寞无为。如果什么话不知道该不该说，那就不要说；如果什么事不知道该不该做，那就不要做。勿以恶小而为之，勿以善小而不为。重用贤臣，兴修学校，日积月累，自然会有回报。什么是君？君者群也，就是大伙都服他，那才叫君；什么是王？王者往也，就是几个国家放到一起，大伙都愿意去他的国家，那他搞的就是王道。如果大伙都想离开他的国家，那他搞的就不是王道，光嘴上吹王道乐土，那都没有用，你就是把城池修得再好，也跟土块没什么区别，大难来的时候，那就跟粉似的，因为君与臣互相都不信任，父与子都互相怀疑，怎么能搞好？而治国最根本的有三个：一个是孝悌，一个是衣食，一个是礼乐，分别对应天地人，也可以对应道德经济教育，这就是元神，或者说，是一个国家的元气。搞得好了，百姓对国家充满了感情，国家能不好吗？

比如考功名。无非是说对于官吏，一定要搞考核，能干的就上，不能干的就下。考核要根据绩效，而不是根据名声。名头再响，没有成绩，也不会提拔；名头不响，但做得好，也照样有赏赐。人口、耕地、收成、犯罪率等，都是地方官的考核内容。至于朝中大员，还要加上日食月食，各种奇怪天相天灾。越是低级官吏，考核就越频繁，讲短期效应，月月试，年年考；越是高级官员，考核就越不频繁，讲长期效应，三年才会总考察一次。而且官员要推荐人才，给定指标，并将被推荐人的考核，与推荐人的考核相对应。如果推荐的人才的确是人才，有年度最佳伯乐奖；如果推荐的人才不是人才而是庸才甚至败类，那么推荐人也被评上该年度最佳有眼无珠奖。

不过最为有趣的，还是"三代改制论"。

什么叫三代改制论？

就是说夏商周三代的那些创业者，虽然都实行的是王道，但具体制度却有明显的区别。

这个区别，是有必要的。因为他们是受命于天，而不是受命于前朝——前朝也不会心甘情愿把政权交给新朝的。为了证明受命于天，自然要把制度大改一番。就好比空降到一个单位的一把手，如果不烧上几把火，反而完全按照前任的办法来，又怎么证明自己是上面来的人，又怎么能让那些上蹿下跳、心怀不甘者悄无声息，不得不接受无情的现实呢？又怎么能让那些首鼠两端、徘徊观望者知道该听谁的呢？

就像商汤王的政权合法性，并非来自夏桀——对夏桀来说，商汤王可是乱臣贼子哦——而是来自于上天。如果还完全按照夏朝的制度来，那不仅那些夏朝遗民、敌对势力会蠢蠢欲动，认为夏朝可能会复兴，就连那些升斗小民，也会认为现在还是夏朝，从而对新统治者心怀轻慢之心，因为制度还是夏朝的制度，官吏还是夏朝的官吏。甚至会有不臣之心，因为新统治者是通过犯上作乱取代旧统治者的，是缺乏政权合法性的，是临时的，除非你能告诉他们，是上天选择了你。周文王代替商纣，也是这样，周公的制度没搞定之前，不仅商朝余孽兴风作浪，就连管叔蔡叔都心怀不轨。

但是制度变归变，王道又不能变，就像董仲舒自己所说的，天不变道亦不变。那么变的都是哪些内容，又怎么去变呢？

这就是"三统论"。

三统的第一统是黑统，传说夏朝就是黑统。黑统的时候，一切都是黑的，衣服是黑的，帽子是黑的，旗帜是黑的，马是黑的，车是黑的，祭祀用的家畜是黑的，宝玉是黑的，乐器是黑的，人手是不是黑的就不知道了。总之，你一路走过去，会觉得自己生活在黑色的世界。

黑统的时候，以建寅之月作为一年的开始。建寅之月是什么月呢？就是现在农历的正月。现在农历又叫夏历，就是这个原因。黑统的时候，以天亮作为一天的开始，以每个月初一的天亮，作为一个月的开始，天没有亮，那还是旧的一天。

黑统的时候，成人礼是在大堂前面的东西台阶完成的；婚礼，是在庭院里进行迎接的；而葬礼，灵柩要放在东边的台阶之上；祭祀进献的是动物的肝脏。

三统的第二统是白统，传说商朝就是白统。白统的时候，一切都是白的，衣服是白的，帽子是白的，旗帜是白的，马是白的，车是白的，祭祀用的家畜是白的，宝玉是白的，乐器是白的，人脸是不是白的就不知道了。总之，你一路走过去，会觉得自己生活在"雪国"。

白统的时候，以建丑之月作为一年的开始。建丑之月是什么月呢？就是现在农历的十二月。那是商朝用的历法，在《诗经》里还能见到，春秋时的宋国，用的也是这种历法，与现在的西历，倒更为吻合。白统的时候，以鸡鸣作为一天的开始，以每个月初一的鸡鸣，作为一个月的开始，公鸡叫了，你知道新的一天开始了。

白统的时候，成人礼是在大堂完成的；婚礼，是在大堂里进行的；而葬礼，灵柩要放在堂前的两根大柱子之间；祭祀进献的是动物的肺脏。

三统的第三统是赤统，传说周朝就是赤统。赤统的时候，一切都是红的，衣服是红的，帽子是红的，旗帜是红的，马是红的，车是红的，祭祀用的家畜是红的，宝玉是红的，乐器是红的，人心是不是红的就不知道了。总之，你一路走过去，会觉得自己生活在革命者的海洋。

赤统的时候，以建子之月作为一年的开始。建子之月是什么月呢？就是现在农历的十一月。那是周朝用的历法，《春秋》用的也是这种历法。春秋时的鲁国，用的就是这种历法。赤统的时候，以半夜作为一天的开始，以每个月初一的半夜，作为一个月的开始，也与西历更为吻合了。

赤统的时候，成人礼是在房间完成的；婚礼，是在门口进行迎接的；而葬礼，灵柩要放在西边的台阶之上；祭祀进献的是动物的心脏。

从黑色世界到雪国，到革命者的海洋，这个变化之大，当然能整个地旧貌变新颜。首鼠两端的可以弃暗投明了，升斗小民们，也能欢天喜地建设新社会了。

不过还有个问题就是，汉朝是什么颜色？

21. 汉朝的颜色

汉朝应该是什么颜色的，这个问题对现代人当然不是问题。因为"炎汉"，"炎汉"，火炎一样的汉朝，当然应该是赤统啦。历史上至少有两个朝代的颜色都是毫无疑问为红色的，一个是汉朝，一个是明朝，可巧这两个朝代也都是平民革命产生的。如果加上同样通过革命上台的周朝，应该说至少有三个朝代毫无疑问为红色。

而且，现在人都知道，刘季当初可是号称"斩白蛇"的，号称"赤帝子斩白帝子"的，当然一定确定以及肯定，汉朝是红色的。

但是，刘季本人还真没想过自己的江山，是红色江山。

在刘季的时候，汉朝是黑色的。为什么是黑色的？因为秦朝是黑色的。

为什么秦朝是黑色的，因为战国时，阴阳家们提出了五德终始说，根据这种说法，周朝是火德，那么水克火，代替周朝的朝代，就应该是水德，而水德尚黑，于是秦朝就这么被黑了。

但是秦朝这个水德却不得善终，肯定是哪个地方出错了，错在哪里呢？错就错在秦灭的是六国，而不是周朝。秦的天下来自六国。六国生于周，六国是土德，秦也是生于周，应该也是土德，当然也有可能是别的什么德，但肯定不是水德。

但是刘季不管这个，因为黑色的行头实在太拉风了，从带头大哥开始，朝中大佬，都是黑色袍子，黑色披风，当风而立，怎一个酷字了得！所以刘季继续用水德。

但是很多人都对这个水德有意见，像贾谊啊公孙臣啊，都觉得汉朝应该是土德，因为土克水。但问题是秦朝的水德本身就没得善终，错上加错，能正确得了吗？

刘季还有刘恒刘启都对这个五德终始说没什么感觉，刘季觉得黑色行头拉风，就继续行水德，刘恒刘启反正是多一事不如少一事。最后，到了没事也要找事的刘野猪，汉朝改德的机会似乎就要来了。

但是整合了阴阳五行理论的董仲舒，却扬弃了五德说，意外地提出了三统论。

为什么会这样？可能是董仲舒觉得五德太多，三个正好，石头剪刀布，依次循环。也有可能是担心历法过于复杂，比如秦朝行水德，就把一年开始，在周朝的基础上，又提前了一个月，结果秦历的正月，才是夏历的十月，天气还是秋天呢。秋天就开始过年了，这算什么？照这样玩下去，搞个五德，再提前一个月，就是夏历的九月，刚过完中秋，没几天就过元旦——元旦在古代就是春节，这算什么？董仲舒是经历过十月为岁首的日子的，也是读过诗书，知道春秋时期三种历法并存的麻烦之处的，所以果断改五德为三统，也是有可能的。

还有可能是因为董仲舒重三王胜过五帝。事实上也的确是这样，比如《春秋》把作为夏朝后代的杞国国君称为伯或者子，而不是像作为商朝后代的宋国国君一样称为公，董仲舒认为是在"黜夏"，因为王只有三个，新的黑统就要出现了，旧的黑统自然要离开历史舞台，此之谓"黜夏，新周，故宋"。

所以按照三统论，秦朝应该忽略不计，汉朝当然应该是黑统，这样刘季喜欢黑色行头也有得解释了，张苍说的河决金堤也有符应了。

但是还是那句话，从来都是权力选择思想，而非思想选择权力。在五德和三统之间，尽管董仲舒把"三统说"描述得十分完美，也尽管董仲舒比那些仍然坚持五德说的人名气要更响一些，也尽管在某些个瞬间，刘野猪也对董仲舒有过崇拜和欣赏，但刘野猪仍选择了五德，并果断地把汉朝从水德改成了土德，还穿起了黄色的衣服。唯一值得欣慰的是，历法改成了夏历，并没有中秋之后半个月就过年的事情发生。

但是到了王莽时候，五德终始说又出现了一个新的版本，就是五德相生说。就是说这个五德，可不是水胜火、土胜水那么玩儿的，而有一个新玩法，就是按五行相生的顺序来进行。根据这个五德相生说，古来帝王的五德，就有了一个全新的编排，在黄帝之后，多出了一个少昊，而且秦朝再一次被忽略了，变成了闰统，就像日历里的闰月一样。在这个新五德说里，汉朝又变成了火德。而王莽，既然是通过禅让而得天下的，自然是火生土，为土德了。而高祖斩白蛇的故事，大约也是这时才开始出现的——可怜刘季不做大哥都两百年了。

王莽之后的刘秀，也不知道是相信了五德相生说，还是别的什么原因，居然正式承认汉朝真的是火德，也有可能前汉是水德或土德，而后汉真的应该是火德吧。而汉朝，也到这时，才变成了"炎汉"，汉朝建立之后两百多年，才从黑色世界变成黄色世界，再变成红色世界。

不过这都与董仲舒的三色世界没什么关系了。相比天人感应说，阴阳五行说，原心定罪说，一字褒贬说，董仲舒的三统说，也许是最不得志的一种学说了。

但让董仲舒想不到的是，很多年以后，大约就是董仲舒提出三统论的两千年之后，世界真的被分成了黑白赤三种颜色。

黑色世界奉行国家主义，以国家强盛相号召，关键词为民族。鼓吹民族悲情，煽动民族排外，以铁的纪律和铁的手腕进行统治。其上者建立起强大的战争机器，让整个世界为之胆寒，其下者建立起强大的国家机器，对内实行军事化统治而已。

白色世界奉行自由主义，以自由富足相号召，关键词为民主。鼓吹个人主义，个性解放，市场开放，自由竞争。其上者建立起富足的现代社会，科技发达，经济繁荣，充满活力，其下者则闹哄哄你方唱罢我登场，一派乱象。

赤色世界奉行共产主义，以大同社会相号召，关键词为平等。告诉人们他们可以给一个无限平等的大同社会。

这个新的三色世界与两千年前董仲舒的三统论相映成趣，虽然董仲舒的三色世界有着另外的含义。

按照董仲舒的说法，天不变道亦不变，他所描述的那个三色世界虽然一个像黑手党，一个像雪国，还有一个像革命者的海洋，但他们实行的都是王道。他们的不同，并非道的不同，只是术的不同；并非本质的不同，只是形式的不同。

所以尽管两千年后真的有黑、白、赤三色世界，甚至还有人提出了"新三统论"，但都与董仲舒没什么关系了。而董仲舒在《春秋》上的造诣，让他又提出了一些新的理论。

第三章　春秋大义　原心定过

22. 春秋笔法的秘密

传说孔子发明了一种神奇的文章写法。

这种文章的写法，能极大提高文字的信息量，寥寥几笔，就能写出极为丰富的意思。这种文章的写法，能极大提高文字的维度，看上去是一个意思，仔细读下去，它还有别的意思。这种文章的写法，还能极大提高文字的安全度，明明把人损了，还让人不知道，直到很多年以后，一个聪明绝顶的人，看着那几个字，忽然一拍脑袋，原来还带这样损人的啊！

这种文章写法就叫"春秋笔法"。

又传说唯一一本孔子自己编著的著作《春秋》，用的就是这种笔法。

不过，在很多年里，这些都只是江湖传说，因为有人甚至怀疑这本《春秋》只是鲁国的历史书，被孔子拿来给学生当历史教材。虽然有一个叫孟轲的人赌咒发誓说，这本书真的是孔子写的，孔子想写哪个字就写哪个字，孔子想删哪个字就删哪个字，子游、子夏那些人连句嘴都插不上——子游、子夏插不上嘴，是因为自己功力有限，而那笔法太过神奇。孟轲还赌咒发誓说，孔子说过一句话，将来如果有谁理解我，那就是因为这本《春秋》；将来如果有谁骂我，那还是因为这本《春秋》。"知我者，其惟《春秋》乎！罪我者，其惟《春秋》乎"，这句话很多年后还被人反复引用，因为在这个发明了春秋笔法，又盛行了春秋笔法的国度，说话、做事有时候真像是戴着镣铐跳舞，为了顺应那镣铐的约束，而不得不把它曲了又曲、折了又折，结果假作真时真亦假，孰真孰假，又有谁能分得清楚呢？

春秋笔法就这样无人知晓，当然也没必要知晓。在先秦口水战里，让自己的意思人尽皆知，比隐约其辞显然更为沾光。只有一个叫左丘明的人说："《春秋》之称，微而显，志而晦，婉而成章，尽而不污，惩恶而劝善，非贤人谁能修之？"但是，什么是"微而显"，什么是"志而晦"，什么是"婉而成章"，没有人知道，知道了也不告诉你。

直到董仲舒横空出世，才第一个理论结合实际地讲解了这种神奇的笔法。

比如说，"春秋用辞，多所况，是文约而法明"，就是说，文字简单得不能再简单，你得把几句话放在一起读，就读出意思了。比如说，"楚子，蔡侯，陈侯，许子，顿子，胡子，沈子，淮夷伐吴，执齐庆封，杀之"，楚国吴国越国都是自称王的，可孔子偏称之为子，"楚子"、"楚子"地叫，连陈蔡都是侯了，这个楚子与一群凳子、胡子、婶子混在一起，就显得很不像话。

比如说，"春秋之用辞，已明者去之，未明者著之"，就是说，那些连愚夫愚妇都知道的东西，就没必要多说，点到为止，而那些大家很可能想不到的东西，就需要特别地点出来。有同学说，这不是很简单吗？好，《春秋》上有句话，"楚人杀陈夏征舒"，是什么意思？"晋伐鲜虞"，又是什么意思？

就是说楚国有人杀了陈国的陈夏征舒，然后晋国攻打鲜虞国？没错，表面上看上去是这么回事，但是，仔细读下去，有哪儿不对劲儿的？多了什么东西，少了什么东西？

怎么杀的？为什么杀的？或者怎么伐的？是谁带的兵？打了几天？是的，这些都没有写，但是，也没必要写，因为第一这些事情虽然今天没有人知道，但是在当时，也算是妇孺皆知的事情了，所谓"已明者"了；第二，这些并不是最重要的，千载以下，杀人、打仗，也不知道有多少，有必要一一了解细节吗？重要的是什么？公平与正义！

杀陈夏征舒的是楚庄王——是一个王，而且是个贤王。陈国的夏征舒呢，又是个坏人，弑君的家伙，按理说应该是大顺民心哪，为什么只称其为"楚人"，连"子"都不如，这就是说这种诸侯互相攻击的行为是非常不可取的，虽然大伙都说这事儿做得对，但我老孔非得说，这事儿不好，给天下人立了个坏榜样，谁都可以借口别国有坏人而随意出兵了，礼乐征伐应该自天子出，就是说应该由联合国进行决议，而不应该擅自行动，所谓"诸侯不专讨"。而且特别是这种贤明的君主，做的事情越可能被人效仿，所以我要特别特别地提出来，这就是"已明者去之，未明者著之"。相反，像前面的楚灵王，是个坏国君，杀齐国的庆封，倒没有必要特别指出了。

至于"晋伐鲜虞"，干脆连"人"都不是了。要知道，《春秋》在其他地方可是"晋侯晋侯"地叫的。现在倒好，连"人"都不是，那是什么，如果不是禽兽，那也多半是夷狄。这就是强烈谴责晋国做出的类似于夷狄的行径，只有夷狄才会仅仅为了土地、子女、金、银、财宝就去攻打别人。因为鲜虞不仅没有恶行，晋国也不仅仅是没有经过联合国决议，而且鲜虞还是晋国的同姓，都是姬姓子孙哪，本是同根生，相煎何太急？这还不该谴责吗？所以虽然这事也是妇孺皆知的坏事情，是"已明者"，但仍然要指出来，因为很严重，就像孔子自己说的，"书之重，辞之复，呜呼，不可不察也"。

还比如，"君杀贼讨，则书其诛，莫之讨，则君不书葬，贼不复见"，就是说你如果读《春秋》时，看见某个国君死了，但一直没有说啥时候下葬，那并不是因为真的就没有下葬，而是说，国君不应该下葬，因为国君死不瞑目啊，弑君的坏人都没有人去讨伐，国君能瞑目吗？至于那个坏人，他从此就从历史书上消失了，即使有什么事有他参与而非写不可，也可以只写事情，把他的名字省略掉。他被孔子在文字里给处理掉了，就好像他真的被处理掉了一样。

有同学说，这样写累不累啊，麻烦不麻烦啊？还不如直接把自己的意思写出来，什么事做得对，就直接说对，什么事做得错，就直接说错，非得在字里行间隐隐约约写出来，跟猜谜语似的。

可是少年啊，你太年轻了。先秦写文章最直白的是谁？是韩非。有什么就写什么，从来不惮于把人心说得更坏一些，把人与人之间的种种面纱和伪饰都给揭下来了，《说难》把臣子向国君主公们提意见的危险全说尽了，然后呢？韩非在狱中被逼自杀。

春秋笔法说简单也简单，无非是多一个字、少一个字、换一个字，但说复杂也复杂，怎么多、怎么少、怎么换，那都有更为精妙的技艺。

23. 春秋笔法之用

其实大可以写一本《春秋笔法史》，这本书可以与《笔祸史》连读，这两者在历史上的大多数时候共生共存，互为表里。

它们一方面是文字里猫和老鼠的游戏，道高一尺魔高一丈。比如有人说《诗经》里《鱼藻》是借歌颂先帝来表达对今上的不满，结果杨广就把那个写了《高祖文皇帝颂》歌颂隋文帝的薛道衡给杀了，理由是"《鱼藻》之意也"。这就逼着春秋笔法也是不断发展演进，甚至可以在赞扬今上时就把意思表达了，只有那些不读历史的才会动不动抬出太祖，天天喊什么"太祖皇帝啊你向东看"，用死人压活人，跟贾府的焦大似的。

另一方面，也是读懂中国官方文章的钥匙。春秋笔法不仅是民间作者会用，官方也有这样的需求，因为官方更需要喜怒不形于色，哪怕在文字里也是这样，文字要庄重，发言要平实，叙述要客观，而观点又要鲜明。总有些人认为公文都是空话套话，其实真让他们写上几年公文，就知道公文用字，那是分毫错不得的。人物之身份与用词的区别，用词分量之轻重与准备采取的态度，纯叙述文字中表达立场，用词之中可进可退可攻可守，为后续的政策措施埋下伏笔等等，都在那一个个看似无意实则精心挑选的词中表现出。他们是后世春秋笔法的最大使用者，只有那些深谙春秋笔法的人，才能看出其中的深意。

春秋笔法史上，有三个最重要的人物。

第一个人物是孔子，他是春秋笔法的发明者。当然，根据后世古文经学家的说法，孔子不过是传承周公的，但是毕竟不可考吧。

有同学要问了，孔子的时候，说话还不必有什么顾忌，也没有什么笔祸，为什么他也喜欢玩这个什么春秋笔法？

自己跟自己玩？

有一种说法是，孔子是为尊者讳，为亲者讳，为贤者讳。孔子即使在那个时代，也是个知书达礼的人。现在所谓知书达礼的人也许会在骂人之前问一句，我可以说脏话吗？而那个时代知书达礼的人根本不可能骂人。对了，孔子好像骂过他的学生——朽木不可雕也！但那是生活，写文章，特别是写流传千古的文章，那绝对不能随随便便说人坏话，像《诗经》里，"中冓之言，不可道也。所可道也，言之丑也"，怎么能写到历史书上呢？但事情又不能不说，于是只有非常隐约其辞地蜻蜓点水一样写出来。

还有一种说法是，孔子本来就是"述而不作"的，恨不得把自己所有的感想都说出来，不是孔子的习惯。仅仅通过事实的叙述，就可以表达立场了，没必要多加议论。

还有一种说法，就是左丘明说的，"惩恶而劝善"，听说孔子看见当时世风日下，人心不古，到处都是乱世贼子，所以要写本历史书，让"乱世贼子惧"——其实结果也许最惧的该是国君。虽然赏善罚恶可以直接发议论，但是如果只是把事实写出来，就能达到效果，显然更为给力。因为乱世贼子们知道，世上根本不需要做任何评价，世人只要记住这些事，他们就被钉上了历史的耻辱柱。

不管是哪个原因，总之，孔子发明的春秋笔法，倒让后世的儒家门徒们找到了"与狼共舞"、"与虎同穴"的办法。法家峣峣者易折，墨家皎皎者易污，道家是多一事不如少一事，懒得说，不想说，而儒家又要说，但又不能直说，所以还是春秋笔法吧——嗯，春秋笔法。

第二个人物就是董仲舒，他是春秋笔法的解读者，他让春秋笔法可以看懂。

虽然公羊、穀梁二传也做了初步的解读，但是没有连贯、没有系统，总有点儿不痛不痒之感。但董仲舒不仅找出了春秋笔法的秘密，而且找出了《春秋》里的微言大义。

第三个人物是杜预，他是春秋笔法的普及者，他让春秋笔法可以操作。

具体怎么操作呢？办法有五个。

第一是"微而显，文见于此，而义起在彼，称族尊君命，舍族尊夫人，梁亡城缘陵之类是也"。这是从上下文着手，不用直接写，上下文放到一起，意思就出来了。像这里的梁国被秦国灭掉，不说秦灭梁，而只说"梁亡"，为什么？联系梁国国君的行为就知道了，因为梁国是国君昏庸无道，自取灭亡，天天逼老百姓大搞土建，老百姓不愿意，就对他们说，秦国亡我之心不死呢，还不修快一点儿？结果秦国真的来了。所以后世如果有某小国国内无道，结果被人灭了，直接写一句"某国亡"就够了。"城缘陵"也是这样，杞国被人家欺负，齐桓公号称霸主，不能主持公道，只是率领诸侯在缘陵帮杞国新修个城，让杞国人搬过去，这事虽然是好事，好事不能不说，但又做得太窝囊，所以也不说谁"城缘陵"，反正这个城自己就那么修好了。

第二是"志而晦，约言示制，推以知例，参会不地，与谋曰及之类是也"。这是从用词着手，斟酌用词，意思完全不一样。像他举的例子，"公会齐侯伐莱"，用的"会"字大有讲究。那是因为"凡师出与谋曰及，不与谋曰会"，齐国根本没跟鲁国商量就直接带着军队过来拉鲁国一起砸莱国的场子，这是丝毫没有把鲁国放在眼里的表现。或者就像"双方在友好的气氛中进行了坦率的交谈"，这个"坦率"就大有讲究，说明两人有分歧，而且分歧还很大，说不定争得很激烈。

第三是"婉而成章，曲从义训，以示大顺，诸所违避，璧假许田之类是也"。这个是从语气着手，言语要委婉，意思要隐蔽。像这里的，郑鲁两国私自交换周天子给的朝祭泰山用的汤沐邑，这是不把周天子放在眼里，但又不能直说，于是就根据郑国给的一块璧，说这是用璧来借郑国的田。但是会有人用璧来借地吗？想想看。还比如，"夏，灭项，夫人姜氏会齐侯于卞，九月，公至自会"，夏天打项国，到九月份才回来，那年头打一仗一天就结束了，中间在做什么？夫人一个女流之辈，去见齐侯做什么？为什么不是鲁君自己去见齐侯，有什么隐情？不知道，就不告诉你，就不告诉你。后来翻了春秋小报，才知道原来是因为打项国被齐侯抓住了，夫人去求情，九月份才放回来。

第四是"尽而不污，直书其事，具文见意，丹楹刻桷，天王求车，齐侯献捷之类是也"。这是用"事实"说话，而非用"观点"说话。对于有些事情，把事实完完全全地写出来就够了，"直言极谏，不掩君恶，而欲成其美也"。就像这里鲁庄公把家庙的柱子漆成红色，非常越礼，那就写出来，本来车应该是周天子赐给诸侯的东西，可居然向诸侯求车，还是"求"，当然也很不像话，也写出来。

第五是"惩恶而劝善，求名而亡，欲盖而章，书齐豹盗，三叛人名之类是也"。这是从人的名字和称呼着手。所谓"善名必书，恶名不灭"，邾庶其、莒牟夷、黑肱，三个小国家的三个小人物，在历史上根本不应该留下名字的，但现在却人尽皆知，而且是因为做坏事情，这就告诉人们，勿以恶小而为之。但是对于那些大人物，各种作为想流芳百世的，咱偏偏不说出他的名字。想求名，偏不让你得逞，想掩盖，偏让人家知道。

董仲舒与杜预的区别，在于体和用的区别。董仲舒是今文经学，是想通过春秋笔法，知道孔子的微言大义，治国方略。而杜预是古文经学，只是想从技术上找出春秋笔法的操作手法。结果是董仲舒让人记住了微言大义，而忽略了春秋笔法，而杜预让人知道了春秋笔法，而忽略了微言大义。

那么春秋笔法下的微言大义，又有些什么内容呢？

24. 微言大义

听说现在有档节目也叫"微言大义"，是个跟微博有关的脱口秀。微是"微博"的意思，也是"人微言轻"的意思，而大义则似乎是深明大义的意思，反正就是用短短的几句话，包含了很多人生哲理之类。

但是这世界上从来就不缺少人生哲理，哪个少年没有在本子上、在课桌上记过几句哲理？哪个少女没有在日记里、在书信里写过几句感悟？单个地看，它们都足以让人深思；但放到一起看，大多数都是类似的，重复的，就像现在网上的大多数微博。所以网络时代来临之后，人们准备在网上也这么感悟一番的时候，发现早被人感悟在前，于是，大多数都只能让软件自动加上两个字"转发"，于是转发出去。

但是相对数虽然减少了，绝对数却大大增加了，因为网络把这些哲理感悟都集中到了一起，争抢眼球。最后幸存下来的，只是极少数，就是那些转发最多的。但即使是这些转发最多的，用不了几天，也被人忘记，能记下来的寥寥，因为又有新的微博在吸引眼球。微博时代，是一个健忘的时代。

事情的长处和短处总是相辅相成的，不要以为自己能那么轻易地扬长避短，比如微博，长处是用极短的文字在极短的时间内抓住眼球，长处在短平快，稳准狠。但是，其短处也在于，也会在很短的时间内失去眼球。你不可能只得其利，而无其害，那些不善于微博的孩子们，可以不必自怜自哀了，你们也会找到你们的方式。

比如《春秋》，虽然也被称为微言大义，但与此全不相同。它的特点是在世不怎么吸引眼球，而在身后，却抓住人们的眼睛很多年很多年。

所以这个微言大义，微不是微博的意思，也不是人微言轻的意思，而是微妙，微妙晓得吧？就像杰克逊说的，不要用你的眼光看着我，我担心你看不懂。

大义嘛，当然也不可能是那些妇孺皆知，充斥着报头刊尾，在每个网站和所有发表的未发表的文章里都能见到，在那些余光中氏所说"歌颂自然的美丽，慨叹人生的无常，惊异于小动物或孩子的善良和纯真，并且惭愧于自己的愚昧和渺小。不论作者年纪有多大，他会常常怀念在老祖母膝上吮手指的金黄色的童年。不论作者年纪有多小，他会说出有白胡子的格言来"的文章里，还有那些自称心灵老鸭汤的作品里，总能见到的那种人生哲理。这个"大义",是真正的治国平天下的道理,真正的文行出处的道理。至于那些励志的"老鸭汤们",说句不中听的,《论语》晓得吧?《论语》里随便摘一句话,都足以让老鸭汤们写上长长一篇甚至满满一本。但《论语》对于经学来说,不过是"小学",小学晓得吧?就是娃娃们读的,娃娃们就应该明白的道理,好意思拿出来吗?

听起来是不是很拽?而事实也是这样,要不然就不至于一个能读懂《春秋》的人,就可以到京城当博士,衣食子孙无忧了。那么号称当时最能读懂《春秋》的董仲舒,在这本书里又能告诉我们哪些真正的大道理呢?

第一个大道理,就是春秋大一统。

啥春秋大一统?大就是此事体大的意思,就是竖大拇哥的意思。一统呢,看过武侠小说的都会明白,"千秋万载,一统江湖",跟五岳并派,武林统一,都是类似的意思。放在一起,就是说《春秋》这本书啊,很把天下一统当回事。

但是这样合理吗?要知道孔子写《春秋》的时候,天下——其实就是今日中国的一部分——还从来没有统一过。齐国人、晋国人、秦国人、楚国人、宋国人、鲁国人、郑国人、卫国人、燕国人、吴国人、越国人,那都是完全不一样的。即使在两百年后,也只有法家那些最胆大妄为又与时俱进的家伙才会认为天下就应该是一统的。儒家嘛,直到秦始皇统一天下之后,都还以封建保守力量大本营而存在,天天主张分封六国、废除郡县、恢复封建。而早在春秋末年的孔子,又怎么会主张天下一统?

但董仲舒这么说,是有证据的,证据就是《春秋》里到处都有这样的暗示。

暗示之一就是春秋第一句,"元年春王正月"。光是这一句话,史上所有的解释加起来,够摆满一个书架。光是断句,就有不同的说法。有的说,"王"和"正月"之间,应该断——王代表一国之始,而正月为一年之始,春天为四季之始,元年为一国之始;而有的说,"王正月"应该放在一起,代表这个正月,是按周历计算的。

相同的断句，又有不同的解释。而以董仲舒为代表的公羊学家，就认为这代表了一种"大一统"的思想，要不然，正月就正月，加个春也正常，最多，"元年，春，正月"，非得说"王正月"干吗？"王正月"代表他这个正月，用的不是当时流行的农民伯伯爱用的夏历——地位相当于后日的农历——也不是宋国那种商朝遗民用的殷历，而是比较正统的公务员爱用的周历——地位相当于后日的公历，而之所以非要强调这个周历，为的就是制度、文化和思想上的统一。

当然，后来的古文经学家，又有很多人表示不赞同，有人甚至认为根本没有什么微言大义，之所以用周历，是因为鲁国为周公之后，史书本就是用周历写的，而加上"王正月"三字，无非是提醒一下而已。

不过，考虑到古文经学家有人甚至认为《春秋》根本就是鲁国的史书，被孔子拿来用的，那么，只要还认为《春秋》为孔子的有意之作，只要还认为孔子的确寄托了一些理想，那些人的话也可以先不去管它。

而且，董仲舒们关于春秋大一统还有更多的证据，比如郑国和鲁国换田的事，被加以贬损，就是因为"诸侯专地"那是不对的，田只有天子可以替你们换。

春秋大一统，到何休那里被总结成"三科九旨"。"三科九旨"又是什么东西呢？

25. 张三世与存三统

"三科九旨"的观点，大部分在董仲舒那里都能见到，不过何休让它变得非常系统，可以说，这是何休的得意之作。要知道，如果董仲舒的任务是开创今文经学，而何休的任务则是在古文经学全面得势的时代，让今文经学能与古文经学分庭抗礼啊。

那么"三科"究竟是哪三科呢？有"存三统"，"张三世"，"异内外"。哪"九旨"？新周，故宋，以春秋当新王，这是"存三统"的一科三旨。所见异辞，所闻异辞，所传闻异辞，这是"张三世"的一科三旨。内其国而外诸夏，内诸夏而外夷狄，这是"异内外"的一科三旨。

什么是"存三统"呢？就是前面说的与五德论相对的三统论。《春秋》如何存三统呢？新周，故宋，以及以春秋当新王。

按今文经学家三统论的历史观，历史可以分为三王时代——这是近代史，五帝时代——这是中古史，九皇时代——这是上古史，六十四民时代——这是史前史。周朝的时候，三王，就是夏、商、周，而到孔子写《春秋》的时候，三王就变了，变成了什么呢？变成了商朝、周朝和一个新的王朝。虽然这个新王朝是什么并不清楚，但有个新王朝是肯定的。

所以按今文经学家的说法，孔子对周朝有足够的敬意，对商朝的代表——宋国，也有一定的敬意，而对夏朝的代表——杞国，根本就是无视，所以被称为"新周"、"故宋"、"黜杞"。之所以"黜杞"，就是为了给新王朝挪地方，就好比只有一正职两副职，位子是满的，现在要上新人，老人自然就要退居二线一个。至于夏朝，就退到五帝的位置，居于五帝的末席。五帝的原首席，则变成九皇的末席，依此类推。

董仲舒还说了，"春秋贬天子，退诸侯，讨大夫，以达王事而已矣"。所以后人讥讽孟子"当时尚有周天子，何事纷纷说魏齐"，不把周天子放在眼里，天天去跟魏惠王齐威王在一起鬼混，恨不得上前指着孟子骂，你知不知道"忠臣孝子"几个字是怎么写的？他们却不知道，祖师爷孔子虽看不惯诸侯对王室无礼，但那种看不惯，只是因为诸侯不按规矩来，自己又何尝把周天子放在眼里？又何尝不是通过"天王求车"的话头对周天子暗加揶揄？

有同学说了，孔子、孟子是不是疯了？他们不是主张忠臣孝子吗？

他们当然没有疯，疯的是后来那些读史不精的人。孝子也许有——当然最主要的功劳是曾参，忠臣两个字，还真不是孔孟会说的。还是那个曾参，曾经说过，"吾一日三省吾身，为人谋而不忠乎？与朋友交而不信乎？传不习乎？"而那个被晋灵君派去刺杀赵盾的刺客被赵盾感动之后，说了句"贼民之主，不忠，违君之命，不信"，可见那年月，"忠"字是用于朋友的，也是用于人民的，却很少会用于国君。违抗国君，对国君不利，那不叫不忠，只能算"不信"，就相当于拿了老大的工资，却没好好干活儿，有违职业道德，仅此而已。所以孟子跟魏惠王、齐威王在一起鬼混，孔子贬周天子，实在是再正常不过了。

再说那以春秋当新王，也并不是孔子大逆不道，密谋造反，而是孔子掐指一算，是时候了，周室衰落了，不会再回来了，该有一个新的王朝，我得给这个新王朝准备点儿什么礼物。这个礼物，据董仲舒说，就是《春秋》。他们还说，孔子应该被称为"素王"，素并不是说孔子是一位素食主义者，而是说，孔子虽然有王的绝大部分潜质，连制度都设计好了，但却时运不济，只能替人作嫁衣。

这种观点在当时是一件替汉朝脸上贴金的行为，因为孔子早在几百年前就为汉朝准备礼物了；但也是一件危险的行为，因为紧接着没多久，就有人又是掐指一算——是时候了，汉朝要衰落了，快传位给别人吧。

当然，那是后事，回头再说。

再说张三世。"所见异辞，所闻异辞，所传闻异辞"又是什么意思呢？这是说孔子在《春秋》里，把历史分成三段，对于这三段孔子在措辞方面完全不同。

第一段是孔子亲眼所能见到的，这是昭公、定公和哀公时代，有六十一年。孔子对这个时代是"微其辞"的，也就是说，说话是非常非常含蓄的，把春秋笔法发挥到了极致，避讳也非常非常多，比如逐季氏的事情，就不怎么写。为什么会这样？因为这个时代与孔子最近，这几个君主跟孔子甚至都有交情，说话当然得留点儿情面。

第二段是孔子亲耳所能听到的，也许就是小时候听老人们说起，这是文公、宣公、成公和襄公时代，有八十五年。孔子对这个时代是"痛其祸"的，也就是说，没有所见世那么含蓄，但关键时候，还是内心悲痛，不忍写下去，比如子赤被弑，虽然写了事情，但没写日期。为什么会这样？因为这个时代与孔子次近，虽然没有过命交情，但还是有一定的感情的，所以待遇次之。

第三段是孔子从书中读到的，或口口相传了很多次的，这是隐公、桓公、庄公、闵公和僖公时代，有九十六年。孔子对这个时代是"杀其恩"的，也就是说，说话就没那么客气了，比如子般被弑，就精确到了日，没

82

理由；年代越久，日期越准确的，只能说明没那么多忌讳。为什么会这样？因为这个时代与孔子最远，感情最薄。

董仲舒的解释是，关系越近的，就越尊敬越客气，关系越远的，当然也就越疏远。这是一种什么样的精神？这是一种近近而远远、亲亲而疏疏、贵贵而贱贱、厚厚而薄薄、善善而恶恶、阳阳而阴阴、白白而黑黑的精神。听起来很绕，其实基本意思就是，对你的家人，一定要比对亲戚好一点儿，而对你的亲戚，一定要比路人要好一些，遇见好人就要对他好，遇见坏人就要对他坏，遇见该善待的，一定得善待，遇见不该善待的，就不必善待他。

有同学就说了，这不废话吗？谁都知道。但问题是总有很多人想教育我们别这样做，比如墨家就主张对所有的人一样一样地好，而法家则主张要把国家利益放在第一位，还有些时代，则大力表彰那些弃自己生了重病的儿子而不顾，却为了什么集体的谁也知道是不是真重要的事情加班加点，还有些时代，则主张为了国家利益，应该大义灭亲，要顾大家、舍小家。

所以这样比较起来，的确算得上微言大义，它让世界更合乎人之常情一点。

不过对这个张三世，后世的今文经学家何休，有更有趣的发挥。

26.《春秋》的社会发展史

按董仲舒的意见，春秋史可以分成三个部分，所见的、所闻的和所传闻的。熟悉春秋历史的都知道，这三段历史，是越来越不像话的历史。

所传闻吧，虽然有周郑交质之类不像话的东西，但平王东迁之后，天下诸侯大夫们，还是颇有些期待的。就是后来的齐桓晋文，诸侯的风头盖过了天子，但好歹也给周天子留足了脸面，尊王攘夷的功夫是做足了。

到了孔子从老人们那里都能听到的历史阶段时，就越来越不像话了，晋国六卿四处惹是生非，晋楚争霸，中原那些传统的拱卫京师的诸侯，日子过得一天不如一天。但话又说回来了，虽然晋楚谁也没把周天子放在眼里，晋楚争霸的时候，哪怕是打仗的时候，嘴里还要讲点儿礼仪名分。虽然大夫越来越把持各国朝政，但大夫们好歹搞了几次和平运动。

再到孔子所亲见的时代，连周公的故国都快要被权臣瓜分了。礼坏乐崩，人们做事说话，连礼都不想要，渐渐地就露出后来那个战国的光景了。

不过何休说，不是这样，不是这样。

所传闻，其实应该叫拨乱世；所闻世，其实应该叫升平世；所见世，其实应该叫太平世。他们是越来越好的。

有同学就说了，这不是睁眼说瞎话吗？现在有很多专家满嘴跑火车，专做翻案文章，什么中国人不是龙的传人是猪的传人啦，什么岳飞、文天祥不是民族英雄而秦桧才是民族英雄啦，哪怕翻得天怨人怒也不在乎，出名就行。你何休作为一个古人，作为一个有思想有学问有操守的古人，作为今文经学在汉朝晚期最大的大师，怎么能说这种瞎话呢？说孔子的时代是太平盛世，不光孔子有意见，孟子也有意见，哪个子都会有意见。真是太平盛世，孔子能厄乎陈蔡，能差点儿被匡人搞死，能在郑国东门像丧家之犬似的彷徨无助？

何休说了，所以这就是微言大义啊。

看《春秋》啊，你不要看《春秋》叙述的那些事儿，你要看他用什么手法叙述那些事儿，就好比你看公文，你不要看公文宣称的那些内容，你要看他用什么语气什么手法，又是从什么背景下宣称那些内容。总而言之，你不要看他已经写出来的东西，你要从他已经写出来的东西里，看到他没有写出来的东西。如果有一天你掌握了这个本领，你就是春秋笔法的继承人，有资格每年送点儿冷猪肉给圣人吃了。

董仲舒说，"所见异辞，所闻异辞，所传闻异辞"，区别在哪里呢？区别在于：对于所见世，孔子是"微其辞"的；对于所闻世，孔子是"痛其祸"的；对于所传闻世，孔子是"杀其恩"的。

这说明了什么？

有同学说了，董仲舒不是说过了吗？近近而远远，亲亲而疏疏，贵贵而贱贱，厚厚而薄薄，关系越好说话越客气嘛。

何休说了，不只如此，不只如此。关系越好说话越客气，这是三岁小孩都知道的道理，三岁小孩都知道谁最亲。这么简单的道理，孔子又怎么会用这么复杂的方式告诉别人呢？又或者说，用了这么复杂的一套春秋笔法，难道仅仅就是说一个这么简单的道理吗？

现在觉得有点儿蹊跷了吧？所以其中必定有一个天大的秘密。

秘密在哪里呢？秘密就在于，孔子在其中隐藏了一个社会发展的蓝图。这个蓝图，越往后越美好，何休称之为拨乱世、升平世和太平世。

所以孔子才会越到后面，用词越严谨越庄重越雅驯越不会轻易批评，这都是因为孔子寄托了社会将会越来越美好的理想。为了这个新社会，他还制定了一套制度，这个制度就是《春秋繁露》里写的那些。唉，孔子，你真是用心良苦啊！除了我老何，又有几人能知道啊！

那些对于张三世兴趣不大而对其他的社会发展理论感兴趣的同学，当然也可以把这三段理解成别的。比如关心生活水准的同学，可以理解成温饱、小康和大同；相信共产世界的同学，可以理解成封建时代、资本时代和共产时代；而那些对宪政有兴趣的还可以理解成军政、训政和宪政什么的。不管怎么说，根据何休的说法，"所见异辞，所闻异辞，所传闻异辞"还隐藏了一个社会发展的蓝图。

不管你信不信，反正何休是信了！因为他还有更充足的证据。

这个证据就是"异内外"。

"异内外"是三科九旨中的最后一科三旨。

这个王道教化不是像原子弹一样，"哄"地就传到四方的，而是像传染病，一传十、十传百的。所以"内其国而外诸夏，内诸夏而外夷狄"是有顺序的，开始国家比较小，王道教化只及于本国，再后来影响渐多，就能到那些相同文明的国家，再后来影响就更大，连夷狄都被感化了。

而《春秋》也正是这样写的。对于所传闻世，主要强调国家的内外之别，国内的事写得详细一点儿，国外的事写得简略一点儿。对于所闻世，主要强调夷夏之别，诸夏的事写得详细一点儿，夷狄的事写得简略一点儿，而且很注重诸夏和夷狄称呼不同。到了所见世，诸夏夷狄的区别就不是那么明显，夷狄也有合适的爵位，这是因为在太平世，天下都归于王道教化，天下混一的缘故。

所以，这还不能说明问题吗？

所以圣人就是圣人，虽然孔子的时候，天下还从来没有统一过，也没有人知道天下以后会归于一个国家，但孔子已经惊人地预见到，天下将来会实现一统。而这个实现一统的国家，如果想长治久安，唯一的办法就是实行王道教化。厉害吧？

这就是传说中的春秋大一统理论，春秋微言大义中的第一大义。

那么春秋微言大义中，还有些什么其他神奇的理论呢？

27. 为人处世之道

于丹在电视上大谈《论语》的时候，听说是掀起一个儒学的小高潮的。但也只是"小高潮"而已，因为本以为她——或者别人也行——接下来会讲《孟子》，然后是《中庸》、《大学》，然后会有六经、《春秋》什么的。但是没有。其他人也没有。

甚至这个《论语》也只是小半截子，只是些快乐与贫富无关之类的"心灵老鸭汤"，但她没有讲孔子之所以时运不济而不改其乐是因为他有理想，"士不可以不弘毅，任重而道远"。对一个理想主义者来说，世俗的得失，都不再那么重要。怎么说呢？就像孟子说的，有产者才有恒心，无产者无恒心，让人家贫贱，同时你又要求人家道德纯良，安贫乐道，那是扯淡。孟子还说啦，只有一种人哪怕贫贱，也能坚持自己的操守，那就是"士"，因为士有自己的理想。士是什么？士是四民之首，他们是靠知识生存的，他们是社会的良心，用自己的知识和抱负为社会理想而努力，他们是那个时代的公知。

而孔子之所以没有富贵，是因为"邦无道，富且贵，耻也"，但如果是"邦有道"，就会变成"贫且贱，耻也"了。贫贱而不以为耻的话，那也是因为国家无道，所谓"不使人间造孽钱"是也。

而且真要让人快乐，讲《论语》还不如讲《庄子》。因为《论语》的快乐，是因为有理想，有操守，有坚持，有头上的星空和心中的道德律，而《庄子》的快乐，是看得透彻，是超脱，是逍遥，是自由，是真正的尘土功名。

再说《论语》最根本的，还是仁爱。所以说连《论语》都是小半截子，更不消说《孟子》那种舍生取义、民贵君轻，也更不消说《中庸》、《大学》的进退出处的道路，家国天下的情怀了。

不过只讲小半本《论语》也是有道理的。因为这本书之所以被汉朝人归为小学生读物，是因为汉朝人还存有对社会彻底改造的理想，要寻找社会的出路。而要讲顶层设计，无疑，《春秋》或《周礼》都更为合适。相比之下，更重视个体修养，更需要寻找个人出路的宋代，更重《论语》也就不足为怪了。也就是说，于丹阿姨如果要讲春秋大义，无论是公羊学、穀梁学还是左氏学，说实在的，听的人多半寥寥；而讲《论语》，哪怕是小半截子，也会兴趣大增。

不过，人们可能没有想到，春秋大义里也不全是家国天下，它也有很多很多善身处世的内容。

比如说仁义礼智的关系。礼先不说它，留给古文经学的人去解释。

仁和义的关系是什么呢？

董先生说了，以仁安人，以义正我。仁是感情，义是责任，就是说，把感情送给别人，把责任留给自己。仁是爱人的，义是责人的，就是说，对别人要多爱一点儿，对自己不妨责怪一点儿。

像《春秋》里，"宋灾"两个字，其实写的是一场大火。为什么一场大火要写成"灾"？就是因为自责要严，要把大火当成灾难。如果反过来了，把仁留给了自己，把义给了别人，发生大火，反而变成了表彰大会，而别人还没讲几句过头的话，大帽子就压下来了，这就是不仁不义——所谓"我不自正，虽能正人，弗予为义，人不被其爱，虽厚自爱，不予为仁"。

从字面也能看出来，仁者二人，两个人才能叫仁，一个人只能叫大，义应该写成義，读成宜，下面有个我，就是我适宜做的事。把我除掉了，那就从義变成了义，变成了一个叉叉上面一个小黑点，从我适宜做的事，变成了革他妈妈的命。

《春秋》当然也有很多正反的例子。仁一定是要爱人——替别人考虑，而不是做做样子。有灾难了再去救，就不会太褒扬，避免灾难的发生，那才是"仁"。义呢，也不是给别人做雷锋。楚灵王讨伐陈蔡两国的乱党，齐桓公抓陈国的辕涛涂，或是阖闾救楚蔡之难，《春秋》都不算作"义"，因为只是正人，而其身不正。相反，潞国国君没有给别国做雷锋，但是在自己国家做得很好，仍然称之为"义"。

仁和智的关系呢？

董先生说了，莫近于仁，莫急于智。

一个是近，一个是急。

近是近什么？近于圣贤啊。

要有仁慈的心。有了仁慈的心，妖就不再是妖，而是仁妖。连妖都变成仁妖，人还不变成仁人？仁者二人，再加一人，就是三人，一个人变能拥有一人天地，两人世界，三口之家的全部快乐。

再说得具体一点儿呢，仁，就是要有爱，要爱别人，不攀比，不争强好胜，不羡慕嫉妒恨，不抱怨，不搞阴谋诡计，所以最终能心平气和，坦坦荡荡。看上去好像不容易，其实真要做到了，就觉得很自然，很真实；看上去好像会吃亏，但真要做到了，就会发现真的是福。

仁慈的心是培养出来的。一个人最少会爱他的亲人吧？从这个爱，推而广之，再去爱身边的人、更远的人。哪怕，即使爱亲人也很少，至少会爱自己吧？这样也能推己及人。你能感受到的痛苦，别人一样能感受到；你能感受到的快乐，别人也一样能感受到。

急是急什么？应急用险居家旅行必备之物啊。

要有智慧的头脑。要说适当的话，要做适当的事。如果不知道一句话该不该说，那就不要说；如果不知道一件事该不该做，那就不要做。

再说得具体一点儿呢，智，就是知道利害，知道祸福，知道进退，知道世道人心，知道凡事兴一利必生一弊。就是不仅猜得到开头，也能算到结局；就是前后如一，有始有终。一个智者的话通常是很少的，但是足够；一个智者的话通常是简单的，但很通透；一个智者的话通常是含蓄的，但经得起回味；一个智者的话通常是节省的，但很具体。

智慧的头脑是修炼出来的——读书，旅行，经历，思考……要多看，要多听，要多想。

总而言之，仁和智，缺一不可。缺心眼儿的仁，就像一个迷路的人，你让他骑最好的马，那也找不到方向；缺德的智，就像一个精神病拿着把刀子，谁知道会伤到哪个？

仁和义的关系是为人的道理，仁和智的关系是处世的道理，那么做事或用人的道理呢？

28. 程序正义和结果正义

春秋大义里，还有程序正义和结果正义两个更为重要的内容。

关于程序正义和结果正义，历来有各种争论。

咱们中国人是世界上最实际的民族。如果一件事，能够达成结果，即使修改一下规则也没什么大不了的。规矩都是人定的，规矩是死的，人是活的，程序也是为人服务的对不对？人情人情，是人他就要讲感情的对不对？要是啥事都得死守规矩而不加灵活变通，那就是什么事都做不成了对不对？要是事情做不成了，连结果都没有了，程序再正义还有什么意义，对不对？对于那些死守规矩的，我们称之为"教条主义"，一根筋，死脑筋，读书读傻了的。有些人甚至否定程序正义的存在，程序就是一些空洞的条文，哪儿来的什么正义？

不过很多一根筋的洋鬼子显然不这么看，尤其是美利坚国和不列颠国，说什么"正义不仅应得到实现，而且要以人们看得见的方式加以实现"，还说程序正义比结果正义更为重要，甚至还说，没有程序正义，就没有结果正义。哪怕是电影里经常演到的，一个人明明做了坏事，却因为抓不到证据，或证据不力，或律师忽悠给力，或陪审团没脑子，结果逍遥法外，大家居然也能心安理得。这事放在咱们中国啊，青天大老爷一出来，此厮生性狡诈，罪大恶极，人神共愤，不杀不足以平民愤，这不就结了吗？还有更奇怪的事，一个法律条文，因为少数人因为自己的小利益，不顾国家的大利益，不能顾全大局，前前后后要折腾几十年，争来争去就是争个几句话。洋人就是洋人，也不嫌累得慌。但是也奇了怪了，一根筋的教条的洋鬼子，却把国家建设得还不错。

不过话也说回来了，咱们中国，时间越往前，一根筋的就越多，像子路就是个典型的一根筋，临死也要把帽子扶正，哪怕因此被杀。而去古未远的汉朝，董先生也显然是个程序正义者。他说，《春秋》告诉我们，"不由其道而胜，不如由其道而败"。也就是说，如果能通过不那么光明正大的手段达到一个理想的目的，还不如通过光明正大的手段得到失败呢。这也可能是他与叔孙通或公孙弘的最大分野，董先生被称之为醇儒——与之相对的，是杂儒。但同时，也有称之为腐儒的，腐儒者，迂腐也。比如那个著名的宋襄公，别人不列好阵他不攻击，不擒二毛，结果吃了败仗，被后世的伟大领袖称之为"蠢猪式的仁义道德"。而董先生却说，这件事做的是对的，《春秋》表扬了这种行为，因为宋襄公维护的，就是当时的程序正义，在那个时候，仗就该是那么打的，那才是贵族战争的打法。对于咱们中国人来说，这不是迂腐是什么，战争就是你死我活，就是消灭敌人有生力量，人都死了，还要规矩有何用？

可董先生还是要说，《春秋》就是表扬了宋襄公，为什么要说"不由其道而胜，不如由其道而败"呢？

理由大约与洋鬼子差不多，就是无程序正义则无结果正义。如果为了所谓正义的目的而不择手段，那这个不择手段就会成为一种习惯，会在所有的事情上面都可能不择手段，而终将导致一个非正义的结果，那个开始看上去正义的结果，只不过是一个假象。恶之花，怎么能结出善之果呢？用非正义的手段，怎么能达到正义的目的呢？这就像一个人想戴上万能的魔戒来替天行道一般，最终会让魔戒激化自己的欲望，成为魔戒、野心和欲望的奴隶。如果为了追求一个所谓正义的结果而肆意破坏程序，最后将让程序无存，而结果将更无保证，短暂的个别的结果正义，代价将是长期的普遍的结果不正义。一个人觉得自己做的是对的，但那就一定是对的吗？为了自己认为是对的事情，就可以不顾手段的正当性，那么自然人人都可以做自认为是对的事情，而且可以用不正当的手段，那么也有人会做那些被认为不是那么坏的事情，而且可以用不正当的手段了。

从某种意义上说，手段即目的，程序即结果。人们看见的，不仅是目的，也是手段；不仅是结果，也是过程。就好比你教育孩子，不仅是在上课的时候在教育，训话的时候在教育，你的一言一行，你对每一件事的态度，你做事的手段、方法，都是在教育。孩子会模仿你，模仿的也不是结果和目的——每一代都有每一代的追求和目标，他模仿的，也是过程、手段和方法。能移风易俗，能潜移默化的，能"变习俗而成王化"的，不仅是那有限的堂皇的结果，而更是这些点点滴滴的过程、手段、细节。

至于那些为了自己极端清教徒式的理想，甚至不惜让大量无辜的生命为之殉道的，既然他们在过程之中，对那么多鲜活的生命都不加怜惜，那么又怎么能知道他们极端清教徒式的结果，真的会是一个处处为人着想的世界呢？天国之路，常常是祸患之门。结果正义，未必靠得住的。

多年以后，董先生的追随者们在长安与朝廷官员进行著名的盐铁辩论时，贤良文学这一伙人大多也是程序正义的维护者，认为哪怕是眼前会吃一点儿亏，也一定要按照"道"来做事，那样最终的结果才有保证，否则都是短期的表象。他们也都认为孔子也是一个程序正义者，宁愿四处漂泊、怀才不遇，也不肯改变自己的原则。而商鞅则是一个结果正义者，发现帝道不被采纳，就鼓吹王道，发现王道也不被采纳，就鼓吹霸道。孔子是值得尊敬的，而商鞅则是应该鄙薄的。

孔子是程序正义者还是结果正义者，还是两者的混合，谁也说不清了，但董仲舒那里的孔子，显然是个真正的程序正义者，因为《春秋》告诫我们："不由其道而胜，不如由其道而败。"

从这种意义上来说，虽然董先生，也许还有孔子，常常被当时的人或后世的人看成老古董，食古不化，是古非今；可在另一方面来看，他们又特别超前，简直能和洋鬼子的那些现代理论接轨了。至少，董先生，也许还有孔子，都是真正的程序正义者，不是吗？也许，保守和超前，只是一个轮回，就好比现代民主，虽然总被人认为是高素质人群专用，可也正和上古那些部落习俗相通，那时候，哪个部落不是全民议事啊，谁又高素质到哪儿去了？而现代的自由恋爱，虽是古代包办婚姻的反动，却也是上古人人都在做的，那时候，谁不是自由恋爱啊？

那么董先生，也许还有孔子，还有哪些似乎保守又似乎超前的理论呢？或者说，《春秋》经里，还有哪些微言大义呢？比如说复仇？

29. 复仇有理论

父亲被官员杀了，儿子要不要复仇，在这里儒法两家存在一个重要的分歧，正如在战场上想起家有八十老母于是当了逃兵去做孝子，这种行为是该表扬还是该谴责，也是儒法两家的一个很重要的分歧；或者又正如儿子犯了法父亲要不要包庇，父亲犯了法儿子要不要包庇，同样是儒法两家很重要的分歧。

对儒家而言，血缘关系是人生中最最重要的关系，不当战士当孝子，这实在是顺乎人之常情的值得表扬的行为。可对法家来说，国家与个人、或国君与臣民，那才是最最重要的关系，家庭利益如何能超越国家利益？犯了法父子相隐，不当战士当孝子，长此以往，还有谁会忠君报国？国法哪还有一点点的严肃性？至于父亲被官员杀了，哪怕是枉杀的，也必须走正规法律程序，告状、上访、击登闻鼓，怎么能自己私自复仇呢？

可按董仲舒的意见，《春秋》就非常推崇个人复仇。

伍子胥，楚国人，父亲被楚王杀了，然后跑到吴国，做了楚奸，做了楚奸还不算，还带着吴国军队攻破楚国都城，还把楚平王的尸体挖出来用鞭子抽，要不是申包胥这个爱国者去哭秦庭，求来了秦师，说不定伟大的历史悠久的楚国，就这么给亡了。可《春秋》说，伍子胥，干得好。

复仇权为最基本的人权，复仇行为是值得肯定的。这是儒家复仇论，或《春秋》大复仇论的第一要义。孔子在别人问他，要不要以德报怨时，还亲口说了，别介，以直报怨就可以了；你以德报怨，那么别人对你有恩，你该拿什么去报答呢？以直报怨，当然得复仇。

第二要义，是遇到官员杀自己父亲的时候，要看具体情况。如果父亲罪大恶极，的确是犯法当死，就不应复仇了。但如果是被冤枉的，或罪不至死，那找那个官员复仇，就是天经地义。不仅找官员复仇天经地义，就是找国君复仇，也顺理成章。

第三要义，就是复仇的期限是分几种的——儒家总是会分等级。

个人私仇，基本上是一代人，最多五代，就是说不能无限追溯。还有个说法就是，如果父仇，那是不共戴天，天涯海角都得把那个仇人杀死。但如果是爷爷或兄弟的仇，仇人跑到海外索马里之类的蛮夷之地当海盗，就不必去找了；如果去的是文明首善之地，哪怕是外国，也是要去报仇的；如果关系再远一点儿，仇人跑到欧美之类的外国就可以了，关系再再远一点儿，仇人跑到国内的外地就可以了，是根据血缘关系来的。但父仇，那是无论如何要报的。

如果是国仇呢？比如说国君，那就是一百代都必须报仇。比如齐国灭了纪国，《春秋》不仅不谴责，反而说灭得好。为什么呢？因为纪国很久很久以前有个国君，向周天子进谗言，让当时的齐侯被周天子杀了，所以啊，齐国这只是一次复仇之役——出来混，迟早是要还的，哪怕过了九代。而且《公羊传》还说，我这么说是有根据的——你想想看，如果当年的周天子英明伟大，就不该杀齐侯，反而该把那个纪侯拿下，把纪国废掉，说不定那时就不会有纪国了，所以纪国亡得一点儿也不冤枉。

儒家的复仇论听起来很好，很让那些上告无门的屁民们内心鼓舞，可对于统治者就不一样了——哪个统治者喜欢出现伍子胥那样的人？

处处站在统治者立场的法家，就很反感这套理论。商鞅治秦，第一件事，就是禁私斗。后来的韩非，也是把儒家的父子相隐论、不当战士当逃兵论批判了个遍。不过那时法家当道，儒家是私学，怎么主张都没关系。

但到了儒家当道——其实是外儒内法当道的时代，儒家的这些奇谈怪论，就遇到了前所未有的挑战。差不多每一个复仇的案子，都很牵动朝廷和官府的神经。你说复仇有理吧，把国法摆到哪里？你说国法有理吧，那么多年的儒家教育怎么办？真是横竖都为难。

比如唐朝的徐元庆案，一个屁民，父亲被当时的公安局长杀了，后来这个公安局长还当上了最高检察院检察长，总之，法律途径是不可能有戏了，于是就想办法到地方招待所当服务员，当了好多年才等来机会杀了仇人。按照法家的办法，当然该以故意杀人罪斩立决，何况杀的还是朝廷命官。按照儒家的办法，子复父仇，天经地义。当时的最高领导人武则天准备无罪释放，以表彰孝子，可陈子昂说这样不好，表彰孝子固然教人知荣辱，但法律教人明是非，你这么一放，一来不符合以法治国的精神，二来也容易让屁民效仿，乱杀官员，以后还有哪个公安局长敢杀罪犯？可如果一味地杀呢？也不好，容易让老百姓反感，说朝廷把一个孝子杀了。所以最好的办法是先杀了，然后再追认为全国十佳青年，好好地表彰一番。这个判法在当时被传为美谈，可后来柳宗元又说不好——简直是乱弹琴嘛！如果复仇是对的，就不该杀；如果复仇是不对的，就不该表彰，你这算什么？你得看当时徐元庆他爹是因为犯罪被杀的，还是被枉杀的。可柳宗元的话也有问题，徐元庆的杀父仇人，是公安局长，徐元庆的爹有没有罪，还不是他说了算。

柳宗元的理论还是偏于国法的，不过那都是唐朝了。等到了清朝，儒家的因素会再少一些，法家的因素会再多一些，"复仇有理论"就更少有人提及了。不过在董仲舒的汉代，则是另一种情景，差不多了报父仇的案子，董仲舒及其弟子都会判无罪释放，子报父仇要无罪释放似乎是一个通例。有个有名的案子：一个年轻人，他的继母把生父杀了，他则杀了继母。董仲舒说，这是他的继母先自断夫妻的关系，所以不再是这个人的母亲，所以不算弑母，而是报父仇，要无罪释放。

不仅董仲舒主张复仇有理，子报父仇有理，民报官杀父之仇有理，臣报君杀父之仇有理，汤武革命有理，而且后汉的《白虎通》也把复仇有理论进行固定化。所以从这方面来说，董仲舒非但不是把儒学法家化了，反而是把秦统一以来的法家气氛扫除了大半，而代之以儒家的空气，反倒是在法律领域将法律儒家化了，毕竟法律这种东西，本来就是法家的领地。

而彻底推动法律儒家化进程的，则为"原心定罪"论。

30. 原心定罪与春秋决狱

两千年前的某个官衙里，一个简单而又纠结的案子正在紧张地审理着。案情是审清楚了，就等法官大人大笔一挥，当庭宣判，这时法官大人摸出了一本书。

法官大人是因为对法律条文不熟悉，要临阵磨枪吗？当然不是，虽然那时的地方法官多半由郡守县令兼任，出身又是孝廉秀才什么的，对于法律条文的确也不熟悉，但法律条文这种事，自然有小吏替他们操心，他们哪里用得着亲自翻查核对法律条文。

他翻出的，是一本《春秋》。

他翻出《春秋》，是为了读史吗？当然不是！要说读史，《春秋》实在不算读史的好材料。比如隐公元年，"元年，春王正月。三月，公及邾娄仪父盟于眛。夏五月，郑伯克段于鄢。秋七月，天王使宰咺来归惠公仲子之赗。九月，及宋人盟于宿。冬十有二月，祭伯来。"只有这几十个字，那么丰富多彩的历史，只有这几十个字，想想"郑伯克段于鄢"六个字在《左传》里就是一篇小说，可这里只有六个字，加上时间只有九个字，跟发电报，不，跟电报标题似的，有啥值得在官衙大堂上拿出来读的？

那他是为了做什么？当然是为了审案啦。

有同学问了，《春秋》也能审案？是的，《春秋》不仅可以用来审案，而且比《秦律》、《汉律》还重要呢。因为《秦律》、《汉律》只不过是法律的使用，而《春秋》才是法律的基础。

为什么说《春秋》才是法律的基础呢，因为根据儒家的观点，"道之以政，齐之以刑，民免而无耻；道之以德，齐之以礼，有耻且格"。惩罚不是法律的目的，教化才是法律的根本，我们不是用对罪犯的惩罚来引起人们的恐惧，从而让人们不敢犯罪，而是用对善行的褒扬和对恶行的谴责，来唤醒人们的良知和是非之心，从而让社会越来越好，人们越来越知书达理，人人都想做好人，人人都自爱自尊。所以判案，不仅要看法律条文，更要看《春秋》，《春秋》里有圣人关于具体案情应如何裁决的全部秘密。

好，现在再回头看上一遍。

再选一段，僖公四年，"四年春王正月，公会齐侯、宋公、陈侯、卫侯、郑伯、许男、曹伯侵蔡。蔡溃，遂伐楚，次于陉。夏，许男新臣卒。楚屈完来盟于师，盟于召陵。齐人执陈辕涛涂。秋，及江人、黄人伐陈。八月，公至自伐楚。葬许穆公。冬十有二月，公孙兹帅师会齐人、宋人、卫人、郑人、许人、曹人侵陈。"

还没看明白？好像就是一堆国家，国君各种级别公啊侯啊伯啊男啊，再加上一个楚子，全齐了，然后就是打仗、结盟、侵略。根据前面说到的春秋笔法，这中间有时称"齐侯"，有时称"齐人"，肯定是有用意的。但是什么用意，还是不明白，似乎"齐人执陈辕涛涂"这件事很不对，但怎么不对，也不清楚。

那就先看看教辅，《公羊传》解释得还是很详细的，"涛涂之罪何？辟军之道也。其辟军之道奈何？涛涂谓桓公曰：'君既服南夷矣，何不还师滨海而东，服东夷且归。'桓公曰：'诺。'于是还师滨海而东，大陷于沛泽之中。顾而执涛涂。执者曷为或称侯？或称人？称侯而执者，伯讨也。称人而执者，非伯讨也。此执有罪，何以不得为伯讨？古者周公东征则西国怨，西征则东国怨。桓公假涂于陈而伐楚，则陈人不欲其反由己者，师不正故也。不修其师而执涛涂，古人之讨，则不然也。"

大概意思就是以齐国为首的多国部队，浩浩荡荡地攻打楚国，顺道儿打了一下蔡国，最后到楚国边境时，却只是结个盟就回来了。回师的路上要经过陈国和郑国，而陈国的辕涛涂就出了个主意，说咱们这么多军队讨伐楚国，结果不打就回来了，多没面子，不如取道海滨，打打东夷人吧。齐桓公一想有道理，可没想到那年头沿海一带荒无人烟就算了，路上还都是沼泽，把多国部队陷在里面很多天都出不来，齐桓公一气之下就把辕涛涂抓了。而孔子显然是谴责这种行径的，因为陈国的辕涛涂之所以那么做，还不是怕大军从陈国经过，粮草补给可少不了，到时陈国就要劳民伤财了，这说明什么？说明齐桓公这一仗，打得是不得人心的，想当年，周公攻打东边，西边的国家就抱怨，为什么不先来攻打我们，而齐桓公，楚国咬不动，连同为盟军的陈国，都不想大师入境，这事该有多不地道。

现在明白了没有？还是不明白怎么就能用来治狱？

所幸还有董仲舒，人家是当世孔子，显然能够解决这个问题。

董仲舒最大的长处就是把《春秋》里的各种意思，甚至是看上去互相矛盾的意思联系起来看，从而得出一个更为系统和全面的结论。

董仲舒是这么说的，"是故逢丑父当斩，而辕涛涂不宜执，鲁季子追庆父，而吴季子释阖庐，此四者，罪同异论，其本殊也。俱欺三军，或死或不死；俱弑君，或诛或不诛。"

就是说，逢丑父该杀，辕涛涂不该抓，都是欺骗了别人的军队，但有的该死，有的不该死。鲁季子追庆父，吴季子放阖庐，都是弑君，有的该杀，有的不该杀。

后面两个且不说它，先看前两个：辕涛涂当然不该抓，但逢丑父又为什么该杀呢？逢丑父是在晋国攻打齐国时，冒充齐顷公从而把国君放走，自己被晋国人抓了，忠心护主啊，这是好事啊。董仲舒是这样说的，因为它虽然忠心护主，可是他却让国君背上了一辈子都难以洗刷的耻辱，哪怕国君回国后自杀，那也是一个在战场上当了逃兵的国君。这哪是好事，这是陷国君于不义啊，《春秋》告诉我们，失了君位又回国复位的国君尚且不能以国君相称，何况是一个逃兵？他应该这么做，他要指责国君不要想当逃兵，要为国捐躯，同时，咱逢丑父也陪你一起捐。

对此我只能说，够狠！这个被后世的儒家演变成了"国君死社稷，天子守城门"，不过能做到这一点的，也只有崇祯一个人而已。

反正不管怎么说，董仲舒是从事情的原委和影响来判断一个人该不该死，所以辕涛涂骗的是盟军，反而不该抓；逢丑父骗的是敌军，反而该死。最后就引申出了一个春秋决狱的最大原则，"《春秋》之听狱也，必本其事而原其志。志邪者，不待成；首恶者，罪特重；本直者，其论轻"。

就是什么案子，都必须根据事实来推断其动机，动机坏的，没有达成也要重罚，首奸大恶，要重罚，而如果动机是好的，只是无意有了坏的结果，就应该从轻处罚。此之谓"原心定罪"。

那么对于具体的案子,这个"原心定罪"又有哪些技巧呢?

31. 春秋决狱的技巧

在讨论春秋决狱的技巧之前,先看几个董仲舒判过的案例。

董仲舒判过的案例本来有很多的,至少有两百多条,编在一本《春秋决事比》中,可不知道为什么,竟然失传了。现在流传下来的,据说只有六条,也可能只有三条。这也让这个原心定罪变得越来越扑朔迷离,好像很难的样子,又变得容易引起误会。但不管怎么说,还是先看看这几条案例吧。

案例之一,这是一个真实的案子。甲没有儿子,在路上捡到个别人丢弃的婴儿乙,把他抚养成人,可没想到这个养子却给他惹来了祸事。某天,他的儿子慌慌张张地跑回家,对他说,爹地,我杀人了。甲不相信,乙说,你看,这是凶器,这是血衣,我真的杀人了,官府会杀了我的。甲一时心软,就把乙藏起来了。当然,捕快也不是吃素的,没过多久,还是把乙抓住了。接下来,怎么判甲的罪,就成了难题。

按照商鞅的秦法,甲显然是有大罪的,甚至可以判连坐,按经过后来秦人比如吕不韦等人改造过的秦法,父子之间的包庇虽然也是有罪的,不过可以从轻。按萧何以秦律为蓝本的汉律,显然也是有罪的。而按后世的法律,明知是犯罪的人而为其提供隐藏处所,财物,帮助其逃匿或作假证明,处以三年以下有期徒刑。可问题是,儒家是讲"父子相隐"的,可问题又来了,他们不是亲生父子。到底算不算父子,法到底容不容父子之情,难哪,难!

如果当时是张汤郅都之类的"酷吏"断案,显然这个甲也难逃一刑。可现在是董仲舒。

董仲舒是这样断的——

首先,甲乙的父子关系成立,因为虽然两人没有血缘关系,但他们的抚养成人的事实,根据,不是根据《收养法》第二十三条哦,根据《诗经》中的说法，"螟蛉有子，蜾蠃负之"，连最弱小无知的虫子都知道收养关系等同于亲生，何况是我们人呢。

其次，既然甲乙父子关系成立，那么根据《春秋》之义，"父为子隐"，甲显然是无罪的。

最后，我希望这个案例能成为一个原则。

案例之二，这还是一个真实的案例。甲这回有个儿子乙，可他呢也可能是因为穷，也可能是怕麻烦，还可能是私生子，总之他把儿子送给丙。丙把这个儿子养大，而这个儿子乙则一直不知道自己是甲的儿子，还以为丙才是自己的亲生父亲。可甲看着自己的亲生儿子在丙的家里长大成人，结果天天喊别人爹地，心里非常不是滋味。某天，在借酒浇愁结果把自己灌醉之后，壮着胆对乙喊儿子，还对乙说，儿子，快叫老爸。平白无故被别人喊成儿子，当然很不爽，所以乙一气之下就抄起棍子把甲打了一顿。甲看自己的亲生儿子居然打自己，气得不行，就告了官。

这又是一个奇怪的案例，甲和乙究竟算不算父子呢。如果算，就是大忤逆，如果不算，既然没打伤，就算是民事案件，赔点儿钱了事。

秦法怎么算不知道，但如果碰到张汤郅都之类的酷吏，乙还是凶多吉少的。因为法家或酷吏断案，颇有几分"严打"或"打黑"的味道，相信从严从重处理案件，能让社会治安短期内好转。而事实上也的确能短期内好转，但长期内如何就不清楚了，反正董仲舒们说不好，秦就是因为这个亡的。按照后世的法律，乙和丙算是完全收养关系，甲与乙之间的父子关系应该是结束了，当然，也只是一个民事案件。好了，看董仲舒的吧。

董仲舒还是分成几段。首先，甲乙的父子关系已经结束，而且是他主动结束的，因为他在乙生下来后不久，就把儿子送给了别人，主动结束关系，而且他在乙的成长过程中，没有尽到一点儿父亲的责任，光生下来，是算不上父子关系的，那不过是一时头脑冲动的产物罢了。其次，既然甲乙不是父子，乙显然不是大逆，不用负任何刑事责任。

再看案例三，这同样一对爷俩的荒唐事。甲这次成了乙的儿子，甲的爹地乙与丙打架，丙拔出佩刀向乙的头上砍去，甲一看爹地要吃亏，手头只有一根棍子，马上抄起来向丙打去。说时迟那时快，只听得砰的一声，丙安然无事，刀举在那里没有砍下去，因为丙也在纳闷儿自己居然没事，而前面的乙忽然不见了。这是什么招式？移形换位大法？都不是，两人往地上一看，乙被这一棍打晕了躺在地上。甲当时就傻眼了，丙当时就惊呆了——没想到他儿子居然帮我，难道他是我的儿子？周围的围观人群当时就怒了，儿子不帮老子，还把老子打晕了，这还了得！当场就报了官。

这个案子该怎么判？纯粹以客观事实来，甲难逃一死，这显然也是大忤逆。董仲舒怎么说呢？

董仲舒说，首先，你们猜错了，不要以为我每次都会从父子关系着手，父子关系当然是毫无疑问的，我还没有发昏到怀疑甲乙不是父子、甲丙才是父子的程度。其次，虽然甲有伤乙的事实，但是你们要从动机着手，而不是从事实着手，动机是什么呢？在那个丙拿起刀向乙砍去的时候，甲真有伤乙之心，只要不动手，或动手迟一点儿就够了，他准头是差了一点，但心里还是想帮爹地的。最后，根据春秋大义，许止弑君是可以原谅的。许国的太子止在父亲得了疟疾的时候，好不容易向医者求来了一剂药，给父亲吃下，结果谁知那个医者是个不靠谱的，父亲喝了药之后一命呜呼，结果因此背上弑君的恶名，流亡国外。而《春秋》则认为，弑君的名声不可除，但结果却是可以原谅的。所以根据春秋大义，甲打伤乙，应该判无罪。

再看案例四，这次甲乙不是父子，而是夫妻。话说甲的丈夫乙坐着海轮去海外进行那奇幻漂流，可没少年派那么好的运气，船翻了之后，溺水而亡，尸首都找不到。过了四个月，乙还没有下葬，甲的母亲丙就把甲改嫁了——那年头改嫁非常稀松平常。有人就把甲告到了官府，说乙还没有下葬，两人的夫妻关系还没有结束，法律上是不允许这时改嫁的，甲就是私为人妻，要处以重刑。

这个案子漫说放到秦法，就是放到明清，甲的日子都不会好过，可她遇到的是董仲舒。

董仲舒说，首先，甲乙的夫妻关系有没有结束？我认为已经结束，《春秋》上说了，夫人归于齐。为什么归于齐？因为丈夫死了，又没有儿子。归于齐做什么？改嫁啊！可见死了丈夫，又没有儿子，改嫁是天经地义的。其次，甲之所以改嫁，并不是自己跟别人私奔，或是早有相好，而是父母之命。对于父母之命，听从而已，哪里谈得上私为人妻呢？最后，我认为，甲是无罪的。

最后看一下案例五。甲这次是给一个武器库看门，可鬼迷心窍，从武器库偷弓箭玩儿，可也不知是因为武器库的弩机与弦分开放，他找不着，还是因为只对弦有兴趣，总之只偷了弦没偷别的。私盗军火，这还了得，换成张汤肯定活不成。可董仲舒说，私盗军火是不成立的，因为有弦无弓，根本不能用——当然有弓无弦也不能用。所以只是偷了个武器零件，而不是武器。他所犯的罪，只是监守自盗罪。

经过这几个案子，大概可以归纳春秋决狱的几个技巧。

第一，当事人的关系基于事实或权利与义务。比如甲乙那些说不清道不明的父子关系，或人鬼殊途的夫妻关系。董仲舒的建议是，父子关系基于抚养事实，光生不养谈不上父子，没有生但是尽了抚养责任的，当然是父子；夫妻关系在一方死亡之后即结束，没理由自己都死了还不准别人改嫁的。

第二，根据主观动机而不是客观行为。比如虽然打了自己父亲，但动机是帮自己父亲，虽然改嫁，但动机只是听从父母之命。虽然动机还得根据行为来推断，但动机才是定罪的根本。

第三，疑罪从缓从轻。比如许止弑君，这与法家从重从严正好相反。比如好几个案子都判无罪，偷武器库的案子，虽然肯定是有罪的，但也从私盗军火变成了监守自盗。

所以从这几个方面看，与秦法比较起来，春秋决狱也许并不算法治的倒退，或者，还算得上一种进步。

又或者是因为有了董仲舒，换一个人怎么样就不知道了。那么春秋决狱后来的命运又是什么样子呢？

32. 原心定罪和自由心证

早期的封建时代是不怎么讲法律的。

像西欧那块，贵族之间，似乎决斗比较常见。而在东方，做错事了，最有可能是自己抹脖子，那年头自己寻死的贵族或准贵族——"士"不要太多，其遗风一直影响到封建时代的日本，武士们发明了更惨烈的剖腹。其他各国，宣誓、水审、火审、卜筮，都有。至于庶民，也是有一些刑罚的，但基本上是贵族自己掌握，更像是后世的所谓家法，庶民是很少会抹脖子或剖腹的——他们还不够格。此之谓"刑不上大夫，礼不下庶人"。

等到封建制度瓦解，礼坏乐崩，就有点儿贵族不像贵族、庶民不像庶民了，全乱了套，自己寻死的就很少。然后就有一帮人，希望继续沿用旧时代的礼仪来约束新时代的全体民众——这些人，我们称之为儒家。然后又有一帮人，主张把以前只用于庶民的刑罚变成明文，赏和罚都看得见摸得着——这些人，我们称之为法家。

西欧封建解体之际，也从所谓神示证据制度变成了法定证据制度，上帝不再能证明一个人有罪还是无罪，或一个人该死还是不该死。证据有没有用，有多少用，有罪还是无罪，完全取决于法律条文，法官只要翻翻条文就可以断案，无须也无权自己加以判断。

但是后来，人们发现这样做存在一些问题。

首先，他无法预先规定各种案件的细节，总有一些案件让人纠结不已。最简单的吧，不同的人证，话语彼此矛盾，该听哪一个？够为难吧？所以这个也得规定。沙俄当年就规定，几个地位或性别不同的证人的证言发生矛盾时，要依据地位、性别等来判定证言的证明力，地位高的比地位低的可信，男的比女的可信，学者比肉贩子可信。但真的是这样吗？男人就一定比女人靠得住吗？

其次，法律专横而僵化，冷冰冰的像个机器，其唯一的作用就是使人恐惧。虽说法不容情，可法律还是得有惩恶扬善的功能，法律的目的还是为社会更美好，不是吗？

最后，最可怕的是，为了符合法律的规定，有时不得不采取刑讯的办法。比如欧洲法定证据制度规定自愿的口供才是具有完全证据力的证据。但不用刑，有谁会老老实实招供？用刑嘛，虽然有可能第二天翻供，但那样就只好把刑用得再狠一些，用到犯人有求死之心，自然什么口供都有了。

中国也是一样，历来断案讲究人证物证外加口供，否则案宗报上去就可能会被问责。但是人犯都是些坏人，哪有那么容易提供口供？还不得用刑。所以几乎所有法家当道的时代，都是酷吏横行、酷刑遍地，打黑的同时，多半都会"黑打"。

所以后来就有所谓自由心证制度，它允许法官有一定的自由裁量权，可根据良知和理性，自由裁定某些证据有没有用、有多少用，甚至是有罪还是无罪。而在英美法系国家，根本就是从习惯法出来的，法定证据制度就没怎么玩儿过，当然更重视自由心证。陪审团的成员，通常都没有法律专业背景，他们不可能翻遍法律条文还断案，所根据的，还是自己的良知和理性。

而在中国，惩于法家之弊，但有礼无法的封建时代又回不去，法律又不能没有，于是就有了援礼入法的春秋决狱和"原心定罪"。

从这种意义上讲，五大法系之一的中华法系，与西方虽然道路不同，方向却几乎是一样的。

所以有人说原心定罪是一种对法治的倒退，实在是强不知以为知，以为但凡沾了一个法字，就一定是法治，而法治就一定是进步。殊不知，如果没有民权的伸张，所谓法治，无非是刑治而已，所谓"王子犯法与庶民同罪"，无非是"军法如山"的同义词，而国君就显然是不在"同罪"之列的。因为这个法，维护的就是国君或者其他独裁者的利益。

又或者有人说，原心定罪给了法官过多的自由裁量权，会造成太多的擅断，却不知在董氏春秋决狱之前，法官也并非就真没有自由裁量权，也并非就真没有擅断。无非是法律条文需要什么，咱就能提供什么，如果认定某个人有罪，自然能找到足够的证据——有了连坐，人证还会有问题吗？有了刑讯，口供还会有问题吗？

还有人说，原心定罪造成了后世的以言定罪，因为喜欢搞诛心之论。却不知法家当道的秦朝，以言获罪是最多的，反倒是从汉到宋，文祸极少。至于清朝文祸更甚于秦，也与原心定罪没有太大关系，即使没有原心定罪这回事，同样能用别的办法给那些乱说话的治罪，比如思想反动、妄图颠覆大清之类。学者熊逸说得好，从来是权力选择思想，而不是思想选择权力。

倒是自从原心定罪学说出来之后，法律变得越来越近人情了，而酷吏越来越成为一个贬义词了。

虽然不畏豪强，一心打黑的"酷吏"张汤郅都们，的确往往能让境内治安良好，黑恶势力消匿，但其影响之下的"酷吏"风气，却也让人人自危、人人自保。反倒是追求境内无事，皇权不下县的循吏们，能让百姓心安。

但是原心定罪的方法也的确有其不足的地方。

第一就是对法官——其实就是县官啦——的儒学修养要求太高，用《春秋》来断案，虽然对于董仲舒来说举重若轻，对于董仲舒的门人吕步舒，或者后来的路温舒，这个舒那个舒的，不是什么难事，但是不能要求人人这样。打个比方，董仲舒同时的公孙弘，号称大儒，位至宰相，你让他春秋决狱试试？

第二就是虽然讲人情了，但是的确有很多空子可钻，这些空子不见得比法家时代更多些，但也不见得就更少些，有可能是堵了一些空子，却又多出了很多的空子。

第三嘛，《春秋》本来就有不同的解释，《公羊》和《穀梁》的解释很多地方就不一样，后来古文经学又给加了个《左氏》。而且同一本经，可以发挥出不同的意思，比如匈奴死了单于，汉朝要不要去打，可以根据不伐服丧之国的经义来说明不要打，还应该派人吊唁，也可以根据九世复仇来说明要打，必须要打。

第四呢，就是礼和法的矛盾，并不能根本解决，比如徐元庆谋杀案，虽然按陈子昂的办法，杀了再表扬，也传为美谈，但柳宗元就认为，礼和法的目的应该是一样的，而不是相反，否则会让人无所适从。

所以春秋决狱和原心定罪，就随着时代的演变而渐渐消失，代之而起的，是法律的儒家化，即真正的礼法合一，用儒家思想彻底地改造法律。

33. 必也无讼乎

尽管后世的董仲舒把孔子著作当成断案的依据，也尽管后世的儒家信誓旦旦地声称，孔子是"为万世立法"，甚至也尽管孔子本人还有不错的司法方面的成绩和经验，但却都不得不承认，法律这种东西，最早是被法家鼓捣出来的。

因为尽管孔子担任过鲁国的最高法院院长，而且断案方面也还不错，颇受称颂，但一个法律社会，却不是孔子想要的，他理想中的社会，是一个不需要法律，不需要刑罚，仅靠习惯、礼义和人与人之间的伦理情感就能和谐美好的社会。所以他再三强调，"导之以政，齐之以刑，民免而无耻；导之以德，齐之以礼，有耻且格"，"其身正，不令而行，其身不正，虽令不从"，对于别人对他断案方面的称颂，他更是说，"听讼，吾犹人也，必也无讼乎"，你不知道，断案不难，难的是让大家不再犯罪。

在境界方面，让大家不再犯罪的梦想，的确是高。当然，百姓最好不要知道有政府存在的道家，苦行僧清教徒般的墨家也不甘其后，他们除了和儒家一起搞复古大奖赛以外，对于当时已经诞生的刑书、刑鼎一类东西，兴趣也不大。一个以法律为主导的社会，是不符合他们理想的。而且，大约也不大符合当日一班满脑子小罗曼蒂克小布尔乔维亚情调的知识分子的审美预期，就好比今天有谁在论坛里主张加强管制加强刑罚加强敏感词审查，一定会被口水喷死。

但法家不在乎，因为法家的听众根本不是一般的小布尔乔维亚知识分子，他们的听众只有一个，那就是国王。他们相信，他们的观点，只要对一个人有利，即对国王有利，那它就是一个正确的观点、成功的观点。

当然，孔子不赞成法律社会的另一个原因，就是他那个时候，还算是一个小国时代。尽管东齐西秦南楚北晋四大强国已然崛起，大国政治已然把国际关系搞得不成样子，但宋卫、郑鲁等中坚力量还在，陈蔡曹之类的小国虽然和孔子一样受"厄"，但也没有马上亡国的迹象，"克己复礼"尚有可期。而等到法家登上历史舞台时，国家越来越大，人格却越来越小，GDP越来越多而道德水准却越来越少的时候，似乎除了放之四海而皆准的成文法，就没有什么能管得住这么多的人了。这就好比一个小公司，老总和每一名员工天天混在一起、打成一片，管理上自然可以非常随和；但如果是一个上万人的大公司，高层连谁是不是自己公司的都得问问人事，自然绩效考核就少不了，因为他们没办法对每一个人做出实时的完全准确的评判。

最后的结果就是，在中国从不成文法时代向成文法时代演进的过程中，法家唱了独角戏。等到后世的儒家不得不接受中央大帝国的事实，也不得不接受法家带来的法律的时候，不得不苦心地对之进行改造，而且，也许是历史漫长的改造。

所幸的是，时间足够他们改造。毕竟，中国结束封建时代，比西方早了两千年，中国结束神权时代，也比西方早了两千年。很多后世的中国人常说，中国很难，要用几十年的时间走西方几百年的发展过程，却不知道，晚于中国两千年结束封建时代的西方，当年也是用两百年时间，走完了中国两千年都没有走完的路。

当然，这是后话，前话就是在当时，中国的儒家知识分子，有足够的时间，让秦律、汉律这种发明于法家的东西变成儒家的。从《春秋繁露》开始，到《唐律疏议》结束，历时七八百年，终告完成。

那么，这个历时七八百年的改造，有哪些成就呢？

其一，法律的原则方面，从法家的以法治国到汉律的德主刑辅，再到唐律的德本刑用，或礼法合一。就是说到唐代，已经不需要直接拿儒家经典来断案，法律本身就是儒家思想的体现。它的每一个条文，都有浓厚的儒家色彩，担负着教化社会的功用。这也是为什么柳宗元在徐元庆谋杀案中，一定要强调礼与法不应该有分歧的原因。

其二，法律的适用方面，从无差别到有差别。"极左"的墨家主张无差别的爱，极右的法家主张无差别的刑，而比较中间派的儒家则主张有差别的爱。爱有亲疏远近，刑也一样。所以同样的会因为不同的人，有不同的惩罚。比如尊老怜幼的原则，非常小的孩童和非常老的老人，是可以减轻甚至免除刑事处罚的。比如违背人伦的犯罪，会加重处罚，如子弑父、臣弑君，都是十恶不赦的大罪。根据亲疏远近，对越亲的人都能下得去手，说明了其人罪大恶极，良心被狗吃了，其人当然该死。不过亲属之间的偷盗，反而会因为关系越近而刑罚越轻。比如上请制度，厅级以上的干部，只要不是"十恶"之罪，都会奏请皇帝加以减免。

其三，法律的量刑方面，从结果导向到动机导向，从从重从严到从轻从缓。比如"亲亲得相首匿"，亲人或亲属之间互相包庇，那不是罪，那只是人之常情。比如"先告自除其罪"，有自首情节的，不仅罪行减轻，甚至有可能被免于处罚，因为法律是用于教育的，既然已经改正，自然可以免于处罚。比如除了无意杀人与有意杀人量刑不同之外，同样是故意杀人，还分为"造意"和"非造意"。有准备的谋杀，罪行要重，而没有准备的"激情杀人"，则罪行要轻。还比如死刑和对肢体直接伤害的刑罚大大减少，秦律那些砍手砍脚的，大多都变成打板子，甚至连谋反这种一等一的反革命大罪，在"一准乎礼，得古今之平"的《唐律》中，除了本人处斩、本人父亲和十六岁以上的儿子要绞死外，其他家人只判流放，而在秦律里，是要"夷三族"的。

其四，行刑方面，从严刑峻法到谨慎行刑。比如死刑复奏制度，因为人死不能复生，所以死刑一定要慎重，必须上报皇帝批准方能行刑，到后来发展到三复奏甚至五复奏，要批准三次才行。比如秋冬行刑制度，就是说，一般的死刑犯有时候宁愿屈打成招，也不愿意再挨板子，是因为挨板子可能活不过今晚，而招认了，则至少能活到秋后。还比如孕妇犯法，则至少要等到孩子生下来才能行刑，甚至可以减免，或遇到大赦。

当然，最大的改造，还是在于让秦代"以吏为师"，平民以学习法律做刀笔吏为荣，变成一个"必也无讼乎"的社会。因为即使从汉代"春秋决狱"的习惯法，变成《唐律疏议》的成文法，也还是只有少数官吏能够明白法律是怎么一回事，对于大多数无知无识的平头百姓，无从认识。连懂法都谈不上，又怎么守法？与其搞送法下乡，或像朱元璋一样苦心编写法治故事集《大诰编》，还不如顺应风俗，那才是真正的礼法合一。法律不仅是看的，也是用的，效果才是真正需要追求的。

所以在"皇权不下县"之外，儒家官吏还以"止讼"、"息讼"为荣，除了民事诉讼多半会庭外调解之外，其他法律案件，多半也都是顺应民情，大事化小、小事化了，宣扬亲戚邻里以团结友爱为荣、以告状打官司为耻的儒家新风气。

结果就是一般的平头百姓，除了人命大案，一般的纠纷，都是请族里有头有脸的解决，而根本不会给官府添麻烦。除了害怕官府的胥吏吃拿卡要吃不消之外，也害怕自己家打过官司，被人看不起。

最后就是真的实现了——尽管只是部分上——实现了儒家"必也无讼乎"或"几至刑措"的目标。对朝廷和官府来说，虽然全国那么大，两千多个县呢，但每年上报刑部审核，请皇帝批复的死刑，就那么几个，其他犯罪案宗也极少，算得上天下太平了。而对于平头百姓来说，差不多根本不知法律是怎么一回事，也不需要知道法律是怎么一回事，而对于生活却充满了极大的热情，熟悉各种亲疏有别的礼节，知道什么时候什么场合跟什么人该做什么，没有法律的社会，也是很好很好的。

改造法律其实不算是儒家的梦想，儒家的梦想是改造社会，这才是"通经致用"、"春秋决狱"的目的。那么在董仲舒之后，新儒家们又做了哪些事情呢？

第四章 异端叠起 古经之坷

34. 王官学与百家言

现在人对于国学书籍的分类,或谓历史,或谓哲学,或谓文学,而那些"信而好古"的人们,宁愿用经、史、子、集的分类。前者是西洋目录学的分类方法,而后者才是中国古代常用的方法。

不过,经史子集这种分类,实在点儿说,也不够"古"——更古老的方法,应该是"王官学"与"百家言"。

"王官学"就是官学,是官方编纂的,是贵族时代贵族们的教科书,或后世朝廷主流意识形态,是治天下兴太平的根本指导思想;而"百家言"则为私学,是民间公知们自己的著述,自己开张授徒传播,是民间的非主流意识形态,也是民间知识分子对于治国平天下的见解和方略。孔子,是"王官学"的继承者,也是"百家言"的开始者。

按照古文经学的说法,孔子是没有自己的著述的,《礼》源于周公,《春秋》是鲁国的史书,六经云云,都是"王官学"无异。而按照今文经学的说法,这些书都是孔子的原创,而非转帖,则显然是"百家言"。至少,虽然孔子希望这些书能成为"王官学",但毕竟没有成为"王官学",

所以孔子是个"素王",这些微言大义,这些建国方略,是给后来的汉代准备的,理应成为汉代的"王官学"。

但不管怎么说,孔子都算得上诸子百家的起点,他是第一个开私学的人,也是第一个有私家著述的人。从此之后,多少民间的"子"们,写出了多少著述,这中间,只有一个法家,短暂地获得过从"百家言"升格为"王官学"的机会,同时把包括儒家在内的"百家言"一齐打倒,"天下敢有藏诗书百家语者,悉诣守尉杂烧之"。

可见"王官学"和"百家言",其实是可以互相转化的,入朝则为"王官学",下野则为"百家言"。

既然可以相互转化,那么今天的"百家言"未必不是后日的"王官学",那么作为统治者,在主推"王官学"的同时,则不妨保留一下"百家言",形成以"王官学"为主体、多种"百家言"并存的意识形态格局。所以齐国则有稷下学宫,虽以黄老之道家为主,儒墨法名也都占一些席位。哪怕是烧尽天下"诗书百家语",认为"黔首"们并没有足够的能力,也没有足够的智商分辨出思想的正误,所以必须把所有毒草都烧干净的秦始皇,刚开始也保留了七十个博士,让这些人大谈"诗书百家语"在自己耳边充当反面教材,说点儿不一样的声音。

这和后世经、史、子、集分类法大不相同。后世,经永远是经,子永远是子,甚至连"子"可能都算不上,只是"史"或者"集"。哪怕你有多么石破天惊的思想,也永远是子,而不可能是经。

所以经史子集时代的读书人,对于王官学百家言时代的世事,总是隔着一层,雾里看花水中望月,总看不真切。在他们看来,《春秋》无非是本"断烂朝报",怎么能引得前汉那么多儒生前仆后继。而文史哲时代的人们,就更弄不明白,通经如何能够致用,就凭着那几本翻烂了的书?却不知道,王官学、百家言时代,《春秋》是"存三统"、"作新王"的书,可是把天上地下的道理都讲尽了,把治国安邦的法子都说齐了,通经岂止可以致用,甚而可以致太平。

但是为什么王官学百家言就变成了经史子集了呢?

原因还是和汤武革命搞得汉景帝很难办,只好说这个话题以后不议了一样。《春秋》公羊学固然可以成为汉朝新的意识形态，固然可以给汉朝找到合理的统治依据，可以成为汉朝的道统，固然可以认为是孔子在几百年之前就给汉朝的"新王"们准备好了最好的礼物，但是——但是也未必不会有同样某个"百家言"，成为后世的新的王朝的"王官学"，也为后世某个新王朝准备好了最好的礼物。

《春秋》公羊学不是说什么"存三统"、"作新王"吗？谁知道那些三统什么时候就转过一轮。不是说君权天授，而上天通过灾异来显示它的意愿吗？谁知道它什么时候就改主意了。灾异的解释权在谁？不在国君，而在那些知识分子。这还了得？

所以董仲舒因为辽东高庙的灾异做的推断，差点儿要了自己的小命，搞得大谈"天人感应"的董仲舒，再也不敢复言灾异了。

董仲舒不言灾异是对的。因为在他之后，真有被要了小命的。

比如汉宣帝时候以廉洁正直著称的盖宽饶，认为汉宣帝不用儒家的法子反而用法家的法子，劝他用儒术，还引用儒家经典"五帝官天下，三王家天下，家以传子，官以传贤，若四时之运，功成者去，不得其人则不居其位"。这话怎么听怎么刺耳，什么官天下家天下的，真以为这天下是你们平头百姓的？什么"不得其人则不居其位"，你真以为你比我有才有德就要我把位子让给你？所以当时就有大臣说盖宽饶是想"求禅"，实在是大逆不道，是可忍孰不可忍，最后当然被杀了。

而汉昭帝时候眭弘就更是大逆不道了。他少年时代是个游侠，壮年后学习公羊春秋，然后根据泰山有大石头自己立起来，又根据上林苑的柳树枯死之后复生，判断有匹夫要成为天子，于是就上书请求朝廷寻访贤人让位，自己退守百里之地。可惜的是，他猜到了前头，却猜不到结局，五年之后，真的有一个长安市井中的匹夫成了天子，那个人就是汉宣帝，而眭弘已经在五年前因为妖言惑众大逆不道被诛了。

所以你看看，这"百家言"还要得吗？

所以王官学和百家言，那是列国时代的产物。百家言，就意味着"处士横议"，就意味着总有些妖言惑众之徒，用各种稀奇古怪的学说，煽动不明真相的群众，甚至有些不知天高地厚的家伙，还会打着王官学反王官学。学公羊春秋好好为朝廷服务就罢了，居然得出个结论，认为汉朝要把天下让给别人，这还叫话吗？

所以还是那句话，不是思想选择权力，而是权力选择思想。帝王时代，是不需要百家言的，要的，只是经史子集。经，就是那些能好好为国家服务的，正确的意识形态，子，就是那些尚有价值，但多少有所偏颇，必须批判性接受的学说，史，就是对过去的正确记录，而集，则是无伤大雅的休闲小品。

当然，"百家言"之所以销声匿迹，还有个原因，就是博士制度的变迁。

35. 博士制度之变迁

关于权力和思想，有同学质疑得好，从根本上来说，权力无法湮灭思想，思想的力量总能在权力所不能及的地方生长，这是对的。但从另一方面来说，在当时来说，权力又的确似乎总是拥有选择思想的能力——焚书、坑儒、笔祸、文字狱，等等。正如《红楼梦》里大观园群芳，足以于百世之下宛在眼前，那些美，是谁也无法泯灭的，而在当时，她们又的确会被抄检大观园的行为所波及、惊惧甚至玉殒。

思想是冬夜里的灯塔，照耀千古，而权力则是夜里的宪兵队，权力能选择保留或是毁灭一个灯塔，却不能让夜里永不见灯塔。而虽然权力不能夜里永不见灯塔，却也常常能选择保留或是毁灭一个灯塔。这个矛盾贯穿整个人类艰难前行的历史，用一个森林的代价，完成一个小小煤堆的创造。

或者也正如权力和资本的游戏，在人类历史的大多数，权力都有控制资本的能力，正如黑道大哥总能在商铺收到保护费一样。但是在人类整个历史中，权力都无法真正完全左右资本的发展。在某些地区的某些阶段，甚至资本还能反过来把权力关进笼子里。因为权力即使能让所有的资本家都听话，却无法让经济规律也按自己的意志进行，或者也正如权力能让所有的思想者都闭嘴,却无法让人的头脑不再思考。

虽然,在人的短短一生之中,眼见着权力对思想的选择、管制,"欲采蘋花不自由",一生蹉跎,常常又难免有绝望之感。但是,思想仍然是好的,哪怕它的确带来不了富贵——真正的思想者也常常难以富贵,但它能带来自由,真正的自由,一种看见世间真相的自由。即使上帝也无法阻止人类思考,正如他无法阻止人类对自由的渴望。

好了,言归正传。权力对思想的选择,常常也有两种:一种豪夺,一种巧取。正如权力对资本的控制,通常也有这两种法子:一种是全面国有,一种是国进民退。或者简言之,就是秦皇的法子和汉武的法子。

秦皇的法子,就是把百家打下去,该杀的杀,该烧的烧,该关的关,该禁的禁,全国人民都没书看了,自然老实,自然就能建立一个完全的纯粹的法家美丽新世界。这种法子难得长久,实际上,大多数的铁幕政权最后都以一种雪崩的姿势消失在历史的长河中。

汉武的法子,则是把儒家——或者说是把他所认可的那种儒家抬上来,加以高名,引以厚禄,从而引导整个社会的风向,让平头百姓也心悦诚服地相信自己是君权天授,而所有的那些异端邪说,根本不用打,自会被边缘化。后世很多人读了几天历史,听说刘野猪"罢黜百家,独尊儒术",就以为刘野猪为了把儒家抬上来,做了和秦始皇一样的事,把两千年之后的落后迁怒于两千年前的刘野猪,同时迁怒于提出这个主张的董仲舒。他们却不知刘野猪其实既没有打击百家,而只是学习百家再也没有前途,没有官做,没有禄米吃,自然消失,也没有真的大抬儒家,真抬儒家,受重用的应该是董仲舒,而不是桑弘羊。而后来的汉宣帝也说,"汉家自有制度,本以霸王道杂之,奈何纯任德教,用周政乎!且俗儒不达时宜,好是古非今,使人眩于名实,不知所守,何足委任",独尊儒术者,徒具形式耳。

其实刘野猪对于"独尊儒术"只做了一件事,那就是改革了博士制度。

何谓博士制度?尽管有人说博士这种称呼在战国时期齐国魏国就有了,不过更多的说法,还是表明这项制度却是那个杀千刀的秦始皇,据说为了表示向稷下学宫致敬而创立。但秦始皇即使把博士设成七十人，与稷下学宫的教授们数量相当，可他如果真的如他所标榜的那么热爱学术的话，为什么不干脆保留稷下学宫？

其实所有的秦始皇都是热爱学术的，前提就是这个学术必须为自己的伟大事业服务，而且只能为自己的伟大事业服务。如果这些学术不能为自己的伟大事业服务，反而有相反的作用，对自己的伟大事业进行挑刺儿，那么这些学术显然就是些反动学术，而反动学术是没有存在的价值的。结果就是这些博士们，唯一的工作，就是在秦始皇要他们发表意见时，能适时地表达一下自己的意见，而且还不能让秦始皇觉得对现行制度不满。正如在"将"或"帅"看来，"士"只能在九个点组成的区域里斜行，而其价值，则只能是保护"将"或"帅"不会被敌人将死。至于黔首们，是无缘听到这些博士们的见解的，他们唯一能享受的，就是法家带来的美丽新世界。

那些博士们，有些因为乱发表意见被"坑"了，有些带着书籍跑了，把书砌进了墙里。当然民间还有很多没有成为博士的人们，也把书砌进了墙里，只等这个时代终结。

秦始皇死了，博士制度却留了下来，被汉代继承。

汉初很多平民出身的知识分子，都有博士背景，啊不对，背影。贾谊就曾经被召为博士，晁错也曾经是博士。博士在当时是什么呢？就是在政权还基本上控制在功臣集团、外戚集团和皇族集团手里的时候，这些毫无背景的平民知识分子的一个很好的上升途径。人家有的是背景，而我只有背影。所幸的是，还有博士这个制度，能让万乘之主，了解我的安邦之识、我的王佐之才。博士制度就像针对官二代或富家子的郎官制度一样，都是一个长期接近人君的好机会，是快速升迁的捷径。这也无怪乎贾谊晁错们会那么的被功臣集团或皇族集团看不惯了。

不过虽然当时儒家靠着其教育方法的人性化、治世方法的人道化、修身方法的人情化，已赢得了初步的优势，但当时的博士制度，仍然只能称之为百家博士。虽然贾谊算是个儒家，而晁错也算是半个儒家，在道家黄老当道的年代，儒家仍然坚挺地在博士官里占据大量的席位，但当时的博士制度，的确是属于百家的。

但这一切，到了刘野猪亲政的时候，全都被改变了，一个叫"五经博士"的名称出现了。

36. 五经博士

五经博士，看名字就知道，是针对《乐》失传后剩下的五本经书立的博士。

因为博士从百家博士变成了五经博士，两千年后的很多同学都认为，这是儒家通过鼓吹皇权，在刘野猪一朝，正式确立了自己的统治地位，并且开了两千年的"孔家店"。这，这，这怎么说呢？实在是个美丽的误会。这就像刘野猪与儒家的缘分，也实在有点儿美丽的误会一样。

按刘野猪的脾气，法家似乎才应该更对他的胃口，而且他的兴趣爱好，也与秦皇颇有相似之处。比如都喜欢旅游——不是旅行啊，旅行是一个人的事，最多两个人的事，而旅游才用得着大张旗鼓，非得组个团不可。比如都喜欢盖房子，左一个宫殿右一个宫殿，极大地刺激了房市，不是房事哦——对了，还有房事——那么多宫殿，可不是给屁民住的，"渭流涨腻，弃脂水也"，"汉皇重色思倾国"，你知道的。比如还都喜欢打仗，"武皇开边意未已"，秦皇并了六国之后，开了南海、象郡，又打跑了匈奴。武皇呢，没有六国，不过还有些诸侯国，像淮南王河间王什么的，对外呢，西南夷、西域、朝鲜，当然，匈奴还得打，不打不长记性。还都喜欢神仙，秦皇被方士弄得五迷三道的，派了伙人去了岛国，武皇据说还和西王母约会过。

从种种迹象来看，刘野猪都应该和秦皇一样，更偏爱那个一切为皇帝着想、一切唯皇帝着想的法家，可问题是，法家到这个时候，名声早臭了。秦皇早成了反面典型了，其恶劣程度，只有古代的桀纣能与之相比，几乎所有的知识分子在提出建议之前，都会把秦皇骂上一遍。虽然秦皇是不是真的坏到了那个地步，谁也说不清，但法家的名声臭了，墨家又被秦皇整得式微了，再也没有复兴过，墨家的后代侠客们，似乎也不是刘野猪想要的，能与当时当道的黄老道家对抗的，只有儒家了。

虽然儒家有些内容和刘野猪不太相符，但儒家主张有为，儒家讲究排场，儒家主张封禅——又有借口出去游玩了，儒家还给汉朝统治提供了合法性——是上天让汉朝成立的，还有那些天人感应五德三统之类的东西，足以鼓动刘野猪那多血质的内心。这一切的一切，就让刘野猪与儒家有了那么一段时间的蜜月期，主要时间段就是其祖母执政期，与自己亲政初期。

在这样一个蜜月期，再加上董仲舒那惊人的天人三策，刘野猪心血来潮，答应"罢黜百家，独尊儒术"，改百家博士为五经博士，也就不足为怪了。至于百家博士，其实这时除了儒家，也就是一些黄老道家，或者是纵横议论之人，黄老道家是刘野猪的老对头窦太后或淮南王信奉的，而纵横议论之人真要用的话，完全有别的机会用，不必非得塞到博士里面，比如要出使西域了，就征求能"出使绝域"之人。何况还有个郎官制度，吸纳另一些人才，比如后二十年大受重用的桑弘羊，就出身郎官。

所以根据一个五经博士，就认为儒家从此当道，占据统治地位，未免言之过早。

不过，这五经博士比起以前的博士，多了一个功能，就是可以带弟子，所以以前的博士只是博士，现在的博士则是博士兼博导。不要小看这个功能，这就意味着以前的博士只给皇帝当顾问的，而现在，则可以通过设帐授徒把自己的影响扩大到更多的地方，桃李满天下嘛。弟子的数量，据说开始是五十人，到昭帝时扩招到百人，宣帝时再扩招到两百人，到成帝时扩招到三千人。不过你以为三千就够多的话，只能说明你太低估大汉朝教育系统的扩招能力了。到后汉的时候有多少呢？后汉的时候，京城的学子就有三万多人——三万人哪！全都是读了一肚皮书，满脑子国家啊、民族啊、社会啊，全都是以天下为己任的热血读书人在一起扎堆议论国事，不闹出点儿事儿才怪——后来也的确闹出了非常非常大的事儿。

好吧，先就不说那么远的事了，只说前汉，成百上千人吧，影响力也远非秦始皇那几个可怜的博士可比了。所以到这时候，秦始皇当年据说为了向稷下学宫致敬而设置的博士制度，现在也就真的有点儿稷下学宫的味道了。

当年孔子三千弟子，七十二贤人，很多人都到各国做官，或到各地教书，影响深远。现在这成百上千的博士弟子，通了经，也自然要拿出去用一用，结果就是假以时日，朝廷官员里这些儒生越来越多，而桑弘羊那帮人越来越少，直到有一天，朝廷的政策就真的儒家化。此之谓和平演变。至于演变之后的结果，是不是逾淮而枳，就不知道了。

五经博士还有另一个特点，就是五经博士不是五个博士，而可能是五个、六个、十个、十五个……有同学就问了，难道每本经不止一个博士？这位同学还真说对了，谁规定一个专业只能有一个博导了？还得看研究方向不是？所以当时的规矩就是，如果谁对经书的解释与别人不同，有新意，自成一家，讲课水平也不比别的博士差，就可以立为博士。

结果可想而知的结果就是，对经书的解释将会越来越多。

《诗经》先不说，一开始就分齐、鲁、韩，其他几种经书，本来是只有一家的，欧阳的《尚书》后氏的《礼》，公羊的《春秋》杨氏的《易》。结果到了宣帝时候，《春秋》多了个榖梁，《尚书》多了大夏侯和小夏侯，《礼》分成了大戴和小戴，《易》分成了施、孟和梁丘，一下子就变成了十几个。到了汉朝第一个号称真正相信儒家的汉元帝时候，又增加了京氏易，让博士的数量增加到十四个。这十四个，被称为今文十四博士。

当然，也不是随便搞个课题，发个论文就能当博士的，得有人信。比如《榖梁春秋》吧，在刘野猪时代，有个瑕丘江公就是搞这个的，结果和董仲舒一辩论，口才不行，完全不是对手，被刘野猪一下子否定了。当然《榖梁春秋》也并非就没有机会，太子刘据就喜欢这个，而这时董仲舒已经死了，新一代的《榖梁春秋》传人比《公羊春秋》传人厉害。本来以为能在太子登基后时来运转的，结果巫蛊之祸发生，太子刘据被杀。《榖梁春秋》一直等到汉宣帝上台，听说自己那苦命的爷爷当年是喜欢《榖梁春秋》的，才把《榖梁春秋》立为官学。至于其他几家，也都要到百家讲坛——啊不对，到石渠阁讲坛上讲一讲，充分展示了自己的实力，才有资格立博士的。

不过既然开了这个名利双收的好途径，自然就会有相应的影响。

第一个影响就是流派越来越多，一个博士或一个弟子，不再是通群经，甚至也不是通一经，而只是通一经中的某一种解释，从通经变成家法，从家法再变成章句。像大、小夏侯，大、小戴吧，都是一家人，同宗甚至叔侄，还非得分成两家。分了家就算了，还要继续分，比如《穀梁春秋》就是尹、胡、申章、房氏之学，大夏侯有孔、许之学，小夏侯有郑、张、秦、假、李氏之学。

第二个影响就是到最后，经书不再是从前的经书，而解释，谁知道是不是当初的解释。比如《穀梁春秋》吧，本来应该比公羊更为保守谨慎的，因为《公羊春秋》是齐学，而《穀梁春秋》是鲁学。齐人一向喜欢胡吹大气，神聊，侃大山，好"齐东野语"，好"闳大不经之辞"，而鲁人的认真是出了名的，可几传之后，穀梁有些解释比公羊还过分，于周天子更为尊崇。比如隐公七年，"戎伐凡伯于楚丘以归"，公羊和后来的左氏都认为戎指的就是戎狄，是外国人，而穀梁则认为指的是卫国，因为卫国不敬，故意贬成戎狄的。

当然，如果你以为这已经够热闹的了，你就错了。更热闹的还在后头，就在今文经学这些博士们大红大紫的时候，一个叫古文经学的流派横空出世。

37. 古文经学之问世

对于古文经学的问世，有五个人物非常重要。

第一个重要的人物，是孔鲋。孔鲋当年藏到祖堂墙壁的那些书，是后世古文经学最大的来源。

第二个重要的人物，是河间王刘德。这个刘德啊，是景帝刘启和栗姬的第二个儿子，这个刘德也和刘野猪一样，据说是信儒的。

不过他这个信儒和刘野猪的信儒有那么点儿区别。刘野猪感兴趣的，是儒家那些封禅祭祀郊射等各种排场，儒家天地君臣父子等各种礼仪，以及儒家对他积极有为的支持，至于儒家经典里那些仁爱呀井田呀，他的兴趣似乎并不大。

而刘德的兴趣，则更近于"醇儒"一些。他做了哪些事呢？

一件是兴修礼乐。什么叫兴修礼乐呢？因为末世的时候，不是礼坏乐崩了吗？不是人跟人到了一起，也不讲礼了，也不讲理了，只讲利了吗？久而久之，礼是什么样子都没有人记得了吗？以至于几十个儒生到一起，也不知道谁对谁错，而让曹参果断跟了道家吗？现在就是要把这个礼弄弄清楚。至于乐，乐和礼是分不开的。礼的各种仪式，都有不同的古典音乐，这些音乐也没有人记得清、记得全了，所以也要把它弄弄清楚。整理好了怎么办？除了自己学习之外，都献给朝廷。

一件是搜集佚书。从秦火到景帝武帝之间，也有七八十年吧，礼乐那些东西光靠人，是记不全的，毕竟世上不是只有一个孔鲋，秦朝文网虽密，但那些人在烧掉自己心爱的书，啊不对，烧掉自己的大毒草的时候，多少有点儿难过的吧？多少会有人从火堆里抢上几片书简，埋到土里，筑进墙里吧？虽然其他人的书没有孔鲋来得多，但你有一篇，他有半篇，凑起来，也有点儿像回事儿了。收集好了怎么办？除了自己学习之外，也都献给朝廷。

一件是延请学者。最有名的，有两个人，毛苌和贯公。

这个毛苌很重要，是《毛诗》的重要传人，被称为"小毛公"；与之相对的，是他的老师，"大毛公"毛亨。大毛公之前有没有老毛公就不知道了。我们前面提到五经师承、今文十四博士的时候，没有提到《毛诗》，那是因为这个《毛诗》是属于古文经学的。到古文经学的时候，才有《毛诗》的说法，今文经学时代，是没有《毛诗》的，以至于两千年后的今文经学大师康有为，还一口咬定《毛诗》和《尔雅》，都是古文经学开山人刘歆伪造的呢。

贯公同样比较重要，他是《左传》的重要传人。他的老师，是文帝时的大才子贾谊。这个《左传》，同样没有在今文十四博士的时候提到，因为它也是古文经学的。两千年后的今文经学大师康有为，也一口咬定，《左传》是伪造的，左丘明只写了《国语》，没有写《左传》，《左传》是刘歆根据《国语》写的一本伪书，连毛苌贯公这些师承记录，都是刘歆攒到史书里的。

可见刘德请的这些学者，多半是些搞古文的。这些学者，也被立为博士，不过是河间王的博士。

可见刘德是学术研究派，比较喜欢古文化，是学术控，和刘野猪的喜欢新理论、喜欢天人啊、大一统啊之类的东西，是天人控，区别还是很大的。当然，刘德是个藩王，可以尽情搞学术，而刘野猪是皇帝，治国平天下才是正经事，至于学术——如果真感兴趣的话——也只能是爱好。

但不管怎么说，兄弟两人都是号称信儒家的，怎么说也是同道中人，应该惺惺相惜才对。可刘野猪却不这样看。刘德不仅搞学术、兴礼乐，而且自己也按儒家的标准严格要求自己，克制、宽厚、仁爱、礼贤下士，当时的口碑甚佳。这让刘野猪非常愤恨——你真以为你是孔子，你是周公了？告诉你，你是周公，我也不是成王！

于是刘野猪扔过去一句话："我听说汤以七十里、文王以百里，后来做了一番大事业，兄弟，你好好努力吧，我看好你哦。"这一句话，吓得刘德再也不敢妄图兴修礼乐、研究学术了，马上醇酒妇人，儒家刘德死了，浪荡子刘德来了，然后四个月后浪荡子刘德也因酒色过度因公殉职，岁数还不到五十。可见王侯之家，欺男霸女，醉生梦死，也是有原因的，因为兴修礼乐，可能更危险。

至于刘德的那些古文字写的书，献到朝廷之后，就送进了秘府，再也没有谁去翻阅它。而且，大概也没有几个人能看得懂——这又得怪那个杀千刀的秦始皇，刘野猪之后昭帝宣帝时候，据说只有那个善为妻子画眉的张敞能看懂古文字。

第三个重要的人物，是鲁恭王刘余。

刘余同样是景帝的儿子，不过是另一个妃子程妃所生。他对学术似乎兴趣不大，而更喜欢盖大房子、修大花园、养宠物、玩赛马，所谓"宫事苑囿狗马"。当然，有时也听听音乐会。这些倒都是"高富帅"们常见的爱好，虽然刘余除了有钱有势之外，并不见得高，也不见得帅，而且还口吃。但口吃也没啥，开国重臣周昌还口吃呢，法家大佬韩非口吃呢。

他之所以与古文经学扯上渊源，并不是他忽然改了性子，爱上了学术，也不是他发现懂古文字也是获得妹子青睐的利器，要知道张敞这时候还没出生，而且张敞之所以成为理想丈夫，也并不是因为他懂古文字，甚至也不是因为他为官清正贤能、不避权贵，而是因为夫妻恩爱，一个能每天耐心等妻子化妆的男人就够可贵了，而一个能每天耐心帮妻子化妆的男人，当然是男人中的精品。

刘余之所以和古文经学有很大的渊源，全是因为他的一个爱好——盖大房子。

刘余开始是淮阳王，到七国之乱后，改封到了鲁地，成了鲁王。到了曲阜之后，大兴土木，修了大大的宫殿，可还嫌小，要再大一点儿，再大一点儿。再大的话，就到了孔子故居了。要知道连秦始皇烧书归烧书，可也没有拆孔子故居，要知道连无赖儿刘邦，带兵打到曲阜，听得里面吹拉弹唱的礼乐之声，也废然而叹，决定一定要和平解放曲阜，一定要保留孔子故居。

可这个天杀的刘余才不管不顾呢，什么孔……孔……孔子故居，孔子是……是……是谁，什么级……级……级别的？两千石还……还……还是比两千石……凭什么和孤抢……抢……抢地盘，给……给……给我拆！

于是历时三百多年的孔子故居就这么被强拆了。这时孔子的后人叫孔安国，只是博士或谏议大夫之类的官，连两千石都不是，当然抵抗不了刘余的强拆了。不过，算是一点儿小小的回报吧，孔鲋当年藏起来的那些用古文字写的经书这下重见天日了。而且藏品十分丰厚，比如《尚书》吧，比当时所知的多出了十几篇。

虽是重见天日，可这时候，没有几个人懂得这些古文字，后来孔安国也把它献给朝廷，朝廷则也藏到国立图书馆——秘府里。直到很多年后，一个叫刘歆的人，把它翻出来。

所以这第四个重要人物，就是刘歆。

38. 异端的学者

和刘德或刘余一样，刘歆同样是根正苗红的汉朝宗室出身。

而且刘歆不仅是宗室出身，可能也是宗室出身的人里，最有学问的一个。与他同样有学问的，可能只有他的父亲刘向。即使在同时代的非宗室出身的人里面，与之比肩的，也并不多，可能只有扬雄等寥寥几个。当然，刘歆也是认识古文字的。

机会总是留给有准备的人。你都不认识古文字，有古书给你又有什么用？你即使认识古文字，但读的书太少，又怎么有机会把国家藏书馆里几万卷的图书一一比较异同，从而找出不同版本经文的异同和正误？

这同样告诉我们一个道理：即使是刘向或刘歆这样根红苗正的高富帅——那年头还没有高富帅——也要好好努力才能有所成就的。

刘歆的父亲是刘向，刘向的父亲也叫刘德，和当年的河间王一个名字。当年那个河间王刘德，一心振兴儒家学术，又广搜古书，却被刘野猪给弄得学术未成身先死，现在总算又有一个刘德完成未竟之业了，虽然此刘德非彼刘德，此刘德并非景帝之后，甚至不是刘季之后，而是刘季的弟弟刘交之后。

还在孔鲋把百年以后无比珍贵的古书藏到墙壁里的时候，刘歆的祖先刘交就跟随刘季左右，并深受刘季喜爱，得天下后，被封楚王。

之后，当景帝子刘德被封河间王，开始他短暂而又辉煌的学术生涯的时候，刘交的四世孙刘戊与刘濞联兵反叛，兵败被杀。其子刘富事前投奔朝廷，被封红侯。这个红字用得好啊，说明刘富一颗红心向朝廷，大步弃暗再投明。

等到河间王刘德的短暂学术生涯结束的时候，同样学术出众的刘富之子刘辟强，也不愿意再过问政治，拒绝从仕。

等到在董仲舒倡议之下新立的五经博士，开始大红大紫的时候，刘辟强的儿子刘德成为汉朝的宗正，封阳城侯。宗正是什么？相当于后世宗人府的宗人令，管皇族家谱事务的，也算是九卿之一了。

再等到预言匹夫当为天子，从而给自己带来灭顶之灾的眭弘被杀的前一年，刘德的儿子刘向出生。

刘德有两个儿子，大儿子刘安民，后来袭封侯位，走的是一个寂寂无名的王侯之路。二儿子刘向，没有侯位，却通过自己努力，开创了一代学术，成为西汉末年学术界的宗师级人物。

刘向是一个异端的学者，他的异端特点，给他以及他的儿子带来了很大的挫折，但同时，可能也带来了真正的成就。因为真正的宗师，常常都是从异端开始的。

生活永远比小说精彩。就像任何宗师级人物一样，道路从来都不会一马平川，它从来都是九曲十八弯。当那些一马平川的人生活得无比滋润的时候，九曲十八弯的人生活得无比苦逼；而当那些一马平川的人寂寂无名老死窗下的时候，九曲十八弯的人终成大器。

那些人生艰辛的人用不着羡慕别人的无比滋润，或许你有更为远大的使命，而且至少你也终将拥有更为丰富的人生。而那些寂寂无名的人也用不着羡慕别人的璀璨声名，因为你没有见到那些声名之后无比苦逼的背后艰辛。

道路都是自己选择的，匹夫出身的董仲舒就不说了，目不窥园。刘向是宗室出身，身家百万，本来可以衣食无忧的，可他却偏偏选择了学术之路，而且选择的是一条与当时的今文经学博士们完全不同的道路，并且两次身陷牢狱之灾。

第一次牢狱之灾，刘向二十四岁，父亲刘德刚去世。

这一次是因为刘向的父亲刘德当年奉刘野猪的命治淮南王刘安的狱，抄到了一些奇书。刘安是搞道家的，而且还是喜欢搞化学实验的，据说还鸡犬升天，当然少不了有些神仙家的奇书，什么炼铁成金啊，什么长生不老啊，什么通神役鬼啊，什么白日飞升啊。这一切的一切，都让少年刘向向往不已，这是当时弥漫于朝野的儒家经学世界之外的世界。

好东西当然要与朝廷分享。于是刘向在研究多年之后，把一本叫作《枕中鸿宝苑秘书》的书献给了汉宣帝。汉宣帝是帝王之尊，广有四海，所以刘向没有条件做的那些实验，汉宣帝都能做。可做着做着，就觉得不对头——钱花了不少，黄金却一两也没炼出来。一怒之下，就把刘向下了狱。为此，他的哥哥刘安民把封地的一半献给朝廷请罪，汉宣帝怒火过去，觉得害人精并非刘向，更应该是那个杀千刀的淮南王，而刘向也的确很有才能，小小年纪，书读得却非常好，这才把他放出来。

放出来后，汉宣帝给了刘向一个弃暗投明的机会，让他学习自己一心要立为官学的《穀梁春秋》。等到刘向二十九岁的时候，汉宣帝搞了一个石渠阁大辩论，刘向成为穀梁方的主力之一，与公羊方进行了一场口水大战，为《穀梁春秋》顺利立为官学立下大功。

因为这场大辩论，刘向成了一名郎官，后来又升成了谏官。可刘向却向皇帝证明了一个真正的异端，是绝不会因为从淮南王的神仙之术，转到《穀梁春秋》就能安分守己的。更何况谏官本来就是提意见的官嘛，所以不安分的刘向再次身陷牢狱之灾。事情是这样的。

汉宣帝死了之后，那个号称更重视儒术的太子即位之后，却重用弘恭、石显等宦官，闹得老天爷都看不下去，就顺手搞了点儿灾异，春天有地震，夏天星星乱串门。研究《穀梁春秋》、懂灾异的刘向，虽然这时已从谏大夫变成宗正，从提意见的官变成管家谱的官，也不会坐任不管啊，就和周堪等人提了点儿意见，结果搞得正直的丞相萧望之下狱自杀，而自己也被废为庶人。时年三十三岁。

被废为庶人之后，刘向继续提意见。三十七年那年，又根据那年夏天该热却冷的灾异，上书提意见，惹得那些宫里的残疾人愤恨不已。然后就一直空有着学识渊博的名声，而一直没有得到任用，直到汉元帝驾崩，成帝继位。

成帝继位后，汉朝的权柄从宫里的残疾人转到了皇帝的舅舅们手里。虽然按照天人感应的学说，老天爷仍然是要闹灾异的，而按照刘向的性子，也仍然是要提意见的，一直从四十岁提到七十岁。但皇帝的舅舅们，气量还是比宫里的残疾人稍大一些，也就是让刘向或刘向的儿子仕途方面受点儿挫折，比如皇帝都打算让刘歆当中常侍，却被大将军王凤否决了——王凤大概不知道多年以后就是这个刘歆却和王家人搞到了一起，可刘向却还算是实现了他的抱负，遍览所有朝廷收藏的书籍，自由地读书、校书、修书、写书，同时还给他的儿子刘歆，打下了一个非常好的基础。

那么刘向的学术成就又有哪些呢？

39. 古代世界之重现

很多年以后，刘向都还能记得小时候在父亲书房看见《枕中鸿宝苑秘书》的情景。

当时那本书和许许多多其他散佚的断篇残简混在一起，看上去毫不起眼，但少年刘向知道，那里有一个神奇的世界。这个世界，和平日里那些经师们告诉人们的，是完全不同的世界。

经师们的世界，是一个叫董仲舒的人创建的，这个世界像是一个包含天地阴阳五行的精密无比的仪器，以一种精妙而又玄妙的方式运转着。在经师们看来，这就是世界的全部，天上地下的一切，都能被这个宇宙图式所解释，而每个经师，穷尽一生，都只能掌握这个世界的某个角落，他们称之为经义、家法、章句。但在好奇的刘向看来，这一切的一切，都不过是世界的一隅，除此之外，还有更神奇的世界。

刘向知道，古代曾有一个无比灿烂的世界，然后被秦火毁了。此后一百年间，只有儒学世界得以重建，并凭着独存的优势，包罗万有，俨然成了统一百家的理论。这一百年间，可能只有淮南王刘安，有过类似的宏愿，搜罗天下奇书秘术，而这个宏愿，也很快夭折。这些残存的奇书秘术，就在父亲的书房里。

所以十九岁时，刘向把《枕中鸿宝苑秘书》献给皇帝的时候，手都是颤抖的。他想知道答案。他想知道，魔法时代是否已经到来。

尽管在五六年后，这个决定让刘向遭受牢狱之灾，并且让他的哥哥失去了一半的封地，刘向也没有放弃对这个神奇世界的追寻。放弃理想，其实比坚持理想更难——因为放弃理想，是一件比自杀还要难受的事，你需要把自己变得心如槁木，你需要把自己变成行尸走肉，和猪没有什么两样。

尽管有那么些年，刘向也差点儿成了经师之一，成了《穀梁春秋》的嫡传弟子，他本可以沿着这条路继续走下去。首先，选择某本经书，比如《春秋》，再选择某个派系，比如穀梁，再选择具体的师承流派，比如尹氏或胡氏，然后，这一辈子，就可以衣食无忧，再带些弟子，成为京城那成百名专家中的一个。但是，那不是刘向想要的生活。

很多年后，到那个因为赵飞燕而出名的汉成帝时候，刘向的机会终于来了。刘向接到了一个真正艰巨的任务，就是整理皇室藏书。

那个时候刘向还并不知道收藏在延阁广内密室里的图书到底有多少。因为自秦火之后，能收集起来的那些所谓图书，其实就是一片两片三四片写了字的竹片子，也有整卷的，但是哪篇是第一篇，哪篇是第二篇，也没有人能说得清楚，甚至连字迹都辨认不清了，还有些明显是同一篇文字，但是出入很大，也不知道哪个对哪个错。

刘向也不知道整理完这些所谓图书要花多长时间。这些书，也有用汉隶或小篆写的，但大部分都是古文字，但也不全是史籀大篆。有用齐国文字的，有用燕国文字的，有用楚国文字的，有用魏国文字的，有用韩国文字的，甚至还有用晋国文字的。

但是刘向知道，如果想要真正了解那个被秦朝埋葬了的灿烂的古代世界，自己必须要整理这些书。刘向还知道，如果自己不来整理这些书，后来的人，连文字都未必能识，更没有多少整理的可能，这些书只能随着五德三统的流变而真正消失。连着一起消失的，可能还有那些无比灿烂的古代世界的奇妙思想。刘向也知道，那散落在大内之中，散落在延阁广内密室里的图书，即使不是全部的有关古代的记载，也至少比父亲书房里的那些书神奇得多。

此后二十多年，刘向就做了这一件事，整理图书。这件事实际上耗尽了他的后半生，以至于在他去世的时候这件事还没完成，而不得不由他的儿子刘歆接着去做。

但即使是这件没有完全完成的事，也给了刘向很多的收获。他至少完成了三件事：一是把大多数图书整理清楚了，二是把图书目录给编好了，三是搜集了很多古代的故事和材料。

整理图书就是先把那些古文字读明白，然后把顺序弄清楚，把缺失的部分补上，把不同的地方进行比较，弄清楚哪个对哪个错等。这是一件需要真正的学识，还需要极大耐心的事情。

编写目录也非常重要，因为那些图书的篇目数以万计，不进行分门别类，根本没有谁会去读，也没有谁知道怎么读。所以刘向不仅要通读这些文章，而且要清楚它们的来龙去脉，它们的思想流变。刘向把这些书分成了六类、三十八种、六百零三家、一万三千多篇，其中诸子一类，从司马谈的六家，变成了十家九流。

哪十家？儒、道、阴阳、法、名、墨、纵横、杂、农、小说家；哪九流？除小说家是讲故事的，其他称为九流。这也意味着，儒家不再是至高无上，不再是"罢黜百家，独尊儒术"，而只是十家之一，与其他各家各有千秋，甚至殊途同归。这个想法直接导致了后来刘歆恢复诸子学以被传统经学之弊，儒学与诸子，"其言虽殊，辟犹水火，相灭亦相生"的观点。

搜集古代故事和材料的事，也一样重要。历史学上有一个词叫"钩沉"，说的就是把散落在古籍里的那些材料整理出来，编著成文或成书。很多年以后，历史的长河流得再也看不见的时候，人们应该感谢那些"钩沉"的人，是他们让那些久远的事情不至于被湮没。

为了这件事，刘向写了几本书不知道，但流传下来的，就有三本：一本是《新序》，这个据说是以古代故事进行讽谏，据说是给皇帝看的，虽然三十传里只剩下十卷；一本是《说苑》，也是一本故事集，有什么君道臣术建本立节权谋至公杂言辨物等，据说是给大伙看的；还有一本《列女传》（一名《古列女传》），可能是最早为女子立传的书，算是给女子看的。

一个在"独尊儒术"时代读穀梁春秋出身的经师，最终却把诸子给挖掘出来，一个在男尊女卑时代，女子低调低到尘埃里的时候的读书人，最终却搞了一本专门写给女子的书，的确够异端的了。尽管也许在刘向看来，他只是对古代世界进行重现。

不过，即使刘向大概也没有想到，真正让自董仲舒时代以来的经学体系瓦解崩颓的，并不是诸子，因为诸子后继无人，也没有人会再和儒家打口水仗了，也不是《列女传》这种书，毕竟这本书还是比较主旋律、正能量以至于人们认为是因为看不惯赵飞燕才写的，而是另一些儒家经典。那些经典长期被尘封在皇室秘府之中，直到刘向的儿子刘歆让它们重见天日。

40. 古经之争立

刘歆争立古经，是经学史上最大也是最传奇的公案。因为这场公案，惹得直到两千年后，还有一班专家学者，名宿硕儒一齐卷将进来，掐得昏天黑地。远的且不说了，只说近的——康有为，章太炎，顾颉刚，钱穆，哪个不是响当当的人物？这大概也是刘歆所始料未及的吧。

但是在刘歆开始请立古经的时候，大概也没想到会有这么大的波折吧。

如果说刘向是用《列女传》之类的著作，或从三十岁到七十岁，四十年如一日的上疏言灾异来表达自己，那么刘歆就是通过争立古经来实现自己的抱负，为了这个目的，他甚至不惜身陷政治旋涡。

刘向的一生，历经三朝。宣帝时，年轻的刘向因为献给朝廷一本神奇的魔法书，差点儿遭了大刑。元帝朝，中年的刘向因为提意见再次身陷大狱，被废为庶人。成帝朝，老年的刘向终于读到了所有能读到的书，在他花二十年时间整理图书的时候，朝政始终掌握在王家之手，大将军的位置，从王凤，到王音，到王商，到王根，最后到王莽。到王莽执政时，刘向终于走完了他皓首穷经的一生。他是一个真正的学者，坚持理想，不为所动，只求著书立说，说出自己想说的话。

刘歆的一生，历经四朝。成帝时，他因为王凤的打压，一直处于黄门郎襄校之类的位置，但也因此认识了此后能决定他一生的人物。哀帝朝，争立古文经失败，同时被贬黜，与他一起被贬黜的，还是那个将能决定他一生的人物。平帝朝，因为那个重要的人物，身居高位，实现了自己的抱负，推广古经，整理图书，修订历法，改定制度，当然，不可避免的，也深陷政治旋涡。最后一朝，在那个政治旋涡中不能自拔，在反戈一击失败后，终于身与名俱灭，留下的，是永远的古文经学。所以，也许准确地说，刘歆经历的只有一朝——那一朝，就是王莽。刘歆算不上一个纯粹的学者，尽管他本质上还是一个学者而根本没有政治家才有的那些素质，也尽管他的学问一点儿也不输于他的父亲。因为他的政治机缘，他成功地确立了古文经学的地位，但也因为他的政治机缘，他让自己有了无法抹掉的政治污点。这个政治污点，在两千年后，仍然被康有为们当成打击古文经学的把柄。

刘向和刘歆，你会选择哪一个？或者，你别无选择。有时候，机缘也是旋涡，有时候，旋涡也是机缘。年轻时候的刘向不知道十九岁时献上的那本魔法书，会决定他此后离经叛道的一生，而年轻时候的刘歆也不知道那个年轻的黄门郎，会让他的生命如此的波峰浪谷，不能自拔。祸兮福所倚，福兮祸所伏，正所谓时也，命也，运也。

但不管怎么说，哀帝初年时候，那个争立古经的刘歆，还是非常叫人感慨唏嘘的。

话说刘歆跟着父亲整理图书，因此发现了那些能颠覆整个经学的古书。这些古书，差不多能把五经翻了个遍。

先说《诗》吧。除了当时通行的本子之外，还发现了古文本的《毛诗》，其解释之新颖贴切，似乎比当时通行的各家各派都要强些。

再说《书》吧。除了当时那些残缺不全的篇章能补全外，还足足多出十六篇。不要小看这十六篇，要知道《尚书》对汉朝来说，都是整整一两千年之前的文献了，不是周朝初年的事，就是夏朝商朝的事，甚至是大禹治水时的东西。那么久远的东西，汉初要几个老头子才能凑得一篇，几十个老头子才凑得那么点儿，现在一下子多出了十六篇，还不够轰动？

再说《礼》吧。当时的《礼》只有十七篇，现在一下子多出了三十九篇，还不够轰动？再看看《周官》，上上下下的制度——官制，军制，教育，祭祀，刑罚等，这一切的制度，都能具体到所有的人员编制、职责内容、考核方法，你说厉不厉害。

再说《易》吧。虽说当时《易》也有很多家，但仍有一个古文的

《易》横空出世。与之相比,只有费氏《易》比较相近一点儿。

最后说《春秋》。公羊和穀梁们争了那么久,最后总算握手言和,各占一个席位。现在好了,出了个《左氏》,详细到令人发指,当小说看都绰绰有余,这要是放到同一个书架上,还有谁会再看《公羊》和《穀梁》?

所以刘歆看见这些书的心情,大约就和当年刘向看见《枕中鸿宝苑秘书》是一样一样的,只觉得有个神奇的世界在向自己打开。古文字,真的是通往古代世界的锁匙,可笑那些不通古文字的博士们,拘泥现成经文,抱残守缺,而不知经学中别有天地。

刘歆决定改变这种现状,教世人知道经学中别有天地。他向皇帝建议立古文经学的博士,其中包括《毛诗》、《左传》、《逸礼》、《周官》。

当时的汉哀帝,照例把这个要求下达给当时的博士,然后提议由两边展开一次辩论。

这本来是一个很正当的要求,之前的穀梁春秋也是这么立博士的,就有点儿像后世的博士论文答辩,老博士们在下面坐上一排,对新博士进行提问,答辩通过了,就立为博士。

但是这个要求,却被当时的博士们严词拒绝了,他们"不肯置对"。他们说现在的经文已经够了,先贤传下来的经学就是这些了,什么古文经学,我们听都没听到过,要是真有这种东西,为什么一直都没人提起过?这种荒谬的东西,怎么能和我们进行辩论呢?就好比说,你连进行论文答辩的资格都没有。

刘歆这下生气了。于是他写了篇著名的文章《移让太常博士书》,指责那些博士们。什么叫移,移就是你们看看,你们看看你们干的好事!什么叫让,让就是指责,就是瞧你们那德行,你们也配称为博士!

今古文大战的序幕拉开了。

41. 挑战者刘歆

《移让太常博士书》这篇文章作于哀帝建平元年,离哀帝继位有九个月的时间，距离王莽离开相位半年的时间。

老实说，这个时间并不算好。

如果早上一年，以他和王莽的关系，以王氏权柄之盛，说不定不至于闹得这般厉害，也说不定就会出现宣帝朝石渠阁的旧事。

但话又说回来了，再早上一年，刘歆那爱提意见的爹地还在世，而且还在提意见，而且还让王家人——除了王莽之外——都很不爽，而且王莽也才三十八岁，对于刘歆争立古经来说，似乎也不算是很好的时机。

接下来，王莽继大司马之位后才四个月，成帝就去世了，新旧交接总得有点儿时间吧，刘歆那爱提意见的爹地也在这时去世，为爹地守守孝也得点儿时间吧，似乎都不是瞎折腾的时间。哀帝继位之初，王莽就举荐刘歆领五经，打好基础，也得花点儿时间吧，然后再过三个月，王莽又离开相位，应对新的形势，又得花点儿时间吧。结果这里里外外一折腾，一年就过去了。

但是似乎也不是太坏的时间。

如果晚上一年，这时傅氏丁氏之势已成，再加上董贤那个哀帝的好基友，说不定一不小心会给整得更惨。

所以这时，虽然刘歆孤立无援，但朝中大臣，是师丹、孔光这些被称为贤臣的人。而哀帝，虽然多年后，给了一个很可怜兮兮的谥号，这时，也全没有"哀"的意思，在王家人支持之下登基之后，颇有甩开王家，大干一场，中兴汉室的气象，所以看上去还比较英明的哀帝，大约也多少会维护一下刘歆，虽然几本经书的争立，哀帝应该不会太放在心上。而看上去比较贤良的师丹呢，也不至于对刘歆下狠手，虽然师丹在这场斗争中，算是站在刘歆的对立面。

最后的结果也的确是这样。

刘歆请立古经，哀帝让博士们商量个时间，搞个答辩什么的。博士们不答应，刘歆下战书，惹得不仅博士们很生气，连师丹也上书说刘歆"改乱旧章，非毁先帝所立"。什么意思？就是说刘歆搞修正主义，否定先帝的成绩，想走邪路，是根本性的路线错误。这是很严重的问题，那么刘歆这封战书，都有些什么内容呢？

主要有三个内容。

第一个内容，是说诗书礼乐的传承。

这个传承和今文经学一开始就大相径庭。今文经学里，孔子一手编写了六经，就连《春秋》这种史书，也在字里行间隐藏了一个天大秘密，而那个秘密的价值，远在那本史书之上，就好像金庸武侠小说中讲的在《楞伽经》里藏着更为值钱的《九阳神功》一样。而刘歆的说法则是，这些礼乐什么的，都是三代之制的东西，到了孔子时候，礼坏乐崩，孔子看见了觉得不行了，所以就把这些礼乐记录下来，具体地说，修订了《周易》，给《尚书》作序，又写了《春秋》，都是为了传承帝王之道。

到孔子和七十二贤人都死了后，就没什么人继承这些了，再加上战国时代，大家都追求短期效应，兵书远比礼乐有用，所以就不仅是礼坏乐崩，简直就是变文明为野蛮，成了一个道德沦丧的时代。再等到秦始皇焚书坑儒，禁止言论，禁止藏书，道术就此消灭。

这也和今文经学颇有出入，因为在今文经学，所有的经文以及所有的流派，都是代代相传，从来没有中断过，更无所谓消灭。

第二个内容，是说这些古书的来历。

刘歆首次披露了孔鲋藏书，鲁恭王强拆，孔安国献书，因为巫蛊之祸这些书没有重见天日，直到现在才被整理出来。

为了增加自己的说服力，刘歆还增加了几个证据。一是汉朝立国之后，开国功臣都是些大老粗，如周勃灌婴都是些武夫，根本不重视文化，汉初那多年，朝廷只有贾谊一个儒生，这种情况，哪能指望古书能得到发扬呢？二是到汉文帝时才除掉挟书律，而这之前，有意无意地继承了秦朝禁止藏书的规定，又怎么指望能有完整的经书呢？三是到汉武帝时期，开始重视儒术，但那些人都不能记得完整的一部经书，拼凑起来才能把经书勉强弄明白。

这第二个内容，无疑是在把那些博士的六经传承摒弃之后，指出了另一条经学传承通道，那就是从孔鲋到孔安国的古经。

第三个内容，是指责博士们抱残守缺，闭目塞听。

比如说博士们烦琐无比，只知道在一个字两个字上下功夫，一辈子连一本经都搞不完。比如说博士们孤陋寡闻，只知道记住老师说的几句话，而弃古书于不顾，等真正要他们做点儿事情，封禅、巡狩、辟雍的礼仪什么，一个个的茫然无知。比如说博士们私心太重，为了自己的威望和利益，不惜牺牲阻碍其他儒家学说的传播，不仅古文经学，而且连鲁国桓公、赵国贯公、胶东庸生的学说，也都遭到了他们的抵制。比如说博士们违背圣上的意思，虽然古经难得，是天大的好事，但圣上本着公心，考虑到博士们的身份，还是认为要让博士们搞搞答辩，结果博士们连答辩的机会都不给。

第四个内容，是说古经应该立。

理由有三个。一是这些古经的来历，都是说得清的，也是有证据的，先帝都知道，这么好的东西怎么能继续让它埋没而消失呢？二是礼失还要求诸野，现在古经比求诸野，总要好得多。三是以前宣帝的时候，也曾经立了穀梁春秋、梁丘易、大小夏侯尚书，虽然和公羊春秋什么的不太一样，但何妨并存呢？何必有你没我，有我没你呢？

老实说，这封战书虽然口气很是激愤，但话还算是实话。可常言说得好，打人不打脸，骂人不揭短，你把那些高高在上的专家教授学术权威们，说成最无情、最无耻、最无理取闹，外加最无知、最无识、最不可理喻的一群人，你让那些追随他们的几千博士弟子情何以堪？你简直是想让他们身败名裂嘛！你说博士们怎么能不生气，怎么能不愤怒，怎么能不怒从心头起，恶向胆边生？

所以刘歆只剩下一个结果，就是离开京城，就是被赶得远远的，这还是在哀帝怜惜人才难得、为之辩解的情况下。

42. 时来天地皆同力

"时来天地皆同力，运去英雄不自由"，这句诗用来说刘歆，也是最恰当不过的了。

他爹刘向，一生三起三落啊，一会儿进了牢，一会儿又出来了，一会儿又进去了，一会儿又出来了。不过除此之外，也没有怎样的惊心动魄过。最惊人的成绩，要数整理皇家图书馆的图书了。

而刘歆甫一出场，就是大手笔，一下子吸引了大多数读书人的眼球。唯一能与之抢镜的，大概也只有他那个神一样的搭档王莽了。

建平元年，就是哀帝第一个年号的第一年，刘歆做了三件大事，件件都出手不凡。

第一件是争立古经。在有汉一代，它的影响力，只有当年董仲舒请立五经博士能与之相比，而其力度，则或过之。因为董仲舒时代，请立五经博士唯一的阻力就是当时的百家博士，漫说那帮百家博士已经式微，即使还在，也只不过是皇帝的亲从顾问。但刘歆的时代，站在他对立面的今文博士们，弟子数千，上至公卿，下至平民，呼朋引类，根深叶茂，又岂是区区一刘歆能撼得动的？虽然刘歆只是请求今古文并立，但谁都知道，如果古文大盛，愿意学今文的学生就少了，甚至没有了，有现榨的果汁可喝，谁还愿意喝那来历不明成分不清后果不知的八成是勾兑出来的所谓果汁呢？而后来的经学发展，也证明了这点。

第二件是写信骂太常博士。这就好比在网上写公开信，攻击国家全部的学术权威。可能比这还严重。因为这些学术，是治国的方略，是作为国家指导思想的意识形态。

第三件，则是改名刘秀。

有同学就问了，你说的是后汉的那个光武帝刘秀吗？不是一个人吧？不会真的是一个人吧？

你答对了，他们的确不是一个人。

那么刘歆为嘛要改名刘秀呢？难道他以一代大儒的身份，学问大到了能预见未来，知道后世有一个叫刘秀的要当真命天子，先取个相同的名字，以取得惊喜的效果？

当然不是。跟皇帝撞衫——比如穿个龙袍——的结果是大逆不道，跟皇帝同名的结果也只有一个，那就是马上改名，而绝对不会被皇帝请进宫里。

有一种说法是，刘歆这时看到了一本书，一本叫作《河图赤伏符》的书，上面有四句话："刘秀发兵捕不道，卯金修德为天子；四夷云集龙斗野，四七之际火为主"，所以干脆改名刘秀，兴许将来也能当个皇帝玩玩。

这个说法有几个问题。第一是刘歆真的萌生了当皇帝的念头吗？这时正是哀帝时期，王家力量正被打压，一无流寇二无藩镇三无外敌，汉朝没有任何要马上玩儿完的迹象，又不是什么乱世，怎么忽然会有这种大逆不道的想法？第二哀帝这时也还没有成为"哀帝"，虽然宫内已经是基情无限，但正当壮年，也没听说基情无限就能亡国丧身的，何况哀帝感情还是很专一的，治国也算是比较用心的，并非荒淫无道之主。第三刘歆这时正得罪了博士们，被排挤出朝廷，而且一介书生，无拳无勇，拿什么做皇帝？拿什么"发兵捕不道"？第四，改个皇帝的名字，真要让皇帝知道了，那可是掉脑袋的事情。第五，即使汉朝真的德衰，要易姓换主人了，论声望，论权势，也只有王莽有这个资格，当然，即使王莽在这时也都没有资格，因为已经被免职了。

那么刘歆为什么要改名呢？而且在刚刚挑战过博士们之后改名呢？

答案很简单，因为汉哀帝的名字叫作刘欣，虽然此欣非彼歆，但喊起来是一样一样的，人家喊刘歆，别人就能听成刘欣，所以不但欣字要写成"喜"字，歆也得改成别的字。就好比汉宣帝刘询当皇帝，荀子就变成了"孙子"一样——可怜的娃，比刘询大了好几百岁，就因为人家是皇帝，结果成了孙子。

总之，刘歆在刘欣当皇帝之后，是确定一定以及肯定得改名字的，至于为什么会改成刘秀而不是别的什么，就不知道了。至于《河图赤伏符》那类神神道道的东西，这时的确也有，但肯定不及平帝、王莽或后汉时期那么厉害。

兴许是为了冲冲喜吧。但似乎也没有把坏运气冲走，接着刘歆连地方官都没得当，被免职了。

这是刘歆"运去英雄不自由"的阶段。

接下来，就是"时来天地皆同力"的戏码了。

其实免职不算什么，看看哀帝时的朝政，看看站在刘歆对立面的师丹，代替王莽成为大司马，因为提出限田限奴的主张，以及得罪了傅太后丁太后，不也被免为庶人了吗？再看看师丹的同路人孔光——孔子后人——大丞相，同样得罪了傅太后被免为庶人。

这两位还算好的，孔光后来又被哀帝启用，而师丹也被王莽启用。再看弹劾孔光，挤走孔光，代替孔光的朱博，大丞相，因为弹劾傅喜而下狱自杀。

所以说免职不算什么，留得青山在，不怕没柴烧。免职只不过是暂时的，只要项上人头还在，希望就在。别说免职，就是进了牛棚又如何呢？"总为浮云能蔽日"，也要相信浮云不可能总蔽日，活下来，才是最大的希望。朱博为啥一定要自杀呢？你看师丹孔光，住了几年干校，当了几年老九，不又走上了领导岗位了吗？

当然，朱博之所以自杀，也是因为他的靠山傅太后，实在不足以托付，虽然朱博也算是清廉正直，口碑不坏。而哀帝刘欣的好基友，朱博之后为丞相的董贤，虽然选择了一个真正靠得住的靠山，可谁知刘欣实在是个短命鬼。可怜了一对好基友，没能一辈子在一起，空做了刀下之鬼。

刘歆就不一样了，他活过了那个刘欣，更重要的是，刘歆命中的贵人——王莽，也活过了那个刘欣。而且更更重要的是，王莽的姑母，王政君，活过了汉元帝，汉成帝，还活过了哀帝，这个老之又老的太皇太后，为王莽——也许还有刘歆——保驾护航，迎来了新的机遇。

正所谓"时来天地皆同力"，又有什么好运气能比得上你的对手统统短命，而你的朋友统统长命呢？

第五章　古文真伪　周礼治国

43. 穿越者王莽

神一样的开始，神经病一样的结束，这或许是对王莽一生最好的判词。

后人很喜欢把王莽的一生，截然分成两段。前半截是道德楷模，圣人复生，后半截是窃国大盗，祸国殃民。

后来大概是觉得这两个半截无论如何也难以统一到一个人身上，所以索性就把前面的那半截称之为"伪"，王莽就是个"伪君子"，所谓"周公恐惧流言日，王莽谦恭未篡时。向使当初身便死，一生真伪复谁知？"

唉，都是些喜欢以成败论英雄的家伙，却不知判断一个人的真伪，并不是看他行为导致的结果，而是更要看行为的本身、行为的一致性。

要说王莽恭敬节俭，礼贤下士是为了谋朝篡位，那么等到他篡位成功了，目的达到了，都做了皇帝了，总该原形毕露，总该好好享受享受了吧？历史上为了当皇帝而虚伪，当了皇帝之后原形毕露的也有，比如隋炀帝杨广。可人家并不，人家当了皇帝之后，还是和原来一模一样，为国家，为事业鞠躬尽瘁，任劳任怨。

当然，在当上皇帝之前，王莽的确是用了点儿心思，但那些心思，对于一个政治家来说，实在只是点儿皮毛。

比如把竞争对手淳于长封官许愿、与皇后私通之类的恶迹告诉大司马王根。但眼看着这么一个品行不端的人要当上大司马，而自己却无动于衷，也太不合情理吧？自己可以放弃，但是儒家的理想能放弃吗？

或者比如王莽在平帝死掉之后，选了个两岁的刘婴当皇帝，以便控制朝政。但想想王莽现在的地位，退则前功尽弃，甚至可能身家不保。王莽毕竟在哀帝时有过被废的经历，幸而丁太后、傅太后和皇帝刘欣三个人都是短命鬼而姑母王政君则是老寿星，否则还真不知道有没有机会东山再起。而且此一时彼一时，那时王莽掌权才几个月，尚且被废，现在功高震主，世人只知道安汉公而不知道皇帝是哪个，选个成年知事的皇帝，能得善终才怪。王莽是以周公为榜样的，连周公都有"恐惧流言日"，何况王莽。所以王莽选刘婴，也是事出必然，还是那句话，自己死了不打紧，自己死了，奈苍生何？儒家的理想怎么办？

还比如汉平帝的死，后人说是王莽弄的，而那个"愿以身代"的许诺，当然也是典型的"伪君子"行为。可班固的《汉书》里，无论是平帝纪，还是元后传，还是王莽传，还是翟义传，都没有记录，班固似乎没必要为王莽讳什么。何况汉朝后来几个皇帝，就没有几个不短命的，平帝本身也是常年多病。后来那些反王莽者借个题目做的文章，似乎并不应该当成王莽"伪君子"的证据。再看看刘婴，"禅让"给王莽之后，也并没有像后世的"禅让"者一样，被自杀了，而是一直活得好好的，直到被后来的更始皇帝刘玄攻击后，死于乱军——跟王莽一毛钱关系也没有。从王莽开创"禅让"史以来，"禅让"者不被清算的，似乎除了刘婴外，只有宋朝的柴氏，以及大清国的末代皇帝溥仪等少数几人。

既然王莽不是伪君子，那他又是什么样的人呢？

如果说杨广当皇帝，是为了自己的欲望——物欲，征服欲，那么王莽自然也有自己的欲望，那就是"乌托邦欲"。

算起来王莽是一位理想主义者，而且还是一位社会主义者。

这两个词儿听起来很时尚、很摩登，但的确如此。不仅王莽如此，早期那些知名的大儒们，可以说多数都是理想主义者兼社会主义者，不信可以看看《礼运大同篇》，或者是孟子并于井田制的篇章，甚至直到两千年后，最后一个今文经学大师康有为那本对几十年后的中国造成了翻天覆地而且致命影响的《大同书》。

但就像大多数理想主义政治家一样，他们都有着不可思议的两面：一方面，他们的政治才能异常出色，他们知道如何获得声名，知道如何掌握权力，知道如何开创自己的事业，并且为之不择手段又百折不回，在这时他们看上去极为实际极为聪明，甚至还极为冷血；但另一方面，他们对他们心里的乌托邦理想极为痴迷，极为自信，从不怀疑，从不放弃，哪怕所有的人都离他们而去，他们也绝不妥协，哪怕生灵涂炭，哪怕玉石俱焚，在这时他们看上去又极为狂热极为偏执，甚至还极为愚蠢。

所以无论是早期的生活简朴、清净检点、勤奋好学，还是中期的礼贤下士、清廉公正、仗义疏财，还是后期的一意孤行、刚愎自用、民不聊生，无论是侍奉叔伯小心周到的时候，还是身居相位推行恩惠的时候，还是当皇帝后进行乌托邦公有制实验的时候，他都是那个王莽。

甚至还可以那么说吧，王莽和周公的区别，也许并不是什么"向使当初身便死，一生真伪复谁知"，他们的区别，也许只是时代。

如果王莽生在周公的时代，他其实大可以从容地进行他的乌托邦实验，因为井田那种土地国有的制度在周朝初年，并不是一个落后的制度，甚至是一个很先进的东西。而山泽盐铁之类的，本来也的确就是国有，因为私有化的大潮，要到几百年之后，才会到来。废奴啊、节制资本啊，也大可不必去做，因为周朝初年的封建时代，资本家和市场经济还没有出现呢，没有市场经济，哪来的大规模奴隶买卖，那个时代，只有贵族，国人，和野人。货币搞点儿改革也无关紧要，因为那年头谁还用货币啊？至于跟四夷玩的那些夷夏之防的游戏，更不打紧，那年头四夷还是被征服的对象而不是被统战的对象。而假如王莽生在周公的时代，他也许也用不着为了上位而机关算尽了，因为在那个投胎是第一生产力的时代，是你的就是你的，不求也是你的；不是你的就不是你的，求也求不来。

王莽生得太迟了，就像很多年之后，王莽本家一个叫王安石的人，也许是生得太早了。宋朝的经济的确已经到了近代社会的前夜，可那个时代，全世界还在沉睡，文明社会还将在野蛮民族的铁蹄之下匍匐七百年，直到冷兵器时代过去。他那套类似"凯恩斯主义"的改革，只有千年后的人，才能理解。

当然，王莽也许同样是生得太早，因为他的公有制实验，即使到两千年后，也并非没有实践的机会，以至于有人甚至怀疑王莽就是一个穿越者，一个有着现代人平等意识，以至于无法接受他儿子打死奴隶而逼其自杀，同时又有着现代人公有制思想，以至于无论如何也认为公有制比私有制优越，同时还有着现代人货币观念，以至于认为将商品货币变成信用货币更符合发展的穿越者。当然，王莽的悲剧也证明了，现在流行的那些个穿越小说，也只可能是小说而已。

不过，如果把王莽是否是穿越者的问题再放一放，回头看一看汉代今文经学大盛之后的社会风气流变，就知道王莽，并没有来得太早，也没有生得太迟，而恰恰是经学时代的产物，同时还是时代的弄潮儿呢。

44. 社会风气之流变

如果说秦皇一生做了两件大事：一件是灭六国，一件是消灭旧文化；那么汉武也可以说，他一生就做了两件大事：一件是打败匈奴，一件是设五经博士。

这第一件，固然让后世的爱国青年兴奋不已，但在当时，它却带来了一些坏的影响。第一个坏影响是天下虚耗，户口减半，要知道，这是在和平统一的年代，国内人口大量下降啊。第二个坏影响是汉初八十年经济增长不见了，经济下滑，民生凋敝，中产阶级破产者十之八九。第三个坏影响是树立了一个大政府的模式——战争从来都是权力扩张的良机，从此将市场经济完全置于政府管控之下，不仅没有消弭汉初自由主义经济带来的两极分化，反而因为权力对资本的收编，造成了一个权贵阶层，土地兼并、两极分化以及畜奴制度日益严重。

当然，这几个坏影响，不能绝对归之于对匈奴的战争——没有对匈奴的战争，刘野猪还可以开西域，还可以打朝鲜、打西南夷嘛，而且战争也只是政府财政开支的一个方面，从中央到地方的大兴土木同样耗费惊人。但是，这几个坏影响，却在汉武以后的社会空气里，造就了一种"汉朝快要不行了"的言论。简单说，就是"汉朝崩溃论"。虽然汉朝崩溃论喊了五十年，也没见得崩溃了，但是崩溃论喊得久了，就总会有应验的时候吧，自古无不亡之国、无不败之家嘛。

这第二件，也有几个——据说是好影响。第一个好影响，是平民教育大兴，伴随着五经博士的是庠序之教，整个社会学习诗书成了一种风气，战国兴起的被秦朝中断的平民教育，现在终于在国家的推动下迎来了一个大的发展；第二个好影响，文官政府的实现，用察举征辟代替军功爵制，而察举制的主要考察目标，一是对五经熟不熟，二是言行和口碑好不好，从而让"学而优则仕"，从古人的一个梦想，变成了汉代的一种现实；第三个好影响，则是儒家学说从此变成唯一的显学，虽然这个儒家已经有点儿像儒道阴阳的大拼盘，但是毕竟基本还是儒家啊，被秦皇刨坑埋过的儒家，终于有机会来填它的史上巨坑——王道梦想了。

好影响和坏影响碰到一起会发生什么呢？谁也不知道会发生什么。汉代的人也不知道。他们只是在社会风气的流变中等待着，等待着，等待着发生点儿什么。

社会风气的流变当然也与这几种影响有关。

第一个流变，就是灾异论的兴起。

虽然董老儿因为谈辽东高庙的灾异而差点儿身家性命不保，从此不谈灾异。但是，读董老儿的学说，又怎么可能不谈灾异呢？天人感应啊，一个相信天人感应的同学，一个还有着正常人类好奇心的孩子，遇见了西北大震、西南大水、京师大雨或漠北星坠之类的奇异现象，又怎么可能不问个究竟，又怎么可能不想一想，这究竟预示着什么呢？

虽然有不止一个人，也不止两个人，眭弘，盖宽饶，翟方进，都是这个灾异论的牺牲品，但是这无法阻止人们继续谈论灾异。一旦有异常情况——这么大的一个帝国怎么可能没点儿异常情况——就总有那么些人会议论纷纷，无非就是大汉朝快不行了，总之，都是汉朝崩溃论那一套。

这个灾异论一直发展到前汉末年谶纬流行。也可以这么说吧，董老儿引起的阴阳学说，到这时终于开花结果，方士和儒生合二为一，不分彼此了。

第二个风气的流变，就是复古之风。

儒家要复古，这是秦皇和李斯们就知道的，而儒家最拿手的本领就是以古非今，也是秦皇和李斯们最为头痛的。因为你无法仅靠辩论战胜他们，他们的道理总是比你的多，他们的调子总是比你的高，你无法证明他们说的古代，只是出于他们的一种想象，因为经典里都是这么说的。所以，唯一的办法，就是刨坑埋了，同时把那些经典都烧了。

现在秦皇和李斯们终于作古，终于让他们有机会尽情地以古非今。虽然董老儿算是与时俱进，而且董老儿的学说，也是说孔子托古改制，古代只是一个依托，关键是为后世立法，但是只要这个口子一开，复古之风，是无法阻挡的。虽然刘野猪用儒家，只是搞些排场，做些文章，身边都是些所谓文学之士，骨子里还是桑弘羊那一套。虽然汉宣帝也是王霸道杂用，对太子只信儒家非常不喜欢，但历史证明，儒家欠的只是一个机会——别忘了当年丞相吕不韦的后院，就已经被儒家演变得差不多了，秦国可是法家的大本营啊。

为什么会这样？因为儒家在当时宣扬的是一种普世价值——仁爱呀，礼仪呀，节义啊，诚信呀，智慧呀，王道呀，民本呀，等等。普世价值是一种能直达人心的东西，就像数学里的公理，几乎无须证明，任何人都无法否认它的存在。

结果就是儒家的影响一天天地大起来，而复古之风也一天天地烈起来。什么郊祀，什么明堂、辟雍，又是什么把大将军改成大司马，把丞相改成大司徒，到了王莽第二次回到相位，平帝元始二年的时候，魏相提议过的以周礼设官，也就正式浮出水面，而刘歆也很荣幸地做了第一任羲和官。这个官名非常地装逼，不仅好看、好听，还很有神话色彩，是帝俊之妻，也是日之御者。

第三个风气的流变，就是禅让的神话。

禅让本是墨家"尚贤"学说的产物，结果被儒家发扬光大，搞得好像中国古代真的有过那种选贤任能的制度一样。但是在已知的信史里，除了燕国搞过一次结果差点儿亡国之外，又的确没有真正实行过，王位要么世袭，要么政变，要么倾覆。

可儒家就是相信禅让可以有、必须有，因为这是一个美好的制度。哪怕眭弘因为上书给汉朝皇帝，希望他从民间选一个贤人进行禅让，从而掉了脑袋，但后世的儒生们还是固执地相信，汉朝就要崩溃了，要想让老百姓好，必须禅让。

第四个风气的流变，就是社会改造的梦想。

无论是董老儿的三代改制王道论，还是盐铁大辩论时贤良文学的那些论调，都能看出儒生们是不甘心于对社会修修补补，或者甘心于财政的些许改善的，他们有更高远的理想，那就是他们心里的王道。用一句时髦的话，他们赞成"顶层设计"。而对比当时的现实，土地兼并、两极分化、奴婢买卖，也更激荡着他们的社会改造之心。

明白了这几个风气流变，也就明白了为什么会有王莽的出现了，王莽不是一个欺世盗名者，他恰恰是那个能完成儒家理想的人——至少在当时看起来是那样。他把灾异论推向高潮，他"发得周礼"，并且一切效仿周礼，他开了中国禅让史的先河，他完成了"顶层设计"，他是时代的产物。或者可以那么说吧，王莽正是人们选择的结果，如果当时有选票，王莽一定能高票当选，虽然很多年后，王莽身败名裂，那些人不承认自己的选择，而说是王莽欺骗了世人，却不知王莽到底欺骗了他们什么，王莽给的，不正是他们想要的吗？

那么王莽又是怎么发得周礼的呢？

45. 换个角度看王莽

世界是什么样子，常常源于我们对世界的解释，乐观者有乐观者的解释，悲观者有悲观者的解释，阔人有阔人的解释，屌丝有屌丝的解释，男性视角，女性视角，左左右右们，都各自不同。而我们会是什么样子，也常常源于我们对自己的解释，听说所谓的成功人士，最最与众不同的一点，就是他们不论经历过多少挫折，也从不会怀疑自己能够成功。

所以同样的行为，从不同的角度看过去，也许会有完全不同的结果。

比如从后世的马后炮道德家，或方苞、康有为这些怀疑论的角度来看，王莽显然是个伪君子，他的所作所为无一不伪。

上台之前，他一个高干子弟，礼贤下士，清廉俭朴，那是为了沽名钓誉；上台之后，他振危济困，广求贤士，那是为了政治作秀。称帝之后，他搞土地国有、公有制改革，那是为了什么呢？不知道。所以方苞、康有为们一会儿又说，他是被《周官》那本书愚弄了；一会儿又说，《周官》那本书是为了给他的那些施政提供理论依据而进行伪造的。所以伪君子王莽之外，还得加上一个假书专业户刘歆。

可是动机啊动机，伪君子也得有伪君子的动机。世上的伪君子，都是当面一套背后一套的，沽名钓誉，政治作秀之后，背地里总该骄奢淫逸、男盗女娼吧？可王莽没有，他难道沽名钓誉、政治作秀的目的，就是为了放着大好的太平皇帝不做，非得自寻死路，把一个吏民曾经为其上书者"四十八万七千五百七十二人"的好口碑亲手葬送，以至于身败名裂？世上的伪君子也没有傻子，如果王莽明知道刘歆在为他提供理论依据而进行伪造，还会一意孤行地按那书的指示胡搞一气？欲练神功挥刀自宫是不假，可假如明知道那本书是骗骗外人的，还会挥刀自宫玩儿？

所以这个解释有硬伤，硬伤就是王莽的动机。当然，你要说王莽是一个真君子吧，也有无法回避的硬伤。其一是前期的智商超高，后期的智商超低，似乎不是一个人；其二是不近人情，要说让自己妻子穿得寒酸，以至于客人把她当成仆人比较过分的话，王莽的三个儿子都是被王莽所杀或逼得自杀——虎毒不食子啊！所以如果王莽真的是一个理想主义者的话，为了这个乌托邦他可真够下血本的。

再比如从穿越爱好者的角度来看吧，王莽又是无一事不穿越。

比如善于作秀，善打民意牌，这是现代政治家的首要素质。不过在古代嘛，反而不是那么重要。比如施政匪夷所思，不仅空前，而且几乎绝后——如果不算两千年后的另一场乌托邦实验的话。而且最最有穿越者嫌疑的，还是他上位之后几大措施。

第一，土地国有化改革，平均地权。规定所有的土地收归国有，称为王田，禁止买卖。同时，男口不足八人而土地超过一井（九百亩）的人家，把多出的土地分给九族、邻里、乡党，无田者按一夫百亩的制度受田。这一条就非常穿越。土地改革是"二战"之后很多后发达国家实现经济起飞的发动机。不过如果真是穿越者，就应该知道，这些国家的土地改革之所以成功，要么是国家本身有很多资金，足以购买地主多余的土地用于分配，要么是靠强大的国家机器强制征收，而王莽两者都没有，就想让田地超标的自动放弃土地，难道让那些土地超标的官员去执行这个政策？这就好比要求公布所有人包括官员的财产，并且将多出平均资产十倍的部分全部捐献给穷人，而且要靠官员来执行。

第二，工商业全面控制，节制资本，平抑物价。涉及国计民生的制造业，包括盐，铁，各种矿产，甚至包括酒，都由国家专营。而商业，则由国家进行调节，物资价格过低，由国家收购，以抬高物价。物资价格过高，由政府抛售，以降低物价。这是一种以公有制为主体，对市场经济进行全面控制的工商业改革。看上去很穿越，但如果真是穿越者，显然还是一个缺乏历史知识及经济学知识的穿越者，因为不管看上去初衷与刘野猪多么不同，结果还是一样，就是与民争利，并导致工商业破产。

第三，冻结奴婢制度，以逐步废奴。除了王莽自己儿子因为杀奴而死，王莽还用法令规定，禁止奴婢买卖，所有奴婢改为私属。等到这些奴婢逐渐减少，奴婢制度就会消失。这个同样穿越，说明王莽除了充满了类似现代人的对蓄奴制不满外，也注意到了要渐进改革，逐渐达到废奴的目的，当然事实说明，他的废奴条令，也渐渐成为一纸具文。

第四，全面货币改革，变商品货币为信用货币。信用货币在古代并非完全行不通，比如宋代就搞过，但王莽显然"穿"得太早，几条都不满足。第一要顺其自然，比如宋代的交子实际上是经济发达后货币不足，由商人自己发明的办法，再由国家承认并规范。王莽时代虽然经济也比较发达，但较宋则远不及。第二要简单明白，尤其不能朝令夕改，宋代交子品类较少，王莽先用刀币，后又废刀币，用所谓宝货，六种二十八品，没有人记得清怎么换算。第三要做好防伪，宋代造纸术、印刷术均发达，纸币的防伪比金属容易，"楮皮"川纸专门用于印钞，不准民间采购，图案用"屋木人物"组成，外做花纹边框，图形复杂，加上"辅户押字，各自隐秘题号，先墨间结"，再用红、蓝、黑等色，套印花纹图案及官方印章，王莽时代连造纸术都刚刚起步，尚未经蔡伦改进，哪有那个条件？几件加在一起，王莽除了天天派人抓盗铸者，毫无办法，但盗铸那么容易，把几个五铢钱熔了铸成错刀，拿出去换成五铢钱，再熔再换，比摇钱树还要厉害，哪儿是靠法令就能禁止得了的？结果自然是恶性通货膨胀，恶性通货膨胀一来，崩溃还不是分分钟的事儿？

  还有第五，政府发放贷款，全面打击民间高利贷。比如是丧葬或祭祀需要，贷款免息，到期归还本金就可以。如果从事农业或商业经营，则收岁息百分之十，或月息百分之三。这个想法相当超前，当然如果真是穿越者，看到后世王安石青苗法的后果，就知道这个同样是看上去很美了，因为有归还能力的常常不用贷款，需要做贷款的常常没有归还能力。结果只能用法令刑罚，欠钱不还的抓起来做苦力，先君子后小人，当然是天怨人怒。

  还有第六，征收所得税。从事开采、制造、商业或服务业等，都自行申报利润所得，取纯利润十分之一，为所得税。这个还是很穿越，据说王莽还是世界上最早的所得税征收者，比西洋鬼子早了一千七百多年。当然，超前者的命运都是不太好的，因为所得税自行申报，在技术上非常不可行，结果还是靠法令刑罚，自然又是搞得天怨人怒。

  所以从穿越爱好者的角度，王莽怎么看怎么都像一个失败的穿越者。当然这个解释也有硬伤，硬伤就是大凡穿越者，都要急于证明自己有比古人更多的科学知识，大搞其古代的工业革命，这个王莽还真的没搞过。也许，一个缺乏历史知识缺乏经济学知识而又迷信公有制的穿越者，缺乏科学知识也是有可能的。

  不过，如果从经学家的角度来看，王莽的行为，又是无一不符合周礼的，甚至包括那些看上去非常匪夷所思的施政。

有同学说了，那怎么可能？是的，不仅可能，还就是这样。

46. 春秋大义到周礼治国

中国历史上有三次从春秋大义到周礼治国的历程。

第一次就是从董仲舒的《春秋》微言大义到王莽以周礼治国——当然，那时应该还叫《周官》。

王莽几乎事事都依"周礼"。

因为周公居摄，行天子事，所以他也居摄，行天子事。

因为周钱有子母相权，所以当今怎么可能只用一种铜钱呢？一定得有大钱。此外，周朝用过的其他货币，什么金银龟贝钱布，能用的都得用上。

因为周朝只有九州——西汉比周朝多出很多版图早就是十二州了，所以现在也应该是九州。

因为周朝只有五种爵位——秦朝到西汉有二十等爵，所以现在也应该是五种爵位。

因为周朝有成百上千的诸侯，所以当今也应该有，当然应该追封，一次封数百人也未尝不可。

因为周朝有九卿，二十七大夫，八十一元士，所以当今也应该用。

因为周朝土地国有，一夫百亩所以当今也应该把田地全部重新分配，多的人应该把土地让给少的人。

因为周朝有五均赊贷之政，山泽为国有，所以当今也应该有五均六筦，盐铁山泽为国有，并由国家进行社会重分配，损富济贫。

周公时候，天下诸侯成百上千，而"王"只有一个，那就是周天子。四夷尤其不能称"王"，像南方的楚国，自己称自己为"王"，那都是不应该的，应该谴责和讨伐的，"普天之下，莫非王土"嘛。那么匈奴西域那些怎么能自称"王"呢？以前给他们的王印，全部收回，改成侯印——想要王印？没门儿！哪怕因此与匈奴发生战争，让西域背叛也在所不惜。

官职就不用说了。羲和之后，各种官职都有，什么作士、秩宗、典乐、共工、予虞、司中、太御、太卫、奋武、军正，什么卒正、连率、大尹、司允、司直、司若、列、司恭、司从、司明、司聪、司睿。

制度就更不用说了，连分封制都想恢复周制，"诸公一国，有众万户，土方百里。侯伯一国，众户五千，土方七十里。子男一测，众户二千有五百，土方五十里"。

面对灾难怎么办呢，周朝"国有大灾，则哭以厌之"，所以王莽知道造反者快要打到长安，也是用向天哭诉的办法来退兵。

第二次是五胡之后。北方经学复兴，先是毛诗左传之类，渐渐到北周宇文泰——当然那时应该叫西魏——也开始了周礼治国的历程。比如以周礼设立了后世影响深远的六部，以周礼制定朝廷各种礼仪，连他儿子后来的国号，都是北周。其遗风影响了隋、唐两代，直到武则天和唐明皇，还在推崇周礼，比如以周礼设官，或以周礼修《唐六典》。

第三次则是北宋。儒学复兴，开始《春秋》学也是大兴，胡瑗范仲淹欧阳修都很喜欢这个，春秋大义，然后到了王安石，很不喜欢《春秋》，说《春秋》是断烂朝报。什么是断烂朝报？就是缺张少页的报头报尾。缺张少页的报头报尾有啥微言大义的？有啥好猜来猜去的？然后王安石又要以周礼治国，《春秋》不列于学官，从教材里除掉，而亲手为周礼著书，名为《周官新义》，而其变法，也多从周礼中寻找依据。周礼好啊，"一部《周礼》，理财居其半"。

从春秋大义到周礼治国很好理解。王安石的"断烂朝报"论很能说明问题。

因为第一，春秋大义太难理解。从孔门弟子传到董仲舒，也有十几代了吧，可除了董仲舒还有谁能从区区一本书里看出那么多的"微言大义"来？我左看右看上看下看，孔子的心思还真难猜。

春秋笔法当然也很难明白。体制内人士恐怕很多都有过从不会写公文到学会写公文的艰难历程，一开始就是不明白为什么那个词要那么写，到后来就知道为什么要那么写了，但具体为什么，也未必能说出来。而体制外的同学们，恐怕还有很多人对着一号文件之类的公文，或茫然而浑不可解，或一概斥之为空话套话。连春秋笔法的一点小运用都看不明白，春秋笔法的鼻祖还有几个人能明白？

相反，《周礼》就清楚多了，有什么官职，官职有何职责，下属有几人，如何考核，有什么制度，制度如何施行，都清楚明白。

第二，家法章句太多。因为微言大义实在太过深奥，以至于解释种种，结果一家分成三家，三家又分成十派，各有家法章句，到底哪个对哪个错，谁也不知道。到底该听谁的？

而相反，《周礼》那么清楚，哪里还有什么歧义？

第三，即使完全按董仲舒的意思，也比较笼统，无非是各种选贤任能、兴学校、考核官员等。道理谁都知道，但具体怎么操作，那还有很多事情要解决，而《周礼》把这些事情都解决了。

第四，公羊《春秋》的微言大义本质上实际是"法后王"的。孔子是托古改制，用一本现成的历史书，经过修改，为后世朝代立法，已经完全不是周朝的制度了。存三统的理论表明了，等新的朝代开始之后，周朝就是旧的朝代，就像宋国在周朝一样。张三世的理论同样表明了，时代是越来越新的，从拨乱世到升平世再到太平世嘛。

但周礼却是"法先王"的。周公之礼呢，如果再加上《逸周书》、《逸礼》、《仪礼》什么的，差不多把国家和人生的制度礼仪全部包括了，仿佛又能回到周朝初年那个神奇的社会了。

看上去当然很好，不过成败也是各自不同。王莽用周礼最多，及身而败；王安石次之，弊大于利，被认为是祸乱宋朝的罪魁祸首；宇文泰又次之，反而开创了关中数百年的基业，隋唐盛世也与此相关。

那么是周礼错了吗？

搞了一辈子的六经，最后要说周礼错了，无论如何也说不过去，何况还有周朝的成本范本在那里摆着。所以就有几种选择。

第一种选择，经是好的，可被和尚念歪了。比如后世有人就说王莽根本就是伪君子，用《周礼》那都是假的，而《四库全书》则把王安石和周礼切割，认为王安石不过是借《周礼》做幌子。

第二种选择，经本身就是歪的。比如何休认为《周礼》是"六国阴谋之书"，而欧阳修、苏辙也都认为这书不靠谱，要不是朱熹还坚持认为《周礼》是周公写的，恐怕早就被请走了。

对于第二种选择，也有两种可能：一种可能就是，《周礼》是刘歆伪造的，康有为最认同这种做法。另一种可能就是，《周礼》是刘歆之前的人伪造的。

那么，到底哪一种是真的呢？

47. 两个故事

第一个故事是这样的。

话说那个时候他和他还都是青葱少年，话说那时他们都是黄门郎。话说那年那晚，他们第一次偶然相逢，便碰撞出无数的火花……哎哎，那位歪着脑袋的同学！想哪儿去了？他们可都是君子！他们碰撞的是思想，是梦想，不是基情！虽然那年月基情不算啥，皇帝老子都玩儿这个，可他们真的是纯洁的男男关系。

他们虽然出身不同，虽然一个是没落的皇室子孙，另一个是正当道的权贵家族的边缘人，但他们还是不可避免地相谈甚欢了。人生得一知己足矣——白头如新，倾盖如故啊。他崇拜他，他是那么博学多才！他识得古文字，他写的古文放到青铜鼎上也无人能够怀疑。他读了无数的书，而且能融会贯通，形成自己的思想体系，有着别人所没有的见解。他还精通天文、地理、历法、音乐，他对现存历法能够进行改进，他精通各种古代的制度，哪怕那种制度已经失传了一千年，他也能让那些制度在他的手里复活，就像一千年前一模一样。他也崇拜他，他虽然生于权贵之家，却毫无骄、娇二气，礼贤下士，仗义疏财，严于律己，宽以待人，虚怀若谷，心系天下，他的一言一行，简直就是活脱脱的圣人。

于是他们在一起谋划了一件事，一件足以改变国家民族命运的事。他继续做他的圣人，他要让天下人都知道，他才是王道盛世的开创者；而他，则在另一个领域为之做好准备。

他把一本叫作《国语》的书，从中抽了一些记事的部分，加上经说，编成一本叫作《春秋左氏传》的书，并声称这本书，是真正解经的。至于多出来的记言的部分，再重新编好，仍然叫作《国语》。

同时，他在这本叫作《春秋左氏传》的书里，添了三段话。

第一段是昭公二十九年，说陶唐氏有个后人叫刘累，他的特长是养龙，于是被夏王孔甲请去做了驯龙师，赐他为御龙氏。有一天，一条雌龙死了，他就把那条龙做了给夏王吃，夏王吃了觉得很好。再过了些天，夏王要他把那条龙带过来玩儿，他心里害怕，就逃到了鲁县。他的后代是后来晋国的范氏。

第二段是襄公二十四年，说范氏的祖先，起初是陶唐氏，夏朝是御龙氏，传到商代称为豕韦氏，传到周代称为唐杜氏。反正就是老改，换了个新上司，总要劝你改个姓氏啥的。

第三段是文公十三年，范氏的士会因为一些事情逃到秦国，很受秦康公重用，然后晋人受不了了，就把他骗回来。他的家眷也被秦公送回晋国，不过还有些人不愿意回去，就留在秦国，并改成了刘氏。

这三段话的目的是证明，刘季实际是根正苗红的唐尧的后人，尽管刘季本人及他哥哥、他爸爸、他妈妈连名字都没有。

在此之后，他又用类似的方法，"找"出了另三本古书。

一本是《毛诗》，与传统的齐鲁韩三家对《诗经》的解释完全不同的新的解释。

一本是古文《尚书》，比当时人们熟知的二十八篇《尚书》多了整整十六篇。

一本是《逸礼》，比当时通行的《礼经》十七篇，多了整整三十九篇。

这一切，都是他那个同样学识渊博而且正直无比的父亲所不知情的。在他父亲去世后不久，他的那个他离开相位之后，他请求给这几本书立博士，而且遭到失败。

他并没有就此结束。几年之后，他又"找"出了一本更为石破天惊的书，叫作《周官》，据说是周公写的，对古代制度有着巨细靡遗的描述。他的这本书，也成了他的那个他后来治国平天下的依据。

当然，他还没有结束。为了和这些书配套，他又编了一本叫作《尔雅》的字典，能帮助人们读懂古书，并声称这也是一本古书。还编了一本《乐经》，是讲古代音乐的，也是为了进行配合。

这还不够，他又写了本《世纪》，在黄帝之后，加了一个少昊，把皇帝从五帝之首，升级成三皇。其他书里也加了一些内容，比如《史记》里，加了个高祖斩白蛇的故事。

还没有结束。他又在全国各地培养了一批懂古文字，看过这些古书的人。等到他的那个他有一天重返执政之位，下令广纳贤才，招揽懂得逸礼、古书、毛诗、周官、尔雅、图谶、钟律、月令、兵法、史篇文字的，都可以来，全国各地先后来了上千人。于是五经十四博士什么的，一下子就弱爆了。正如四十八万七千五百七十二人上书要求给他的那个他加"九锡"，也让后世的那些自称代表民意的弱爆了。

总之，到了这一天，他想要的，也许还有全天下的士子们想要的，都实现了。

他帮助他把国家的宗庙、社稷、封国、车服、刑罚，人民的养生、送死、嫁娶、奴婢、田宅、器械，无不改定了一遍。他则土地国有，平均地权，节制资本，废除奴婢，改革货币，而且做了很多好事，包括在长安为读书人修了一万间公寓。

但是他们没有想到的是，天下居然大乱了。于是他慌了，想起自己为他的那个他所做的一切，他害怕了，他开始密谋反对他的那个他，最后事情败露，被他的那个他杀了。而且他的那个他，也没有活多久。

这是第一个故事，这个故事是一个才华横溢、学识渊博的人的造假史，也是一个欺世盗名的伪君子的败露史。

他就是刘歆，而他的那个他则是王莽。

还有第二个故事。

第二个故事基本上是前面说的，什么孔鲋，什么河间献王，什么鲁恭王，什么孔安国，都是这个故事的人物之一。而刘歆只是所有这些环节的最后一环，他只是一个发现者，就像他的父亲，当年发现那本让自己身惹牢狱之灾的《枕中鸿宝苑秘书》一样，也像后来那些发现一个西北的石洞里居然有上千年前的古书的人一样，他为自己的发现着迷，无论如何也不想让那些东西从此埋没，无论如何也要让世人都能知晓。

而那一千多个懂逸礼、古书、毛诗、周官、尔雅、图谶、钟律、月令、兵法、史篇文字的，也和刘歆没有一毛钱的关系，他们只是在这之前，或这之后，渐渐学习了这些东西而已。至于王莽，他之所以广纳贤才，不过是认为文化应该多元化而已。

王莽的禅让，不过是武帝以来，社会上要求汉朝退位让贤思潮的一个总爆发而已。王莽的复古，也不过是武帝以来，社会上复古思潮的一个总爆发而已。他们都是可信的，只是失败了而已。

这两个故事，你信哪一个？

信第一个故事的人，你是一个怀疑论者；信第二个故事的人，你是一个轻信的人。

问我信哪一个？我嘛，需要更多的证据。

48. 不靠谱的古文经书

大约在古文经学问世的一千九百年之后，有一本叫《新学伪经考》的书问世了。

这本书的作者，是今文经学最后一个大师康有为。

"新学"是什么意思呢？意思就是那些书只是王莽那个短命的"新朝"的一个配套工程，根本不是真经，不配称为经学，只能称为"新学"。"伪经"当然就是说古文经书都是假的啰。"考"就是考证——古文经学不是最擅长考证吗？我就以彼之道，还施彼身，用考证的方法证明你们开宗立派的基础，根本就是假的！至于今文经学最擅长的微言大义，不要紧，老夫还有本书《孔子改制考》，要不要看？什么？你不喜欢两千年前的古董，喜欢最近流行的社会学说？没关系，老夫正在写一本《大同书》，很符合你们这些世纪之交的满脑子乌托邦思想的青年。

这本书当时引起极大的轰动，差不多动摇了整个经学的根基，因此，也成了一本禁书。

直到大清国亡了之后，这本书才翻印传播，又一次引起轰动，而且直接催生了一个叫作"古史辨派"的学术流派。古史辨派的开山者顾颉刚本来听了古文经学大师章太炎的演讲后，对今文经学很不以为然，以为都是些学问粗疏之人，等见到康氏之著后，大为赞赏，于是开古史辨派，整整七大本《古史辨》，把不仅是经学，而是整个古史系统，都摧枯拉朽了一番。当然，这是后话了。

前话就是，他们为什么说古文经学是假的。难道一千多年来，那么多学识渊博、精于考据的大师们，都没有看到一个学问相对还不算那么渊博的康有为——至少比起汉朝的郑玄马融或清朝的王念孙王引之来说要逊色不少——都能看出来的问题吗？

问题当然是有的。常言说，苍蝇也不叮没缝的蛋嘛。何况，其实康有为之前，从后汉的今文经学大师何休，一直到清朝的龚自珍、魏源，都一直提到古文经书的确是有些问题的。而《新学伪经考》，也有很大一部分，是借鉴自清人廖平的《古文学考》。

那么，古文经学都有哪些问题呢？

问题之一是古文经书的传奇身世本身就很狗血。

某朝末年，民不聊生，奸臣当道，残害忠良，某某某为了保护忠良之后，悄悄离开京城，带着忠良的后代，隐姓埋名，把孩子抚养大。在暴政被推翻后，这个长大成人的孩子终于为先辈沉冤昭雪。

这是一个典型的古装励志狗血平反戏。只不过，在这里，忠良变成了圣贤，孩子变成了经书。

其实狗血倒没什么，关键是剧情也有漏洞。

比如说吧，鲁恭王搞拆迁，把书挖了出来，孔安国把这些书献给刘野猪，正好碰到刘野猪碰到巫蛊之祸，心情大坏，所以只把这些奇书锁进了档案馆，然后把这事儿给忘了。这事儿倒也能自圆其说，可问题是鲁恭王在刘野猪很年轻的时候就见刘季老人家去了，而巫蛊之祸则是刘野猪都变成猪公公时候的事儿，中间差了三十七年。

难道孔安国把这书放了三十七年——也许是四十年，毕竟鲁恭王也不见得在临死时才搞拆迁——才把书献给刘野猪？哦不对，刘老野猪？而且还像没事人儿一样，不告诉任何人他家里挖出宝贝了？他还是不是孔子的后代？

所以这事儿不靠谱。

问题之二是那时藏书的不止一个。可刘歆之前，没有人提到这些书。

比如《左传》吧，公羊穀梁玩儿了那么久，一代代师承有人，可从没听说过左丘明一个盲人也传过孔子的《春秋》。

要说完全是孔鲋藏起来了的，后来才见天日吧，也有问题。第一呢，那时藏书的人多着呢，伏生就藏过《尚书》，难道孔鲋藏的和天下人藏的都不一样？第二呢，听说河间王刘德也搞过古文经书，其中据说就有《毛诗》、《左传》，可之后就没有人提到了，连《史记》都只是说"左丘失明，厥有国语"，后面也只说《国语》。

所以这事儿又不靠谱。

问题之三是这些古文经书，和今文经书相比，不仅仅是简体字与繁体字的区别，内容也大相径庭。

比如汉朝的德行问题，刘季自认水德，后来贾谊等人又认为汉朝是土德，到董仲舒，直接废五德、改三统，从五种颜色变成三种颜色，于是变成了黑统。可按《左传》的说法，汉朝却应该是火德。可战国人都知道，周朝才是火德的啊。

还比如五帝，诗书里只有"天"、"帝"、"上帝"的说法，根本没有"五帝"。后来虽然有五帝，可按《史记》说法，五帝也是从黄帝开始的，黄帝黄帝，他不是"帝"谁是"帝"？可这些古文经书，却把黄帝搞成了三皇，多出了个少昊。

还比如国家在经济中的角色，今文经学无论何家何派，都认同国家不应该与民争利的思想，而孔孟荀思想里，也经常见到这些内容。可《周官》呢，却主张国家大包大揽，简直就是搞全面国有化。

其他不同的地方更多，田制、祭祀、法制、爵制、地理等，各种不同。

如果真的是经书，怎么会与今文经学有这么多的不同？他们难道不是同一个来历吗？为什么刘歆之前，没有一本经书与现在的有这么多的不同？秦朝统治天下才区区十五年，就能搞得全天下只有一套绝版的真经吗？

所以这事儿非常不靠谱。

问题之四就是刘歆本人形迹可疑。

刘歆和王莽的关系大家都很清楚，而王莽搞出来的那些稀奇古怪，大家也都知道。王莽当位之前，差不多一百年，各种灾异都显示汉朝快不行了，等王莽摄政了，各种符瑞成批成批地来啊，其密集程度只有很多年后一个叫赵恒的人能与之相比。还有四十八万多人上书请求加"九锡"，也只有很多年后请求袁项城称帝的"失足妇女请愿团"能与之相比。还有刘野猪时代，懂古文字的只有张敞等几个人，到王莽时代，冒出了一千多人。最有意思的是，王莽的三个儿子都直接或间接死于王莽之手。

如果王莽是这么一个不近人情不近常理、欺骗民意伪造天意之人，而刘歆既然和王莽关系那么好，还当上了王莽的国师，那么他的人品又能好到哪儿去？

所以这事儿极度不靠谱儿。

问题之五是，刘歆的老爸刘向也没有提到这些古书。

要知道刘歆的老爸刘向，也是在国家档案馆里当馆长的，该看的书都看过了。而且刘向还是个识得古文字的人，不存在看不懂那些书的问题。而且刘向还是一个爱书如命又颇有异端思想的人，当年就为了一本魔法书，差点儿性命不保。

所以这事儿基本就不靠谱儿了。

可古文经学的支持者不同意了，他们也有话要说，你们说古文经学是假的，是刘歆伪造的，我不同意，你们的说法更有问题，有更多的问题。

那么问题又是什么呢？

49. 康有为的反对者

自从康有为提出古文经书全部是刘歆伪造，掀起学术界大地震后，反对者也是各有千秋。

最强势的反对者，当然是大清国朝廷，直接毁禁了拉倒。

最革命的反对者，则是国学大师章太炎。而恰巧在另一场口水战中，两人也正站在论战的两面，康有为是立宪派宗师，而章太炎是革命派大佬，两个人是名副其实的死对头，后来章太炎甚至写对联"国之将亡必有，老而不死是为"来骂康有为。

因此章太炎之反对康有为，不仅仅是两个分别为今文和古文的经学大师，也是因为康有为实在是太不革命。康有为用梁启超的话来说，是孔学的马丁·路德，而章太炎则干脆是"上帝死了"。康有为的著作虽为批判"伪经"，最终目的则为新孔教，一个赞同宪政的与时俱进的孔子，而章太炎则干脆对孔子都颇有微词。

康有为批判"伪经"大概有几个要点：第一，古文都是刘歆伪造；第二，秦朝焚书，并没有造成六经缺失；第三，孔子用的字，就是秦汉用的篆书，不存在古文今文的问题；第四，刘歆为了掩盖伪造的痕迹，把其他的古书全部修改过了；第五，刘歆伪造古书的目的，是帮助王莽篡位。

而康有为批判"伪经"之后，就要排斥三种学问：第一要排斥宋明的理学，因为理学只顾修身，不顾救世；第二要排斥"新学"——其实就是古文经学，因为它把孔子的著作都说成周公作的，因循守旧，埋没了孔子的托古改制的微言大义；第三要排斥荀学，因为荀子只想建立小康社会，而不知道追求人间大同之道。

排斥完了，就要树立新孔教，孔子就从至圣先师，一变而成教主，而且是政教分离的教主，主张进步、兼爱、世界、平等主义、强立、重魂，废科举，兴学术，废专制，兴宪政，最后达到人类大同。

不过在章太炎看来，这些未免太搞笑。章太炎心想：孔子那个废柴，还想当教主？算了吧，选赛金花都比他好。

康有为把孔子还原为教主，而章太炎则把孔子还原成为一个不成功的政治家，一个没有勇气善于钻营的人，"他教弟子，总是依人作嫁，最上是帝师王佐的资格，总不敢觊觎帝位，及到最下一级，便是委吏乘田，也将就去做了。诸君看孔子生平，当时摄行相事的时候，只是依傍鲁君，到得七十二国周游数次，日暮途穷，回家养老，那时并且依傍季氏，他的志气，岂不日短一日？所以孔教的最大污点，是使人不脱富贵利禄的思想。自汉武帝专尊孔教之后，这热衷于富贵利禄的人，总是日多一日。我们今日想要实行革命、提倡民权，若夹杂一点富贵利禄的心，就像微虫霉菌，可以残害全身，所以孔教是断不可用的。"

在另一次关于老子的演讲中，章太炎干脆说老子之所以出关，是被孔子逼走的。这个事据说是这样的，说孔子问礼的时候啊，就借了老子这个图书馆长不少书，借了就不还。不还就算了，还根据意思编成六经教学生，教了学生也就算了，还不说是从老子那里学的，不说是从老子那里学的也就算了，还生怕老子揭发他，有损这个诸夏学术第一人的声名，就要逼老子走。怎么逼呢？就是"乌鹊孺，鱼傅沫，细要者化，有弟而兄啼"莫名其妙地来一通，这话你不懂，但老子懂啊。老子就心想，"有弟而兄啼"，有了弟弟，哥哥就该哭了，就是说有了学生，老师就该倒霉了，你孔子在鲁国诛少正卯，你的学生和粉丝各国都有，官运亨通的不少，恐怕下一个少正卯就是我了，算了，我惹不起还躲不起吗？于是老子出了关，跑到儒家没有染指到的秦国，才写了本《道德经》，其智慧又在六经之上，到底还是让孔子的算盘落空。

这个故事的石破天惊程度，也不在康有为之下。可见在处士横议的年代，就像在网上发帖，不偏激、不出格、不大胆、不新奇，是挣不到眼球的，战国时期如此，晚清民国还是如此。而且也正如康有为的伪经考，发展出了顾颉刚的古史辨派，把古史"辨"到几乎没有一样，章太炎的"反孔"，也催生出了后来的"打倒孔家店"派。鲁迅的新表现主义小说《出关》，即根据此故事改编，应属虚构，如有雷同，纯属巧合。

所以章太炎和康有为，虽然是死对头，其实倒应该同病相怜、惺惺相惜才对。因为受他们的影响，在他们之后，或把古史"辨"成几乎没有，或把孔子说成个长得是微缩的，心还是猥琐的，以至于他们反倒成了遗响。他们结果成了最后的两个经学大师，一个是最后的古文经学大师，一个是最后的今文经学大师。

不过话又说回来了，像章太炎这种"新中国的卢骚"，能与康有为惺惺相惜才怪。而康有为的孔教之所以怎么也搞不下去，也与章太炎这个最具实力的死对头有关。

最有意思的反对者，应该算梁启超。

梁启超是康有为的学生，而且早期也的确是康有为新孔教的支持者和追随者，不过自从遇到严复之后，他就变了，后来更是彻底地变了。严复是做什么的？《天演论》的翻译者，传播进化论的，当时的西方，宗教都在没落，而有渐被科学取代之势，这个时候搞什么新孔教，不是自取落后么。

梁启超还说，孔教根本搞不起来，而且也不必搞，因为孔子也是"不语怪力乱神"的，孔子都不想把自己当教主，何必勉强？更何况，咱们中国人太喜欢伪造了，太灵活变通了，人缺乏实证精神了，孔子被改造的次数不是太少了，而是太多了，何必再来搞一次？最后，他用一句西洋人的话，"吾爱吾师，吾更爱真理"，表示了他和其师的完全分道扬镳。

梁启超是尊孔而不保教，而且自从"一战"之后到欧洲逛了一圈，发现欧洲人的普遍迷惘破落之后，转而又对儒学有了新的信心，算是催生了新儒家一派。

当然，还有最靠谱的反对者，那就是钱穆。他用考据的方法，考证了《新学伪经考》存在问题，不合情理和自相矛盾之处，列举了二十八条理由。

那又是什么呢？

50. 不靠谱的伪经考

世间的事就是这样奇怪。

用谎言掩饰谎言并不奇怪，最奇怪的，是打算用谎言来反对谎言。因为敌人说谎，所以为了打倒敌人，也必须说相反的谎。敌人把自己说成秩序的维护者、传统的化身，所以必须把敌人说成十恶不赦，甚至不惜夸大、编造、歪曲。他们之所以这么做，也是因为相信谎言有用，而不相信真理的力量，他们是谎言的奴隶。哪怕他们口口声声地说，群众要擦亮眼睛，群众的眼睛是雪亮的，但他们在内心深处，并不相信群众能够分辨真伪，群众仍然是不明真相的乌合之众。在这一点上，他们和他们所反对的那些人，其实是一回事。

还有那些制造虚假偶像的人。榜样的力量是无穷的，是不错的，可如果这榜样是假的，那么总有一天，这些伪饰会掉漆，那么你所有的宣传，都只能起到完全相反的作用，就像喊惯"狼来了"的孩子，狼真的来了也没有人相信，或就像那个烽火戏诸侯的幽王，只能被诸侯抛弃，又或者如从小接受张居正虚假教育的万历，在知道张居正奢华生活真相后，自暴自弃。还是那句话，"不由其道而胜，不如由其道而败"，程序正义大于结果正义。

不知道康有为考证古文经学的时候，是自己学识未精，也相信自己说的那些话呢，还是明知道有牵强附会之处，仍然要强行推出，只为一定要把古文经学打倒，从而把孔子推为维新变法立宪的新教主呢？但有一点可以肯定，康有为的伪经考，其不靠谱程度，其实也并不在刘歆争立的古经之下，而康有为的新学伪经故事，狗血程度，同样也并不在刘歆的古经传奇身世之下。

那么康有为的伪经考，又有哪些不靠谱呢？钱穆的二十八条，着实有点儿多，其实分门别类，比较重要的大概有四个。

第一个不靠谱的，是伪造古经的时间。

按照康有为的意思，刘歆的老爸刘向，并没有参与伪造古经，甚至根本不知情，否则就该在自己著作中敲敲边鼓了。而且以刘向的为人，如果有伪造古经帮王家篡位的意思，又何必时不时触王家的霉头得罪人呢？

这个推断没有问题，刘向应该没有帮助刘歆伪造古经，否则这就不是天大的阴谋，而是比天还大的阴谋了。

好，先认为刘向的确不知情。那么刘歆是在刘向活着的时候就开始伪造呢，还是刘向死了之后才开始伪造呢？

刘向活着的时候，也许能进皇家图书馆，但当时刘向领校，身边还有好几个分管的专家，刘歆如何能瞒着这帮人，把群经，也许还有更多的古籍都进行修改或伪造？所以只能是刘歆自己当图书馆长才有这个方便。

好，那么是刘向死了之后开始进行，从刘向死，到刘歆争立古经，中间不过一年多的时间，从刘歆领校五经，不过几个月的时间。刘歆即使有现在网络写手之能，只怕这好几大部古文经书，也不容易搞得出来吧？更何况真像现在网络写手那样，三个月一本地写，只怕也是破绽百出吧？

好啦，再回过头来，假如刘歆非同一般的博闻强识，能在少年时代刘向在世时，就把群书记得个七七八八，然后在脑子里遍伪群经，只等刘向一死，马上全部抄录出来——剧情够狗血了吧？可惜那时造纸术尚未改进，在竹简上写，有多不容易，哪儿像现在网络写手打字那么快，还可以整段复制。更何况，写成后还得杀青吧，还得弄成古书的样子，在各种液体里泡一泡，在地里埋上一埋吧。一年多，甚至几个月的时间，做得完吗？人家一古今第一博闻强识者，做这种下三滥的事儿，有必要吗？

再按康有为或顾颉刚的意思，还有两种可能——他可能是慢慢伪造的，一段时间伪造一点儿，他也有可能不是一个人在战斗，是一个强大的古书造假团队在工作。

那么问题又来了。如果是慢慢伪造的，像周官的内容还要与后来王莽施政结合起来进行伪造，这些经书是全部伪造好了才放出来呢？还是中间也会放出一些呢？如果是最后才放出来，那么岂不是中间很多年，根本不应该有人知道这些古书？如果是慢慢放出来，那么这些古文经书岂不是有很多个不同的版本，当时的人又不是傻子，会相信以前挖的时候没挖好，挖的是测试版，现在才是正式版？

如果不是一个人在战斗，可刘歆争立古经的时候，也不过如他老爸刘向一样，不过是个图书馆长，毫无势力，王莽这时已经被排挤出去，至于当时的博士弟子，有几个人会不追随正当道的今文博士，而追随一个看不出一点儿发迹迹象的刘歆，而且还是去帮着造假！即使追随了，王莽没几年就灭亡了，迎来了光武中兴，难道他们就没有一个反水的，没有一个泄露的？

这个不靠谱程度是不是不在刘歆之下？

时间不靠谱其实还不是最要命、最要命的，是根本不现实。正如剧情狗血不可怕，可怕的是还穿帮、还忘词儿。

那么为什么说遍伪群经不可能呢？

51. 刘歆真造假了吗

分析完刘歆造假的时间问题，还有其他几个问题有待考察，那就是可能性问题、动机问题和证据问题。

那么第二个不靠谱的，就是遍伪群经根本不可能。

古文经与今文经，的确有很多不一样。

但这些不一样的地方，也并不是只有古文经如此写，其他的什么《吕氏春秋》之类的先秦著作中，颇有与古文经相同的。于是康有为的解释，只能是刘歆用自己的图书馆长之便，把其他的古书，一一改上一遍。为了从文字学上奠定胜局，甚至编了本字典《尔雅》。刘歆做的局可谓大矣，可难道其他人都是瞎子？

简单说几个人吧。尹咸，刘向时候就一起校书的，主要校的术数类，名位在刘歆之上，刘歆甚至做过他的学生，看着刘歆造假？好，就说他偏袒学生，那班斿呢？也是刘向时代就在校书了，还是秘书之副，也看着刘歆造假？还遍伪群书？好，就说他们岁数大，没活到刘歆倒台，看着刘歆势大，只得隐忍。那还有苏竟呢？也是跟刘歆一块校书，而且为人正直，一直活到后汉,看着刘歆和王莽先后身败名裂,可为什么也不说刘歆造假?还有扬雄,当时的大牛,刘歆的儿子都要跟着他学古文字,而且也没有跟刘歆成为一伙,为什么也不说刘歆造假?还有桓谭、杜林,也是博学之士,为人正直,也活到了后汉,可为什么不说刘歆造假?还有前面的师丹、公孙禄,后面的范升,都是古文经书的死对头,死对头啊,可也为什么不说刘歆造假?

到了后汉,那一帮牛人,班固,崔骃,张衡,蔡邕,那么多大牛,都在图书馆看过真迹,算是鉴宝专家了,可为什么都发现不了任何造假的痕迹?

对了,按康有为的意思,当时搞《左传》、《毛诗》、《逸礼》等古文经的,都是刘歆一伙的,人数还相当不少。至少在王莽征集之下,就有一千多个懂得逸礼、古书、毛诗、周官、尔雅、图谶、钟律、月令、兵法、史篇文字的自荐家门,如果都是刘歆安排的,而王莽没几年就身败名裂了,他们一千多人,也没有一个反水的、没有一个泄露的?一千多人哪!都没有一个人说一个字?这是怎样的一种神一样的概率啊!

还有更可怕的——这些被伪造的,居然不只是经书,还包括很多古书,连《史记》也被染指。这些书,就没有一本被伪造之前的版本留存后世?秦皇烧书,都没把书烧干净,区区一个刘歆,有那么大的能耐?

这个不靠谱程度是不是更不在刘歆之下了?

第三个不靠谱的,是伪造古经根本没有必要,也就是说,根本没这个动机。

刘歆争立古经是什么时候?是年纪轻轻的汉哀帝,刚刚登基不久,王家已经失势,王莽已经被赶出京城的时候。这个时候伪造古经就有利于王莽篡位了?这是猪才能想到的逻辑吧。放在当时,就是神仙也想不到,年纪轻轻的汉哀帝,外加皇太后丁氏,太皇太后傅氏,这些人加在一起,会活不过跟太皇太后差不多年纪,比皇帝整整大了两代的王政君。刘歆看过生死簿了?怎么不看看自己啥时候挂?这是其一。

其二,没有那几本古文经书,王莽就篡不了位了吗?什么张三世存三统啦,什么三代改制啦,什么汉朝快完了要禅让啦,什么灾异啦,什么符命啦，这些是古文经学搞出来的吗？是今文经学搞的好吧？井田，分州，爵位，钱币，这些是刘歆的古文经书里才有的吗？是《孟子》、《公羊》《尚书》、《礼记》里就有的好吧？没有古文经学，王莽仍然是王莽，一点仪式和制度上的差异，能影响个毛线啊！说实在的，刘歆那几本书的功劳，反而没有那些制造假符命的大呢。

其三，王莽上位后，就大力扶持古文经学了吗？也完全没有。无非就是把刘歆争立的几种，和今文的放到一起罢了，今文的十几个，一个也没少，在数量上，还压过古文一头呢。即使那几种古文经书立博士，也不是王莽一锤定音的，而是经过答辩仪式的好吧？比如《左传》，就是陈钦那些人和今文经学的辩论，辩赢了，才立的好吧？而且也是因为这个，王莽倒台之后，古文也完全不用担心被清算，仍然在后汉时代，与今文经学展开了真正的同台竞争的好吧？

所以，这个不靠谱程度是不是又不在刘歆之下了？

第四个不靠谱的，是今古文不同，根本不是伪造古经的证据。

这个道理就简单了，今文有几经？有五经好吧？博士有几家？有十四家！今文本身就不一样，《诗》有三种，《春秋》有两家，难道也只有一种是真的，其他是伪造的？

而古文经学居然也不止刘歆一家在搞，陈钦就世代以研究《左传》闻名，而且是《左传》争立博士，与今文经学进行辩论的主将之一。他和刘歆还没有搞到一块去，是自成一派的。难道他们是各自伪造？还是合伙伪造之后唱双簧？

这个不靠谱程度是不是也不在刘歆之下？

所以总而言之，伪经考非常不靠谱，如果说刘歆的古文经书是身份未明的话，那康有为的伪经考则是漏洞百出。

有同学要问了，这也不靠谱儿，那也不靠谱儿，说古文经书不靠谱儿，说古文经书是伪造的，同样不靠谱儿，那么哪个才是真的，哪个又是假的呢？

唉，这位同学一定是在"天涯"（网站）混的时间还不够久。上次见到有人说，从前的愚民，是因为消息闭塞，啥都不知道；现在网络时代的愚民则是因为信息爆炸，各种互相矛盾的都有，不知道相信哪一个，还真不如做个傻子。可他不知道，傻子固然省了许多麻烦，可也永远体会不到思考的乐趣，以及真理带来的自由。真相从来都是要自己去找的，而很多问题，其实根本没有所谓的标准答案。而他之所以会有那样的无所适从，正是因为从小就由老师提供一个现成的标准答案，记住就好啦，记惯了，就忘记了答案也是可以自己去寻找的，而答案可能根本不止一个。多看，多想，信息再爆炸又能如何？

所以回到这里，其实问题在于，古文经书和伪经考，也可以都不靠谱儿。打个比方，假如秦皇焚书，把《黄帝内经》和《道德经》也焚了，若干年后，有汉人挖出这两本古书，然后又有人说，黄帝不可能写这样一本医书，而老子身世极不可信，所以这两本书都是汉人伪造的。您说，这合适吗？

这样就说清楚了，刘歆的疑点也还是有的，不过都并非什么铁证，刘歆同学可能根本就没有伪造什么《周官》、《左传》，这些书很可能真的是古书——逃过秦火的古书。可《周官》是古书也未必就真是周公写的啊，从周公到秦始皇，差不多一千年呢，谁知道中间有没有其他作者，正如《黄帝内经》的作者未必是黄帝，《道德经》的作者未必是老子，《管子》的作者未必是管仲，《商君书》的作者未必是商鞅一样。还是何休说得好，《周官》——"六国阴谋之书也"，人家也只是认为是战国时代的伪书，也没说是刘歆伪造的。而且《周官》未必是周公写的，也不代表《毛诗》、《左传》就不是真的啊。

好了，这个真假问题就可暂告一段落啦，虽然根据今天的考古发现，《周官》与今文经学制度不一样的地方，有很多还是与考古吻合的。正如我们不必在意《道德经》的真假，而一样可以分析黄老道家的哲学一样，《周官》是真是假，《左传》、《国语》是一本书还是两本书，大可以不必继续纠缠。我们需要继续关心的是，刘歆死了，王莽也死了，这今古文之争还会不会继续？

历史告诉我们，当然会继续，而且还越来越厉害。不过在这之前，也许可以看一看短暂的王莽时代，都给世人带来了什么遗产。

52. 顶层设计时代之终结

今人对古代学术思想的分界，或以秦皇烧书坑儒为界，或以汉武独尊儒术为界，但结果都是一样的。之前，是伟大的灿烂的多元化的诸子百家；之后，是一元化的儒学一家独尊的黯淡的思想界。唯一的区别只在于，秦皇是独尊法，把百家打下去，汉武是独尊儒，把儒家抬上来。

不过吕思勉先生却认为，古代思想学术分界，应该是王莽。这之前，是批评社会再造社会，这之后，则是适应社会改良社会。之前，是顶层设计，之后，只是修修补补。

这个看法是有道理的。

可以这么说吧，从孔子"克己复礼"开始，一代代的人们，都在做着顶层设计的努力，总认为这个社会，是不行了，必须从上到下从里到外从左到右地脱胎换骨改头换面重新做人——啊不，重新打造社会。

为什么说从上到下，因为无论儒墨道法，还是吕不韦刘安董仲舒的大综合，都没有从下到上来完成社会改造的。虽然墨家有通过墨家钜子体系重造一套体系的想法，而道家有根本不信任任何当权派的念头，但他们仍然没有——当然在那时也不可能——试图通过底层革命来再造社会。而且，即使是墨家和道家，后来仍然有墨者在秦国做了帝师，而道家黄老学派则是齐国很长一段时间的显学，在稷下学宫出尽风头。

为什么说从里到外，因为这些顶层设计，都是彻底的，从意识形态到国家制度，到风俗习惯，到经济运作，全部要变个个儿。也就是说，儒家的理想社会、法家的理想社会、墨家的理想社会、道家的理想社会，如果真有的话，你会发现他们仿佛根本不是同一个文明，而这些社会，又和当时实际存在的社会，有一万光年那么远。

为什么要说从左到右，因为这些顶层设计，终将对社会上左左右右的各种流派，来一个全新的洗牌。孔子诛少正卯，孟子骂墨杨为洪水猛兽，法家呢？干脆把书都烧了，人都灭了。墨家没有上台的机会，有的话，恐怕也好不到哪儿去。只有道家稍好一点儿，不过道家太后，也差点儿让儒家博士丧了命。

所以从这一点上来说，先秦的诸子百家，与前汉儒学独尊，倒是一脉相承的。实际上，班固面对古代叫人无所适从不知所措的思想大爆炸，勉勉强强进行分类整理的时候，也是把先秦和前汉的著作放到一起分类的。

只不过，先秦，是诸子空做顶层设计却无所得其用的时期，而从秦开始，则是百家依次用这个顶层设计进行社会实践的时期。

那么，经过秦的法家国家主义实验，经过汉初的道家自由主义实验，再来一场王莽的儒家社会主义实验，也就不足为奇了。

王莽的那场儒家社会改造的高烧，与其说是他一个人的政治表演，倒不如说是前汉中期以来，儒家政治理想演进的结果。也许不是必然的结果，但却是有着很大或然率的结果，因为这场高烧，直到王莽的失败，丝毫未见有退烧的可能。那个时候，灾异论、王道理想、五德三统、古代礼制等，几乎成了上上下下的共识。即使没有王莽，只怕也有一个别的什么莽。

而推动这场儒家社会改造的高烧的，有几个重要的人物，王莽只是最后一个。第一个要算刘野猪，虽然他本质上并不算个儒家信徒，他重视儒家，不过因为儒家比道家热闹，有排场，他需要桑弘羊们给他搞钱，需要卫青们给他打仗，也需要那些"文学之士"给他做文章装门面办礼仪，但刘野猪毕竟是独尊儒术搞了五经博士了。第二个要算董仲舒，他算是把先秦的那些理论合适的都整合进来，从而让儒家包罗万象，能解释世间的一切人和事——当然，也能做任何看上去很美的顶层设计了。

有了这两个初始值，后面的发展，就顺理成章了。刘野猪重用的桑弘羊们虽然给他搞了很多钱，可也搞得海内虚耗，户口减半，于是儒家弟子就顺利登台，在盐铁大辩论里占尽风头。等到最后一个"王霸道杂用"的汉朝皇帝刘询崩逝，这批人就顺利占领舆论阵地，直到一个叫王莽的人，把这场社会改造的高烧烧得更热一点。

其实也不能完全说，儒家的社会改造理想，就一定会搞得天下大乱，就像桑弘羊们的理财，也未必就一定要让海内虚耗、户口减半，或者就像用法家治国的秦朝，是否就一定得二世而亡。他们都有一些看上去很偶然的因素，比如说把很多东西收归国有，比如说轻启边衅，比如说轻耗民力。还比如说违背经济规律的币制改革搞得通货膨胀，秦皇用半两不到的铜钱去换六国或刀或铲的重钱，汉武用白鹿皮造面值四十万的皮币，王莽什么刀布贝皮都来上一遍。

但是，这些偶然，在某些时候，也几乎是一种必然。顶层设计的最大魅力，就是可以按照自己想要的进行创造，而顶层设计之所以被人相信，也正在于相信社会是可以被全面改造的。"敢教日月换新天"，相信能够做到，而且从短期来看，也的确能做到，秦皇就是能修长城，汉武就是能叫匈奴从眼前消失，就是能开边三千里，而王莽，四十八万人联名上书啊，他们怎么能不相信自己。同样的境地，让任何一个现在穿越爱好者试试，恐怕也会相信自己真能让社会变个样了吧。

而顶层设计的风险，也正在于此。先秦的小打小闹，尚且让老子感慨"夫天下多忌讳，而民弥贫；民多利器，国家滋昏；人多技巧，奇物滋起；法会滋章，盗贼多有"，况乎秦和秦以后的大规模社会改造呢。世间的事，兴一利，必生一弊，再不会错；而兴万利，则万弊随之，又能怪得了谁呢？

所以王莽的第一个遗产就是，他终结了顶层设计的时代。在他之前，是"敢教日月换新天"的时代，在他之后，则是"政尔良难君臣事"的时代。在他之前，是理想主义的时代，在他之后，则是实用主义的时代。在他之前，朝代与朝代之间，总有些新的完全不同的设计，而在他之后，朝代与朝代之间，则只有抄袭、模仿和山寨。在他之前，是愚公移山的时代，在他之后，则是摸着石头过河的时代。

王莽的这个遗产，算是个负遗产，它让本来就比较实际的中国人，变得更实际了。不要总是怪中国人太实际，没有发明西洋人那各式各样的新奇政治理论，那各式各样的主义。那些东西，是中国人两千年前就玩过的——不仅玩过，而且实践过；不仅实践过，而且付出过惨重的代价。正是因为玩过，所以不再玩。最后的结论就是：多研究些问题，少谈些主义。就像秦二世而亡之后，再也没有人敢说"我要以法家思想治国"一样，王莽之后，几乎没有试图进行全面社会改造的人了。我之所以说"几乎"，那是因为很多年后还有一个"拗相公"王安石，但那也是他自己在试图，而不可能有整个社会追随他了，所以他也只能是"拗相公"，他将"拗"尽天下人。

当然，那是很多年以后的事情了。而眼前的事情就是，王莽除了终结了顶层设计的时代之外，还带来了一些其他遗产。那又是什么呢？

53. 禅让制度之复活

自古以来，改朝换代的方式无非两种。

一种是唐虞揖让，由上一届领导人把政权和平交接给下一届。下一届推辞一下，还是你来，我当副手就好；上一届力劝一下，我老了，世界是你们年轻人的啦。下一届再推辞一下，还是您继续当，没有您的指导，我就没主心骨；上一届再力劝一下，年轻人要勇挑重担哪，我也是该归老林泉的时候啦。下一届第三次推辞一下，要不您老再干两年；上一届第三次力劝一下，我已经老了，还是你挑大梁，实在不行，我先顾问两年。于是下一届领导人就勉为其难地掌握了政权。于是没多久，上一届领导人就顾而不问，郁郁而终了。据说，华夏酒文化里，有唐虞揖让的影子，唐虞揖让三杯酒。

另一种是汤武征伐，由下一个朝代用武力把上一个朝代推翻。要砸碎万恶的夏朝，建立美丽的商朝，要打倒纣王，解放万民于水深火热之中。据说，华夏棋文化里，有汤武征伐的影子，汤武征伐一局棋。

这前一种，又被称为禅让制度；这后一种，又被称为革命——不好称为制度了——手段。你喜欢哪一种呢？

据说上古时代，国家又分成两种：一种是神守，一种是社稷守。神守又叫山川守，是神灵庇佑的国度，一般是山林之中的小国，不打仗，但是他们拥有神灵的保护，他们会祭祀、祈祷。他们还会巫术和魔法，像防风国、任国、宿国、申国、须勾国、颛臾国，都是些神守之国。而那些攻城略地，或养兵备战的世俗国家，则为社稷守。他们依靠的，不是神灵的庇佑，也不是巫术和魔法；他们依靠的，只能是实力。自然的，神守之国更相信禅让，而社稷守更相信革命。从这种意义上讲，禅让，似乎要更古老一些，因为随着华夏从西周到春秋，再到战国，神守之国是越来越少，以至于没有了，而社稷守的世俗国家，倒占据了整个的华夏。

据说，这是两种朝代更替理论的来源。不过，这只是说法之一，因为神守之国，也可以万世一系，不必非得禅让不可，神守之国和禅让并没有必然的联系。禅让，不管从哪方面讲，都是一种很奇怪的制度——你会把自己的公司禅让给一个能干的员工吗？上古社会更为淳朴？可比上古社会更淳朴的猴群，每一代猴王也都要通过拳头把上一代猴王打倒啊。

而且两种朝代更替理论，还都有自己的不同发展阶段。

第一个阶段是天命阶段，这是用神权理论来解释禅让和革命。禅让的认为是上天叫他们让的，而革命的也认为他们的革命代表了天命。本来嘛，革命革命，这个命，就是天命的意思。世俗国家，并不代表就不信天不信命啊。

第二个阶段是民意阶段，这是用民本理论来解释禅让和革命。禅让的认为，之所以禅让，是因为要让贤能的人当领导人；而革命者则认为，自己代表了民意。孟子就是个有名的造反有理派。

第三个阶段则是德运阶段，这是用科学——当然也可以说是玄学或哲学——理论来解释禅让和革命。禅让的，是五德相生；而革命的，则是五行相克。

从这种意义上讲，两种理论又似乎是分头并进的。

不过顾颉刚却说，不对不对，禅让说是后起的，而且是墨家鼓捣出来的。

他这么说也是有根据的。根据之一就是，孔子和孔子以前，并没有明显的禅让说鼓吹。孔子实际上仍然坚持贵族世袭。根据之二就是，它实际上是墨家通过尚贤学说鼓吹起来，而被儒家采用的。根据之三就是，墨家内部就实行禅让制。根据之四就是，尚书尧典什么的并不靠谱儿，实际上根本不是尧写的。根据之五就是，禅让制在古代根本不能实现。根据之六就是，禅让制经过儒墨两家鼓吹后，在战国的实践中无一例外地失败。证据之七就是，先秦诸子对于这个禅让说的不同态度。除墨家大力鼓吹外，儒家孟荀态度都不尽相同，而道家不以为然、不置可否、不屑一顾；法家一针见血、一语道破、一发破的。

而且，法家的那些看法，也被其他人进一步证实——也许是证伪——比如《山海经》称"帝丹朱"，说明丹朱是做过天子的，所以法家说舜和丹朱争位说法成立，而《古本竹书纪年》则干脆认为尧在晚年被舜幽囚，而舜晚年，死于荒野，哪里有什么温情脉脉的禅让哟，全是血淋淋的斗争。

但不管这个理论是上古就有的，还是儒家有过类似想法，然后被墨家鼓吹，再被儒家发扬光大，还是根本就是墨家尚贤理念的一厢情愿，再被儒家发扬光大，这个理论一经诞生，的确鼓舞着很多读书人——原来还有一种比流血的革命更为和平、也更为美好的政权更替方式啊。

于是在儒墨两家的鼓吹之下，大约在战国中期，出现了禅让制的第一波浪潮。有魏惠王打算禅让给庄周的老朋友惠施，最后未果；有公孙衍鼓动史举游说魏襄王禅让于那个大忽悠张仪，张仪当时是魏国的国相，当然也未果；还有鹿毛寿劝燕王哙禅让给子之，这个还真办成了，不过搞得国内大乱，齐国乘机进攻，搞得燕国差点儿亡国。

再后来不知道是因为儒墨两家学说越来越不畅销，还是形势格禁，还是燕王哙禅让给子之的教训太深刻，反正没有人再提禅让二字了，剩下的都是革命，革命——王侯将相，宁有种乎？

不过到了儒家在前汉中期再度兴起之后，禅让制又掀起了第二波浪潮，反正就是说汉朝不行了，要让。可在眭弘和盖宽饶相继为这个传说中的新朝代献出生命之后，后来的读书人即使认为要禅让，也不敢公然说出来了。可不说也不行哪，毕竟算出来汉朝要不行，那就用别的法子。有的劝皇帝娶一个贫民家的女子，生个儿子来传位，就是"更受命"了，有的劝皇帝迁都，有的则劝皇帝改历，把刘姓前面加个"陈"字，以变成尧后，反正就是些奇奇怪怪的方子。

可那么多方子服下去，灾异还是不断。石头自己立起来啦，土忽然自己堆起来长满草啦，各种怪现象还是一个接着一个，搞得汉哀帝说，算了算了，我不干了还不成吗？我传位给我的好基友董贤还不成吗？

汉哀帝只是打算打算就死了，接着一个叫王莽的人却说，不用那么麻烦，禅让给我好了。也真奇怪，王莽一决定接受禅让，那些灾异全不见了，而且全部变成了祥瑞。

所以王莽的第二个遗产，是让一个据说在上古曾经实行过的禅让制度，在后世复活了，而且一直发扬了下去。

这也许是禅让制的第三波吧。从王莽之后，所有汉人的朝代更替，都是通过禅让实现的，无一例外。汉到魏到晋到宋到齐到梁到陈——禅让。北边是胡人，乱打一气，没出息，到西魏北周才有点儿汉人的意思，西魏北周隋唐到后梁，禅让。后唐和后晋又是胡人，没出息，后汉后周到宋，禅让。蒙元乱打一气，没出息，明光复后，李自成没搞禅让，失败了吧。清又乱打一气，没出息，还是袁世凯不丢汉人的份儿，搞了个最后的禅让。

这可有多厉害。虽然有些人还是不屑一顾，觉得这是假的，可即使是后世，政客们之间的那些冠冕堂皇的交易，又有多少是真的呢？而曹丕小儿在接受汉献帝禅让后，声称"尧舜之事，吾知之矣"，更让人对禅让制在古代是否真的存在过产生怀疑。可他们却不知道，其实这种制度，在西方的罗马帝国时代，却普遍而长期地存在过，罗马的五贤帝，不就是五个通过禅让而继承皇位的贤明之君吗？虽然他们在朝臣中选定贤人之后，还要收为养子，有时还要把自己女儿嫁给他，可舜不也是娶了尧的女儿，而且一连娶了两个？

所以顾颉刚说禅让说是墨家鼓捣出来的，可能是真的，墨家还真是最适合生存于西方的一个学派。

但不管怎么说，王莽让禅让制度复活，还真的是一个重要的遗产。

那么还有其他的遗产是什么呢？

54. 谶纬之学

这事其实也与董仲舒老先生有关。

自从董老先生把阴阳家与儒家合二为一之后，儒生和方士也就没那么容易分清楚了。他们说的话，基本上都非常类似，都是什么天啊、人啊、阴阳啊、五行啊之类的东西。虽然有时也会有仁义王道之类，但那只是多少的问题，而不是有无的问题。

其实仁义王道之类就像今天的公平正义自由民主，是个人都会说的，普适价值嘛就是这样，重要的是怎么去做。孔子仁者爱人，孟子讲义利之辩，那是他们实现仁义王道的途径，他们之所以要那么做，是因为仁义，那是人内心的需要。而董老先生，则把仁义王道与阴阳五行统一起来，从而让同一个内容有了不同的解释。这就好比把公平正义自由民主说成是这个宇宙的客观规律，而不是——或不仅仅是出于人的内心，不公平、不正义、不自由、不民主，那就是违背客观规律，会遭到大自然的惩罚，就连一切的地震洪水台风海啸无一不与此有关。这就有点儿神学的意味了，所以有人把董老先生说成儒学向儒教演进的开端，是有道理的。

既然是神学，就不可能像孔子一样"不语怪力乱神"，未知事人，焉能事鬼了。虽然董老先生对鬼神也没多少兴趣，更像是把阴阳五行天地都当成一个大系统，还是颇有几分科学的意味的，但经学向神秘化方向发展却不可避免地发生了。毕竟这么一个大系统，没有几个人能搞得清楚。对一个能时时掌控自己而自己却无法加以了解的庞大未知，神秘化是必然的倾向。

更何况，董老先生还把儒生们变成了一群预言家。

预言这种事，本来是可遇而不可求的。

比如托梦吧。谁能清楚知道自己今天晚上要做啥子梦？秦穆公做了七天七夜的大梦，然后醒来后告诉大家，我是去见上帝了，上帝告诉我晋国将会五世大乱，乱过之后会称霸中原，霸主的儿子还会乱搞男女关系。晋侯当然不服，凭什么我家的事上帝不告诉我，要去告诉你啊？可他梦不见上帝啊，前后多少个晋侯都梦不见，也没办法。倒是后来晋国的卿族赵简子也做了七天七夜的大梦，据说也和上帝聊了聊，还射死了一头熊和一头罴，连他儿子也在上帝身边，上帝还说等他儿子长大了，再送一条黑狗给他。

当然也有可求的，比如卜筮。但卜筮也只能用来决疑。行军打仗，主要还是靠将军的谋略和战士的勇猛，治国安邦，主要还是靠政治的贤明和经济的稳定，哪有几个靠掷骰子来的？卜筮的准确率大约也就介于今天的天气预报和地震预报之间，靠谱儿的当然也有，但不靠谱儿的可能更多。所以子不语怪力乱神，是有道理的，在孔子、孟子那里，儒生和方士还是泾渭分明的。

但对董老先生而言，虽然天道远，人道迩，但一切都是可知的。预测也是可能的，前提是要有细致的观察和精密的推理。

董老先生的系统论方法鼓舞了后代的儒生。所以虽然董老先生因为辽东高庙而身陷牢狱之灾，虽然眭弘和盖宽饶因为灾异而性命不保，后世的儒生们仍在预测学的路上越走越远，直到前汉末年，谶纬之学全面兴起。

谶纬之学的根本目的，当然还是预测，但却有很多内容。而最主要的，一个是谶，一个是符命，一个是纬。

谶呢，说白了，就是上天对凡人打的哑谜。

谶可能是文字形式的，也可能是矢量图形式的，甚至可能是一些具体的场景，或其他有可能包含寓意的一切东西。反正都是猜谜语嘛，谜面可能是任何形式。

用图形的，叫谶图，比如河图洛书之类，也算是谶的一种。

用文字的呢，就叫谶言，其实就是一些神秘兮兮的话。可能是一首诗，也可能是几句顺口溜，甚至可能是一本书。秦朝时候的"亡秦者胡也"，或"始皇帝死而地分"，就是一种谶。现在的求签，也是一种谶。

而且比较奇怪的是，人们往往以为自己懂得了谶言的含义，从而避免它的发生，最后却发现，这种人为的刻意避免，常常也是谶言的一部分，帮助了谶言的实现。比如秦始皇因为"亡秦者胡也"的谶言，而攻打匈奴，而兴修长城，却不知这些个做法不仅劳民伤财，而且让秦朝的主力很大一部分留在北地,他又派长子扶苏和大将蒙恬去守长城,却不知这些个做法,才让后来自己死后,扶苏和大将蒙恬也随之而死,而这支主力也因此在秦朝遭受楚人攻击时没有南下。比如秦始皇因为要避开"祖龙死"和"始皇帝死而地分"的谶言,而选择到南方游玩,却不知就此死在南方,而且给了赵高胡亥以可乘之机。

可见谶其实一直都有,只不过到前汉末年,特别流行而已。而符命,就与王莽有不可分离的关系了。

符命是什么呢?符命其实是上帝的委任状,表示上帝认可某某某的统治,上帝希望某某某如何如何做。它不再是猜哑谜,所以通常不存在谶言那种不可理解又不可避免、无从解释又无可奈何、越怕越做越做越错的境地。

符命算是灾异学说的滥觞,不过却和灾异正好相反。灾异是上天的示警,而符命则是上天的祝贺。话说这上天还真是偏心眼啊,对有些人一再示警,前年地震去年洪水今年大旱什么的,而对有些人,则一再祝贺。你说王莽何德何能,居然能再三让上帝为他发贺词?

按照董老儿的说法,每一个朝代将要兴起,其实都应该有符命的,不过通常也就一两次。但王莽当皇帝,符命就开始量产了。先是一块白石头上写着"告安汉公莽为皇帝",王莽说这个"为"的意思是代替,就是代理皇帝或摄皇帝的意思,于是做了摄皇帝。接着又有个亭长梦见上帝派人通知他说,摄皇帝要做真皇帝,要是不信,我在亭中开一口新井,醒来发现果然多了一口一百尺深的新井。然后又有巴郡的石牛、扶风的石文,都说要做真皇帝。于是王莽对外称真皇帝,对内称假皇帝。再然后,又有两人上铜柜子,里面两本天书,不仅让王莽当真皇帝,而且还列了十一个官员的名字,大多数是朝中官员,其中一个叫哀章的,据说是这两本天书的实际作者,还有两个叫王兴、王盛的路人甲姓名,不知道是谁,同姓名的随便一找就是十几个,只好根据卜相确定了两个,一个城门令和一个卖饼的。

所以这符命已经不仅仅是委任状,简直就是天庭的红头文件,一号令之后还有二号令,代理皇帝之后,还有正式皇帝,公卿级之后,还有两千石级。两本天书之后，当然还有无数的天书，封官加爵者很多，以至于有人见了面就问，话说老兄您这两天还没有得到上帝的委任状吗？

当然也有玩儿过火的。有个叫甄寻的，据说做了个符命，居然让王莽的女儿，那个十四岁病死的汉平帝的皇后，当时称作黄皇室主的，改嫁给自己。这叫是可忍孰不可忍了，所以这回王莽没有按上帝的红头文件做，而是把他杀了。可见玩符命不知是假是真的王莽，也还是有底线的。

至于纬书，则是另一种形式的，一种儒家色彩更重的预言了。

55. 孔子的狗血剧情

传说孔子当日编订六经，借六经托古改制，为后世立法之后，又怕一些俗人们不懂得自己的微言大义，就又编了一些书，这些书叫作纬书——有经就有纬嘛。这些书把意思说得更透彻些。当然，相应的分量也就更多些。一本经书，能对应十几本纬书。六经再加上《孝经》的纬书，被称为"七纬"。这些书一直被秘而不宣，所以知道的人很少，现在托安汉公王莽的福，都被找出来啦。

这话听起来非常不靠谱，比古文经书的传说更不靠谱。剧情也更为狗血，几本经书为了逃过秦始皇的那把火，都费尽心力，何况是那么多的纬书。经书虽然有今古文之别，好歹人家有各种途径传了下来，不管怎么说，都有那么个东西，只是版本不同。这些个纬书，在安汉公王莽之前，可有一丝一点的证据？

有同学要问了，难道刘歆那厮又在搞鬼啦？

那你就错了，这回还真没刘歆什么事儿——实际上王莽朝的各种神神道道基本上都没刘歆什么事儿，刘向、刘歆父子的《七略》里，连房中术、捉鬼术都有，可偏就没什么纬书。

这是证据之一。证据之二就是真要造假。博古通今的刘歆，造假水平不会那么低，因为纬书里有很多低级的硬伤，比如出现了墨翟——孔子哪儿见过墨翟哟，还出现了益州——孔子那会儿哪儿有什么益州哟……

证据之三就是那些纬书,也算是天文、历法、地理、时令、史实、神灵、经义、文字、典章、制度无所不包,可最最核心的内容只有一个,就是用阴阳五行来解释世间万物,来指导世间万事,反正就是董老儿那一套——明明是今文经学的玩意儿嘛。

所以这些纬书还真有可能出自今文经学之手。

至于为什么他们要鼓捣出这些东西,就不知道了,也许是受古文经学的刺激,决定上点儿猛药?也许是受符命派的刺激,决定玩儿一把大的,你玩儿什么上帝的哑谜、上帝的委任状,我就来个圣人传下来的天书秘籍。又或者,自从董老儿引阴阳入儒打开了天地阴阳灾异之门后,后世的儒生因为不敢妄言灾异被压抑得太久,而又有一肚子的道理没办法说出来,到了王莽柄政,终于可以一吐为快了?

反正就是忽然多出了很多纬书。

这些纬书的名字就很拉风,随便举几个:《周易乾凿度》,《周易通卦验》,《尚书璇玑钤》,《诗纬含神雾》,《礼纬含文嘉》,《乐纬稽曜嘉》,《春秋感精符》,《春秋运斗枢》……听起来是不是就跟那些玄幻小说里,在深山老林里,九月十五月圆之夜的子时,月光照在石壁上,打开一个神秘的暗门,从一个滴水的石龛的石盒里,取出来的无字天书?

而内容也差不离儿。

本来在先秦,上帝一直只有一个——在今天也是一样。可是在这些个天书里,上帝有五个,而且还分颜色的,统称为五方色帝还是五色方帝什么的。名字、长相和性格当然各自不同,比如东方的叫灵威仰,性情温和;南方的叫赤熛怒,头形尖锐;北方的叫汁光纪,是个大头的家伙。上帝也真够委屈,一个变五个就罢了,还叫什么五方色帝,上帝哪儿色了?哪儿色了?

不光如此,每个朝代如何显圣、如何灭亡,都说得一清二楚,比如汉朝就是九百二十岁,以蒙孙亡。为了证明这些朝代如何该兴,以及如何该死,当然都有些异征,不仅是匹夫出身的刘季,多了一些自己做梦也没有想过的故事,也不仅仅是尧舜禹汤以来的每一个开国之君都多了些离奇的故事,而且连孔子本人,也有了非常狗血的剧本。

故事是这样的。话说当年有个少女徵一个人跑到大泽边上去玩,玩累了就上岸睡觉,迷迷糊糊地就梦见有个很黑的家伙请她去自己家,然后就有了苟且之事,然后那个黑家伙还对她说,你将来一定要在空桑那地方生个宝宝。这个徵醒来后果然怀孕,后来果然在空桑生了个宝宝——你说孔子是私生子不假,但那好歹是两情相悦之后才私奔,只是欠个名分,其他啥都不缺,孔子后来还专门去找父亲下葬之地,你现在倒好,稀里糊涂就有了。更狗血的还在后面。

话说这个宝宝生来异相啊,嘴巴跟海一样大,嘴唇跟牛唇一样厚,手掌像老虎一样结实,背像乌龟一样弯——你说孔子招你惹你了,生生被你说成一妖怪,还是血盆大口的。作践孔子也就罢了,还说这书是孔子写的。当然还不够,头呢像月球上的环形山,四周高,中间低,胸口还带一文胸,上面是六个大字,"制作定,世符运",也不知道是哪个道上的老大。长大后就更厉害了,身长十尺,宽九围——整个一水桶啊!坐着像盘起来的龙——还是妖怪,站着像牵牛——大概是牛魔王那种妖怪。

非常之人必有非常之事。因为他妈妈怀上他是稀里糊涂的,也不知道父亲是谁,于是他拿起根笛子还是律管什么的,一吹,就知道自己爹是谁,原来是商朝人的后代孔氏子孙哪,于是知道自己应该姓孔。又因为自己的头像月球上的环形山,不过呢当时的人都不知道月球上的环形山,可火山口也一样,就照着当时的一个火山口叫尼丘山的取了名字。

后面还有西狩获麟和端门受命两则狗血的故事:一个是从麒麟嘴里吐出三卷书,一个是从天上掉下一方血书,落到鲁国的端门上,你说怪不怪,狗血不狗血?而且里面清清楚楚地说了周朝是怎样地亡于秦,而秦朝又是怎样地亡于胡,而上帝又是怎样地派他为后来的卯金氏——当然就是刘氏了,多么明显的暗示——立法。

还有更直白的明示,就是另一次天上有道红色的虹——不是七色的哦——从天而降,变成黄色的玉,长三尺,上面刻着字,"宝文出,刘季握,卯金刀,在轸北,字禾子,天下服"。你说项羽这游戏还怎么玩,人家刘季早在两百年之前就被上帝当成指定接班人了。

按理说这么狗血的剧情恐怕是没有人信的。但世界就是这么奇怪,这么狗血的剧情不光王莽信，而且刘玄，刘盆子，公孙述也都信，而且连中兴汉室的一代明君光武帝刘秀也信，还为之正名。你说怪不怪？

这又是怎么一回事呢？

56. 谶纬的命运

传说在古希腊时代，人神不分，城邦之间如果发生战争，那就不仅仅是人之间的战斗，同时也有神，城邦的守护神在战斗。中国自从进入信史以来，似乎很少有这种事体，最多打赢了，感谢一下上帝；打输了，说一句天欲亡我。不过在公元一世纪的时候，战争除了在人之间进行以外，还伴随大量的谶纬之争，比如刘秀和公孙述，就各自掌握着大量的纬书图谶，你来我往，好不热闹。

刘秀和公孙述，一个是很边缘化的汉朝旧宗室，一个是盘踞西南的新官僚；一个是书读得还不错的京师太学生，一个是治下奸盗绝迹的边郡良吏，原本是不会有多少交集的。只不过王莽一场折腾，搞得天下大乱，代之而起的刘玄、刘盆子、赤眉之流，一蟹不如一蟹，以至于人们在王莽时代怀念汉朝，在刘玄时代怀念王莽，在赤眉时代怀念刘玄。于是逐鹿中原的刘秀，与割据西南的公孙述，就在各自谶纬的支持下，自认为真龙天子了。

刘秀与公孙述也算得上红白之争。刘秀的幸运色是红色，他接受了王莽的五德说，以汉朝为火德，故而为红色。也是从他开始，汉朝正式升级为"炎汉"。他因为一个叫李通的人，献了"刘氏复起，李氏为辅"的谶语而起兵，因为《赤伏符》"刘秀发兵捕不道，四夷中集龙斗野"而称帝。这个刘秀的名字都丝毫不差，除了我还能有谁？

公孙述幸运色是白色，他也接受了王莽的五德说，以汉朝为火德，王莽为土德，所以他是金德，故而为白色，自称"白帝"，建了一个有名的白帝城，国号就有点奇怪了，叫"成家"。他的理论依据很多，《录运法》有"废昌帝，立公孙"，《括地象》有"帝轩辕受命，公孙氏握"，《援神契》有"西太守，乙卯金"。看到了没有，西边的太守，姓公孙的，不就是我吗？

双方不仅树立自己的谶纬，也打击对方的谶纬。公孙述说，《春秋》不是孔子给汉朝立法吗，可为什么只写了十二代呢，说明汉朝只有十二帝，汉朝不可能复兴啦，不要想什么"刘氏复起"啦，那个是假的，是李通想做官骗你的。而刘秀也说，不要以为那个"立公孙"说的是你，那个说的是汉宣帝，他是巫蛊之祸后流落民间的皇孙，所以叫公孙哦，"废昌帝，立公孙"，就是指霍光废了昌邑王，立了汉宣帝。刘秀又说，汉朝不会亡的，很久以前的纬书上就说了，汉朝真要亡，也只会亡于"当涂高"，您公孙述，可跟"当涂高"一点儿都扯不上哦。

反正就是打的这些口水仗，前前后后折腾了十二年，到两人称帝的十二年后，才告结束。而可巧的是，公孙述称帝之前，梦见有人对他说，"公孙十二为期"，怀疑自己只能干十二年，对他媳妇说，他媳妇很超脱地说，圣人都说了，朝闻道，夕死可矣，能尝试不同的生活，就是一天也是好的，十二年已经很好了呢。

而其他几个，也基本上应验，虽然前汉已经有了十二帝，但后汉换了个都城后，又来了个十二帝，倒也符合《春秋》的数字。而"当涂高"呢，袁术曾经以为是自己，因为自己字"公路"，结果却应在曹氏身上了，魏国公曹操，这个魏，就是魏阙的意思，正是高高地立在路上。

所以这种东西，通常都是能猜到前头，却猜不到结局。当时来看，百思不得其解，怎么解都是错，回头再看，又处处都能解释通，让人不得不叹服，天机玄妙啊。所以得了天下之后，刘秀更是一发而不可收，大兴谶纬起来，称纬书为"内学"，而以前的经书，反倒成了"外学"。既然纬书是比经书更为高深的"内学"，自然少不得要大加提倡，所以接下来说是"宣布图谶于天下"，令读书人必须精通谶纬，才能得到功名。

开国皇帝都如此迷恋谶纬，后世自然可想而知了。所以穿越爱好者如果想去后汉玩玩，千万要记住，那是个神秘预言家满大街的年代，想凭着自己那点儿来自未来的历史知识混饭吃，可不是件容易的事儿。而后世那些对儒家一知半解的人，可不要以为汉朝人只会读四书五经，人家可是

"言五经者，皆凭谶纬说"，哪一个不是把经书当成预言书看的？

不过凡事都有盛极而衰的时候。到了汉末，谶纬就已经不那么流行了，而再过得三四百年，谶纬就完全消灭，仿佛从来没有发生过一样。

究其原因，大致有三：

其一，谶纬主要依附于今文经学，随着今文经学渐为古文经学取代，谶纬说就不太流行了。虽然后汉时代，古文经学为了与今文经学争锋，也颇感染了一点儿谶纬，比如有时会说说《左传》里的预言故事，但古文经学的长处，还在于文字训诂、典章制度与人生礼仪，不像今文经学的长处在微言大义、天人感应与五行灾异。

其二，汉末的时候，整个的经学时代都快要结束了，皮之不存，毛将焉附？经学的地位即将被源于道家的玄学代替，察举征辟制即将为九品中正制代替，五经博士没有了，读书好不如出身好，那么也不会有人把谶纬学说当敲门砖了。

其三，越到后来，皇帝就会发现，谶纬学说其实很危险。想想看就知道了，如果天下有上千本《推背图》、《烧饼歌》一样的书，而凡读了几年书的人，都能把这些书倒背如流，而且胡乱解释和议论，那该是一个什么样的景象？而如果世上有上万个眭弘和盖宽饶，根据各种谶纬，天灾和异象，还随意曲解圣人的经书，妄议朝政，大唱崩溃论，而且大家都深信不疑，那又该是怎么样的一种危险？所以汉朝之后，皇帝多半就不太喜欢谶纬，至少，不会提倡了，虽然，他们有时还会利用一下谶纬来上位。

这最后一点最为重要，而且谶纬之学也正是因为这个原因最终被那个杀千刀的隋炀帝杨广烧绝毁禁，虽然杨广最终还是被谶纬暗算了一把，因为一个"李氏当为天子"的谶语，枉杀李敏，结果逼反了李渊。

但不管怎么说，那个从王莽开始，在整个后汉盛极一时的神秘的谶纬时代终结了。从此后，世世代代的人，只能对着一本《推背图》苦苦思索民族的命运，寻找那神秘的天机。

不过，今文经学在后汉与谶纬结合后，获得了极大的力量，那么古文经学，又是如何与之争胜的呢？

第六章　宗师终现　一扫众讥

57. 今古文之优劣

经过王莽时代一场经学高烧之后，无论今文还是古文，都处在一种很奇怪的境地。今天的人看过去，总有一种面目全非的感觉。成百上千懂得上古文字的人，以及成千上万的预言家，这就好比天涯论坛一夜之间，出现了无数自称懂得梵文、古波斯文或玛雅文的人，或无数自称灵验无比的卦神。

但这也许只是我们后人的感觉，在当时的人看来，这也许很正常，否则也不会有刘秀和公孙述的谶纬大战了。我们也不能完全就一口咬定那时的人头脑糊涂，就像毁誉满天下的中医、江湖郎中肯定是有的，但神医也总有那么一两个。刘秀相信谶纬，是不错，刘秀也很相信古文经学，也不错，但刘秀可不是个糊涂人。

也许连王莽都不算是糊涂人，他只是生错了时代，那个时代的脆弱生产力还不足以支持他宏大的公有制计划。如果在很多年以后，也许他可以进行另一场社会试验，在身后依然得享太牢，不至于身败名裂。而王莽，却在短暂的社会试验之后，丢下了几件遗产，撒手而去。

早于他就撒手而去的，则是第一次今古文大战的发起者刘歆。

随着刘歆和王莽相继身败而亡，今古文的较量，又回到了起点。所不同的是，从前是刘歆挑战一群，而现在，则是一群人挑战另一群。刘歆还是成功了，他把古文经学的势力提高到了与今文经学相当的地位，所欠的，只是临门一脚。

在汉初的时候，今古文分别有哪些优势与劣势呢？

先看今文。

优势有三条：

第一条，完整的思想体系。这个体系几乎是完美自洽的。这一点，只消看看董仲舒的那一套就知道了。

第二条，完备的博士制度。不管怎么说，博士及其弟子，依然占据着很重要的言论阵地。

第三条，与谶纬的深度结合，让他们一定程度上具备了神的能力。谁不对《推背图》一类的东西感兴趣啊，何况还是与阴阳五行天人感应论结合起来的。

劣势也有三条：

第一条，烦琐的章句。为了一部经甚至一篇文章，积累下来的章句——其实就是教辅啦——可能有几十万字，比如欧阳尚书的朱普章句四十万言，牟氏章句四十五万言，甚至为了"尧典"二字，解释就有十余万言。据说一个小孩子，一辈子也只够学会一经了，这还怎么"通经致用"啊？

第二条，繁多的家法。从开始的五经八师分成十四博士，然后还有各种细分，各守家法樊篱。不守规矩的是要倒霉的，像张玄吧，试策第一，做了颜氏公羊学的博士，教了几个月后，学生们发现他还兼讲严氏和小宣氏，这还了得，就上书说他不适合当颜氏博士，刘秀只好将他免了。这么玩儿下去，岂不是路子越走越窄？也不想想，要是都那么守家法，何至于分成那么多家？还不是有人不守家法才改出来的？

第三条，还是谶纬。谶纬既是优势也是劣势，理论奇妙，天机玄妙是不假，可玩多了难免失手。何况那套东西哪里是人人都会的，否则阴阳五行理论一直都有，《春秋繁露》也一直都看得到，何至于有唐以下，预测之书不过《推背图》等寥寥？更何况，这玩意儿玩多了，皇帝迟早会发现这不是个好东西。

至于古文经学，优点也是三条。

第一条，博学兼通。今文经学往往不通古文——他们甚至不通其他家的今文经学，而古文经学家往往通今文。从古文经学家的评价就能看出来，扬雄"无所不见"，杜林"博洽多闻"，桓谭"博学多通"，贾逵"问事不休"，马融"才高博洽"，其他的班固、崔骃、张衡、蔡邕，大家都知道的，"弘览博达，高文赡学"。反正就是很有学问，今文十四博士，名号里有个"博"字，而古文经学家虽然未必有这个名号，人们却几乎都少不了用这个"博"字来评价他们。用博学对付家法，优势是很明显的。

第二条，注重文字音韵训诂。这一来不管怎么说，至少显得更有学问更有说明力。不信，你来现找几个懂得古代文字学音韵学训诂学的试试？二来呢以注疏代替章句，也更为简洁。你读古书或古诗文，是喜欢看见只是对于有疑难的字句，进行一些注释，其他完全不动呢，还是喜欢看见从标题到字句逐条解释发挥引申，然后还串起来讲其微言大义呢？或者说，你是喜欢庄子集释呢，还是于丹阿姨的注水版庄子呢？什么？你喜欢后面的？你甚至更喜欢翻译成白话的？唉，孺子不可教也——只知文字快餐之易读，哪知文字中也有天然之趣！

第三条，后汉的统治者也更为支持古文经学了。比如刘秀，虽然很信谶纬，虽然也没有什么实在的古文博士，可对古文经师一样重视，其仕途一点儿也不会受影响，古文经学家杜林、郑兴、陈元、桓谭、卫宏，一样做官，这样那些读书人也不必尽投十四博士之门嘛，大可以根据喜好，想学啥就学啥。这个至少能让今古文平起平坐。

劣势还是三条：

第一条，思想体系算不上完整。至少比起董仲舒那一套，没什么宇宙系统论，没什么社会蓝图，没什么顶层设计，有的只是大量的细节，各种礼仪制度名物文字的细节，考证和辨析。

第二条，门槛太高。古文经学家的确有很多"通人"，学问非常好，究天人之际，通古今之变。可问题是，一般的青年学子，有几个能做的？如果做不到，就有可能一辈子都只能钻故纸堆了，比不得今文经学能现学现卖。

第三条，也是谶纬。古文经学太理性，缺少今文经学的那种"神性"。虽然你说儒学的儒教化并不太好，可在公元初，宗教化反而是大势所趋、民心所向，此后数百年，道教创立，接着佛教大兴，而儒教缺席，如果当时统治儒学的还是今文经学，说不定能与此二教斗个热闹。

好了，细数这二者的优劣，正是棋逢对手，势均力敌，各有三长三短。可巧的是，在后汉，今古文打的口水仗也是三场。不知鹿死谁手，且听下回分解。

58. 后汉今古第一战

后人常说前汉刘歆与太常博士的那场今古文之争为利禄之争，而后汉的三场今古文之争为道统之争。

这大概是有道理的。因为其一，当年的太常博士根本不给刘歆辩论的机会，而是倚多为胜直接就否定掉了，而后汉的三场争论都算得上公平公正公开，机会均等；其二，从今古文双方的立场来看，未必都是屁股决定脑袋，比如第一场韩歆主张立古文经学博士，而同为古文经学大师的桓谭和卫宏，他们很不喜欢今文经学的谶纬，甚至桓谭还为此得罪了光武帝刘秀，但他们觉得今文经学家说的不增立博士也有道理；其三，从后汉的形势看，做官未必一定要跟在博士后面混，带弟子也未必非得是博士，博士的影响力已不及从前，不一定非得用这个当敲门砖；其四，从辩论内容上说，主要也都是经义的异同及对国家的利弊，也就是说，道统之争。什么是道统？道统就是哪一个才是正确的意识形态，哪一个才是官学。所以要证明自己正确，当然第一要证明真理在自己一边，第二要证明自己的理论有利于大汉朝的繁荣昌盛。而双方的确也是围绕这点展开的。

先看第一场。

第一场是发生在后汉初年，光武帝刘秀登基还不久的时候。古文经学的前期主力是韩歆，后期是陈元，此外还有许淑等人，今文经学的主力则是范升，以及其他的一些路人公卿们。

韩歆是挑战者。他是个暴脾气，性格很直，而且不依不饶，经常跟皇帝顶牛。比如皇帝说公孙述、隗嚣这些从前的竞争对手文章写得不错，很有才，不信我读给你看，他就非要脑筋急转弯地说，有才算什么？亡国之君哪个没有才？桀、纣也很有才，越有才国家亡得越快。这话让那个太学生出身的知识分子皇帝刘秀听着，心里当然很不是滋味。还有一次就为了个事，指着刘秀的鼻子争个没完没了，可能还当着其他大臣的面，至于有没有爆粗口就不知道了，史书上不会说的。反正就是搞得刘秀很下不来台，刘秀免了他的官，然后气还没消，又派人上门去用圣旨骂他，而他也真刚烈，就带着儿子自杀了。人都死了，刘秀也清醒了，只好厚葬追封了事。

反正就是这么一个人，在他还没有产生悲剧之前，请求立费氏《易》和《左传》。按照流程，立博士当然要搞答辩，刘秀即使不喜欢韩歆，也得给这个机会，何况刘秀也并不就因为韩歆顶牛，桓谭公然诋毁谶纬，就连古文经学都否定了。刘秀就让韩歆和今文经学的大师范升进行辩论。

韩歆虽然是个暴脾气，不过学问应该并不算太差，而且可能有许淑在帮衬，所以和范升你来我往的辩论了一上午，也没辩出个输赢。不过范升最后搞了个结案陈词，酣畅淋漓，一下子把局面扭转了过来。旁征博引，骈四俪六的东西咱就不说了，光范升前前后后说出来的理由就有四个。

第一个理由，《左传》出自左丘明，跟孔子同时代的，并没有任何师徒关系，此后也没有与孔门传人发生任何师徒相传，只是一个古书。说它是古书是可以的，但非得说和《公羊》、《穀梁》一样是为《春秋》作传的，说不过去。

第二个理由，《左传》和京氏《易》，并非先帝所立。真有那么好，先帝为什么不立，先帝不立，我们也没有充分的理由一定要立。

第三个理由，立博士本身问题不大，问题大的是立了一个博士是不够的，那么多家法派系，都立吗？京氏《易》既立，费氏《易》立不立？高氏《易》立不立？《左氏春秋》立了，《驺氏春秋》立不立？《夹氏春秋》立不立？那么多的派别，立哪个好，不立哪个好？都立博士了，观点也不知道有多少，哪个是对的？让大家信哪一个？民间随便标新立异也就罢了，博士传的都是官学，都是要指导国家的方针政策的，怎么指导？一样来一年？如果不立，你这个立了那个不立，岂不让人埋怨，凭什么，凭什么？依我看，一个也不许立！前汉先帝的十四博士，够用了，到此为止。孔子怎么说的？孔子说，"博学约之，弗叛矣夫"。颜回怎么说的？颜回说，"博我以文，约我以礼"。老子怎么说的？老子说，"为学日益，为道日损"。归根到底，真正的大道理，都是很简单的，很简约的，都是返璞归真的，都是越少越好的，搞那么多干什么？反正十四博士是先帝立的，咱们回到先帝，大家都不会有什么话说。

第四个理由，《左传》本身就有很多错误，我粗略地看了看，就有十四处之多，不信我一一列给你看。

前两个理由韩歆许淑大约还能对付，第四个，也有人举出司马迁引用了不少《左传》，而范升索性把司马迁也拉下水，指出司马迁本来就不是儒家人物，是个信道家的，不信，我再举出他背离五经、不尊崇孔子以及《左传》其他不靠谱的事情，有多少呢？有三十一个。

而最给力的理由，则是第三个，从国家意识形态的高度，指出博士不可增立，不仅古文博士不可增立，连今文博士也不可增立。

这番言论出来之后，似乎出现了一边倒的局面，如果他的观点真被采纳，古文经学不仅现在立不了博士，恐怕整个汉朝都不可能立得了。而古文阵营里有一位大师终于按捺不住，决定反击，这位大师就是陈元。

陈元与暴脾气韩歆不同，人家就是做学问的，家学深厚，父亲陈钦就是研究《左传》的名家，当时几乎与刘歆齐名。陈元自己也从小专心训诂小学，博学深思，甚至不跟乡里来往，颇有当年董仲舒"目不窥园"的劲儿。所以在当时，他与桓谭、杜林、郑兴齐名，都是古文经学里宗师级别的人物。

按理说，今文经学既然派出的是范升那样的大师，古文经学也不能太弱吧，总得也派个级别相当的人物吧。不过不知道是因为陈元是个专心做学问的，官职很小所以没被刘秀派上阵，还是事情是韩歆挑起的，所以必须由韩歆迎战，还是刘秀大约也想让韩歆栽栽跟头、折折他的狂气，反正一开始并没有陈元这些人什么事儿。直到局面似乎要出现一边倒的时候，陈元终于忍不住，主动上书进行辩论。

那么陈元又是怎么进行辩论的呢？

59. 昙花一现的博士

陈元毕竟是经学世家，一出手马上就找准了辩论的主攻方向。

既然对方最给力的理由是立《左传》会引起意识形态的混乱，会造成许多自相矛盾的理论，会影响皇帝的统治，那么陈元当然也从皇帝本身来着手，如果是皇帝自己就有立《左传》的想法，当然情况就不一样啰。

看上去很难，可也不难，他给出的反驳思路是这样的，放弃费氏《易》，专攻《左传》。为什么要专攻《左传》呢？因为一来《左传》当日人气比较盛，二来《左传》的确比较厉害，三来嘛，专攻一本胜算较大，《左传》一旦突破，其他的自然都可能有机会，否则想都别想，四来嘛，《左传》与皇帝颇有渊源，或者说皇帝对《左传》颇有好感，五来嘛，陈元父子都是搞《左传》的。

那么怎么专攻《左传》呢？首先找到皇帝和《左传》之间的亲密联系，然后把《左传》立博士说成是圣意，最后把今文派攻击《左传》说成有违圣意。

第一步好办，因为皇帝是王莽时代的太学生出身。王莽时代的太学生，你懂的。

王莽时代不仅是谶纬大兴的年代，也是古文经学的第一个春天，这对刘秀的影响有多大，你也懂的。刘秀在长安读书时，古文经学的第一个大师刘歆是当时的国师，也是给刘秀发入学通知书的人，而《左传》当时立了学官，你还懂的。刘秀当日与邓禹、强华、严光，四个人住一间宿舍，住了好几年，关系那不是一般的铁——只看刘秀做了皇帝后还和严光同榻而眠就能看出来。这几个人里，刘秀是学《尚书》的，强华是专攻谶纬的，而严光，就是研究《左传》的专家。这意味着什么？这意味着刘秀其实也算是半个《左传》的专家了。

第二步也好办，无非就是说皇帝文武双全，中兴汉室，奄有四海，然后还以儒学治国，非常非常关心圣贤之道，布拉布拉布拉的。然后再说皇帝看到各家各派良莠不齐，非常担忧，皇帝知道《左传》是左丘明从孔子那里亲授的，反而《公羊》、《穀梁》是后代传授的，就很希望把《左传》立为学官，想征询大家意见，布拉布拉布拉的。这么一段布拉布拉下来，意思就出来了。毕竟皇帝与《左传》曾经在一个宿舍共处了好几年，也不好太反对这个说法，而且刘秀平日与群臣讨论经学，还真有可能提过这个想法，更何况后来虽然是韩歆请求立博士，可也是刘秀同意提交辩论的，从某种意义上说，还真算得上半个圣意。就像导师同意某学生的毕业论文参加答辩，这本身也是一种认可来着，要是皇帝完全不认可《左传》，哪里还有机会辩论哪？

第三步当然就顺理成章了，无非是那些反对的人，都是因循旧习，不愿意接受新东西，甚至这些东西是比他们固守的更为可靠的东西。

第三个理由都被反驳了，其他几个当然也不在话下。

比如《左传》没有师徒传授关系的理由，无非说《左传》曲高和寡，它就是个孤学，就是没有师徒传授，没有师徒传授还有错了不成？还有师徒传授就成了不立博士的理由不成？这是谁规定的？难道没有人传授的学问就都是假的吗？难道一堆人教，一堆人学，到处都是培训班的学问就都是真的吗？伯牙的《高山流水》还没几个人听呢，卞和的玉璧还没几个人懂呢，圣贤的治国平天下的学问，道理很深，不容易懂，传授学习的人少，没有一代代地传授下来，不是再正常不过的吗？难道非得那些谁都能教，谁都能学，甚至中间还要大搞扩招，开几家分校的才是真的？

《左传》非先帝所立的理由就更好反驳了。先帝没有立的，我们就一定不能立吗？文帝没有立五经，为什么武帝立了？武帝没有立《穀梁》，为什么宣帝立了？要是都必须立先帝所立，盘庚就不用迁都，周公就不用经营洛邑，而皇上恐怕还得住到长安，而不是洛阳了。

至于那些十四处错误三十一处不靠谱之类，其实一一列出来看倒还好了。因为一列出来，皇上就会发现，那些所谓的错误，无非就是些笔误，或文字缺损脱落，或年代记差了一两年。那么大的一部书，笔误总是难免的吧，要不然要校对干什么？何况古人写东西，写成读音相同或写成笔画相似，也是经常会有的事，我们还称之为通假字呢，这也能叫错误吗？至于书简脱落，那么多竹简，隔了几百年，难免会有几个字损毁脱落的吧？还有年代偶尔差一两年，要知道左丘明一个盲人，口述那么厚的一部书，还都是他之前几百年前的事，还不许人家偶尔记错，或执笔人写错一两年？用这点小错误，来否定整部书，把这点小错误说得比天还大，未免太过分吧？干过校对的都知道，哪部大部头在初稿时，没点儿小错误？

陈元的这番反击可谓力挽狂澜，一下子就把局面扭转过来了，似乎立《左传》才是应当的了。

刘秀当然就把这个辩论拿给大家看，然后让陈元和范升进行第二阶段的辩论。

后面的辩论是什么样的不清楚，因为会议记录现在已经找不到了，只知道像这么精彩的辩论——汉朝还是一个非常注重当庭辩论的朝代——又进行了十几个回合，然后《左传》还是立了。

立《左传》，当然要选一个博士，而博士归九卿之一的太常管。太常嘛，也充分发挥民主，把古文经师们按资历、学术水准、口碑、人望什么的做了一个初步筛选，搞了一个四人名单，然后对这四人进行投票评分，排了个名次，报给了皇帝。

第一名当然是陈元。陈元不仅是家传《左传》的古文经学大师，水平比较高，而且《左传》之所以能立博士，也全靠陈元。可问题也来了，《左传》之所以能立博士，当然要靠陈元，可这也意味着，他和范升之间刚刚才争得脸红脖子粗，差点儿就爆粗口了。要知道，汉朝的辩论那个激烈程度，是不亚于后世的议会辩论或总统辩论的，看一下盐铁大辩论或石渠阁大辩论就知道了。

结果皇帝担心陈元做了博士，会和范升天天在太学辩论，然后一帮荷尔蒙过剩的青年学子也各自站队辩论，最后搞成全武行。所以皇帝就把陈元的名字除掉，让第二名李封做了博士。李封脾气不错，岁数也很大，没有力气和范升辩论了，大约能相安无事吧。

可天下之事，兴一利必生一弊。李封是没有力气与范升辩论，在学术水平上，也比不上陈元，结果应付不了今文经学的反对，搞得朝野上下一片反对，甚至跑到朝廷上抗议。而李封既然岁数大了，自然也活不了几年，所以这个李封做了《左传》博士没几年，就驾鹤西归，连同他一同西归的，还有那昙花一现的《左传》博士。

古文经学又没有了博士。而下一场战斗，就要等到几十年后，汉章帝时候了。

60. 经学统一运动

随着后汉的历史从光武时代向汉章帝时代迈进，今古文的交锋也进入了第二个阶段。

这第二个阶段和第一个阶段，有些明显的不同。

第一个不同，是谶纬不再是今古文的分野。之前古文经学家是绝不谈谶纬的，甚至因为反对谶纬而被皇帝冷落、斥责甚至获罪，而今文经学家却是几乎都会谈谶纬灾异的。而到了这第二个阶段，则连古文经学家也开始谈起谶纬来，比较典型的，就是这时期古文经学的主将贾逵，居然说《左传》也是讲谶纬的，不仅讲，而且比《公羊传》还要灵验，理由有一二三。

之所以如此，大约是眼见得朝野上下都是这个风气，如果继续不识时务，哪怕学问再高，也难免受冷落，不仅皇帝不喜欢，连臣民也不待见，像当年陈元那么厉害，皇帝也颇有好感，争取来的博士席位也是得而复失，原因就是朝野意见很大。就好比人手一本《推背图》的时代，你却在不停地泼冷水，说将来是没法预测的，能被待见才怪。

而且大概也的确真是这样，因为贾逵说《左传》不仅比《公羊》更符合图谶，而且更主张君臣大义，理由有三十条。贾逵是想让皇帝知道，《左传》才是他想要的啊。

贾逵这么做也的确收到了很好的效果，皇帝不仅给《左传》立了学官，而且让学习《公羊传》严、颜二家的二十个高才生，转去学习《左传》。

事实是什么样的呢？也许只有贾逵自己知道。毕竟贾逵这种古文经学家，像之前的扬雄、刘歆，之后的许慎、王充一样，都是非常有学问的人，可以说上知天文下知地理，会不会真相信谶纬，只有天知道。比如贾逵吧，除经传训诂外，诗、颂、沫、书、连珠、酒令，无一不精，著作百余万言，而且还是著名的天文学家，对天文学贡献非常大。如果之前的古文经学家像桓谭、郑兴都拼命反对谶纬，不惜获罪，而贾逵似乎也不见得就突然相信起谶纬来了，也许真的是被逼的，要给古文经学一点儿生存空间吧。

不过不管是贾逵，还是其之后的古文经学家，虽然有时也谈谶纬，似乎都没有今文经学家那么热烈。

还有第二个不同，那就是家法流派分歧日多之后，出现了统一的趋势。分久必合、合久必分嘛，先秦诸子分家立派，最后吕不韦统一一次，淮南王刘安统一一次，到董仲舒最后完成一统。董仲舒之后，越分越多，十四博士之后，又有无数的家法章句，更加上古文经学与之分庭抗礼，也不知道该听哪个。然后到了章帝时代，又有统一的行动。

这个统一的行动，表现出来就是白虎观会议。

汉朝人是喜欢开会搞大讨论的，有学术分歧，没关系，官方的和民间的意见不一致，没关系，都坐到一起来，公开辩论，真理越辩越明嘛，一天不够两天，两天不够十天，直到有个结论为止。所以前汉有盐铁大辩论，有石渠阁大辩论，后汉除了小打小闹的今古文之争外，还有个规模甚大的白虎观会议。

白虎观会议的议题有哪些呢？有礼制，有官制，有军制，有族制，有刑法，有历法，有五行灾异，有春秋大义，有占卜方法，有天地日月四时，有性情寿命姓氏，有各种嫁娶衣饰，有形而上的探讨，甚至还有古代贵族的性教育问题，反正就是六经七纬中涉及的问题，存在异议的，都一一加以讨论。根据班固后来的记载，议题有三百多种，时间持续了好几个月。

参加的人员有哪些呢？

古文经学的贾逵当然是参加了，但他并没有成为男一号或男二号。古文经学的班固也参加了，不过他当时是史臣，只是做记录的。要知道今文经学十四博士的力量，不可轻觑，何况还有那"通经致用"、德学兼备的四员主将杨终、李育、魏应、鲁恭。杨终是谁？精通《春秋》，博学多闻，经常上书直谏，提出召开经学大辩论，结果辩论期间差点儿下狱，连班固、贾逵也替他求情，最后参加会议。李育是谁？今文经学大师，不仅通今文各家经学，而且还旁览古文。白虎观会议时，与贾逵对阵的主力，号称"通儒"。魏应是谁？自少年起好学苦读，通经，有德行，门下弟子数千人，白虎观会议的主持人。鲁恭是谁？一个真正的"通经致用"者，为边吏时，以经学德行教化子民，不任刑罚，境内大治，无论遇到盗贼还是水旱、虫患，只要他过去，都能很快让地方平安。而且他也经常上书，向朝廷提以儒术治国的建议，都是薄刑缓赋那些。对了，还有博士赵博，《欧阳尚书》的专家丁鸿、桓郁，《严氏春秋》的专家楼望，宗室出身的广平王刘羡，哪个不是厉害角色？

所以看这阵容，就知道了，这次会议一定是今文经学唱主力。而事实上也是这样，最后由班固整理的会议记录，也就是三百多个议题的结论里，采用的几乎都是今文经学的主张，而古文经学的，没有一点点儿。

有同学就说了，早知道这样，还要搞什么辩论嘛，直接让今文经学做权威不就得了？这位同学有所不知，今文经学内部，也是不统一的。五种经书，有十四博士，每种还有各家法章句，这个也是要统一的，而且这个当时争论得也是非常热烈的。所以白虎观会议，与其说是今古文的争论，倒不如说是今文经学内部的争论。虽然贾逵李育之争，的确算是其中比较精彩的插曲。

经过白虎观会议这次今文经学的统一运动，短期内似乎解决了一些问题，让许多不同的意见得以统一，可一方面十四博士还在，另一方面，各家各派的粉丝群体也还在，谁也不服谁。结果没过多久，还是书生气重，门户见深，京师三万太学生，天天为了些学术问题，面红耳赤。而今文经学，也因为这种破碎支离而元气渐伤，日见衰落，虽然后汉末年，也有何休的回到董仲舒运动，但都无益于解决这种衰落。反倒是古文经学日渐兴起，很多年以后，一场由古文经学为主导的经学统一运动，终于大获成功，在统一了两汉经学的同时，也给两汉经学画上了句号。

61. 后汉的经学和政治

白虎观会议之后，后汉的政治渐渐地就有点儿江河日下的样子了。章帝之后是和帝，而和帝朝就出现了皇帝联合宫里的残疾人，把娘舅家的势力一网打尽的事，然后开始了娘舅党和残联党的百年战争，一直发展到一百多年后，残联党把读书人打得落花流水，教会党起事，残联党又诛杀娘舅党何进，最后被一帮兵爷收拾残局。

当然，那是后话。根据读书人里最优秀的代表之一孔明先生的说法，后汉之所以不如先汉，是因为先汉亲贤臣远小人，后汉亲小人远贤臣。他这话是说给不成器的阿斗说的，而当时不成器的阿斗正与宫里的残疾人打得火热，并且还表现出对他这个读书人的优秀代表非常不满意的迹象。谁是贤臣？当然是书读得多、书读得极好的那些，比如他，诸葛亮，当年"与颍川石广元、徐元直、汝南孟公威等俱游学，三人务於精熟，而亮独观其大略"的。哪些是小人？当然是宫里的残疾人，比如黄皓这种人。

不过孔明先生没有说的是，世上哪有无缘无故的"亲贤臣远小人"，也哪有无故的"亲小人远贤臣"？后汉的皇帝虽然年纪通常比较轻，可他们并不是傻子，哪怕最后的汉献帝也不是。他们之所以那么做，自然有他们的原因。

为什么他们只能在娘舅党和残联党之间做选择——除掉那些年龄过

幼、未具备民事行为能力的，为什么不选择那些宫外的读书人，像先汉一样？原因只有一个，就是——那些读书人的力量，甚至比娘舅党和残联党更厉害。先汉时候，那些读书人哪有什么势力哟，公孙弘有力量还是刘歆有力量？可后汉就不一样了，那是真正的经学大盛时代，那些读书人不仅门生满天下，不仅呼朋引类，而且占据了全部的文宣资源。看看最后被残联党绞杀的清流党，从朝廷三公到民间公知，再到京师三万太学生，全部同气连声，甚至有公知被抓了，另一个读书人也以一同被抓为荣，如果不被抓连他妈都会觉得脸红，认为自己的儿子是不是不够做公知的资格，以公知的身份坐牢不仅不是丑事，倒像是镀了金，从牢里放出来那是万人空巷地迎接。这架势如果再不信任娘舅党和残联党，而真的去"亲贤臣远小人"，恐怕这皇帝将来也就是个摆设，连出宫吃个花酒都不得自由了，更何况最后收拾残局的汝南袁氏、沛国曹氏、吴郡孙氏，哪个不是后汉的世家大族？当年，也都是"贤臣"来着，更何况前汉是怎么亡的，还不是一个读书人的优秀代表、声望举世无双的王莽？

所以后汉经学大盛，与后汉政治衰落出现的矛盾，既不是诸葛亮所说的后汉皇帝非得自杀性地"亲小人远贤臣"，也不是很多年以后人们所说的儒家学说本身的问题——皇帝或太后都不信任儒生，儒生怎么可能产生问题，而是政治斗争的必然产物，是伴随着经学大盛之后，新兴的士大夫阶层形成的世家大族与皇权本身矛盾的产物。

有同学就要问了，前汉也有经学家，也有五经博士，为什么没有出现士大夫阶层与皇权产生矛盾的事？这话问得很好。其一，前汉五经博士才几个弟子，后汉有多少个？京师三万太学生啊，再加上各郡县乡聚的学、校、庠、序，还有私学，还有已经毕业的学生，想想有多少人？还有察举征辟制施行后的大小官吏，又有多大的力量？其二，前汉立国百年之后，才让人通过读经做官，然后刘野猪一直信任的，还是自己的小舅子们——不是娘舅，以及通过郎官制度选拔的人，后面的宣帝，也是王霸道兼用。再后面，娘舅势力一直很厉害，连王莽也是因为娘舅党的背景登上政治舞台的，儒生们从来就没有形成自己强大的政治势力，盐铁论一战，也只是在桑弘羊在政治上快要失势的时候，与之战成平手。其三，后汉的皇帝都是读书人出身，榜样的力量是无穷的——读书能当皇帝，后汉读书能火到什么程度就可想而知了。其四，看看谈灾异的，在前汉屡受打击，连掉脑袋的都有几个，而在后汉，不谈五行灾异都混不下去，就知道后汉时代，儒生们的力量有多大了。要知道，前汉之所以皇帝不让儒生妄谈灾异，是因为灾异谶纬可是儒生们压在皇帝头上的一柄利剑哪，因为灾异谶纬的解读权，其实就是天意的解释权。

有同学又要问了，为什么不分而治之，比如利用今古文经学的矛盾呢？这位同学有所不知，后汉今古经学虽然打了三场战争，而前汉只打了一场，可后汉打得要文明得多，根本不秋后算账，基本上是非常费厄泼赖的。后汉京师有三万太学生，郡学、县校、乡庠、聚序，这么多的学生，十四博士能教几个？何况还可以办私立。所以当不当博士并不要紧。后汉经学大师往往博览群书，书读得好的人，做不做官也并不在意，甚至还不一定愿意做官。虽然经学大师的弟子位列三公的比较多，可连老师都不在意那些虚名，弟子们又怎么可能势同水火，被分而治之呢？当然还有一个原因，就是后汉的经学世家，大都成了本地的名门望族，家大业大，地列千顷，儿孙满堂，有个五世三公固然好，偶然没有，也不必过于在意。当然更不可能出现刘歆与今文博士的那种情形了。

所以对于皇帝来说，顶好的，就是儒生出身的士大夫官僚，与娘舅党和残联党三足鼎立，自己左右逢源；可无奈的是，士大夫官僚掌握了强大的相权——哪怕从光武帝开始就对相权进行了削弱，掌握了舆论权，甚至还掌握了对天意的解释权，所以只能多依赖一下娘舅党和残联党了。那些货又并不都是读书读得好的，自然就难免"亲小人远贤臣"起来，又自然就难免出现残联党和读书人的全面战争，以至于整个汉代的经学事业元气大伤，再也不能复原。

不过所幸的是，在这之前，无论是今文还是古文，都得到了充分的发展，量产了一大批经学大师，也终于让经学的统一运动得以最终完成。

62. 回到董仲舒

很多人之所以成为你的对手，并不是因为他与你的差别太大，而恰恰是因为他与你的差别太小，你们有很多的相同点，这才成为对手；而你之所以战胜你的对手，也常常不是你所有的主张都与对方完全相反，而恰恰是你能合理地吸取对手的主张。

所以孟子辟杨墨，而自己也有墨子的影子，理学辟佛老，而朱子道，陆子禅。今古文之争也是这样。

贾逵在古文仍处于劣势时，吸取了一些谶纬的主张，不过还没等到古文经学谶纬化，或古文经学今文化，今文经学已经向古文经学靠拢了。原因嘛，自从今文经学在白虎观的统一运动不了了之之后，经过若干年的发展，此长彼消，古文经学一天天强起来，而今文经学却一天天地弱下去，以至于必须向对手学习，否则就有被边缘化的危险了。

为什么会这样？因为今文经学的三大优势没有发挥出来，而劣势却越来越明显。

先看优势：第一，完整的思想体系自从董仲舒之后，没有几个人精通；第二，博士制度在后汉越来越不重要，谁的课讲得好，谁的学生就多，不管是不是博士，学生也不迷信博士，像马融，有学生上千人；第三，贾逵证明了谶纬并不是只有今文经学能搞，古文经学其实也能，只不过咱们一向不屑去搞罢了。

再看劣势：章句、家法，并没有因为白虎观的会议而得到根本解决，几家还是几家。

相比之下，古文经学就越发显得强大起来，一个个的通古博今，让人不得不惊叹他们怎么那么有学问。而且与今文经学师徒相授不同的是，他们不仅弟子众多，家世也非常了不得，有的世代都通古博今。这就非常有杀伤力了。

比如班固，《汉书》的作者，从曾祖父班况举孝廉开始，世代都是学而优则仕的读书人。祖父辈的班伯、班斿、班稚，或以博学入仕，或以清正闻名。父亲班彪，有名的史学家，给《史记》写续集。弟弟班超，有名的军事家、外交家，连同他的儿子班勇，两代人搞定了西域。连妹妹班昭都是学问了不得，把哥哥没写完的书写完了。

比如许慎，《说文解字》的作者。贾逵的弟子，不仅精通经学，被称为"五经无双许叔重"，而且对于文字学，贡献极大——贡献有多大呢？他花二十一年的时间，把汉朝所知道的古代文字全部搜罗整理，进行分类、解释，弄清了这些文字的起源和变化规律。他不仅对每个字分析字形，解说字义，还辨识声读。可以这么说吧，我们之所以能读懂古代文字，全靠了这本书，如果没有这本书，现代人不仅看不懂小篆，更看不懂甲骨文，金文，还有战国时期各国的那些奇怪的文字，没有这本书，上古文字对于咱们就像是玛雅文。

比如马融，班固的弟子，对今文经学和古文经学都很精通。涉猎非常广，看得多了，自然就不可能拘泥于一家一说，看到没有一个能完全满意的，就自己来写，他说贾逵精而不博，郑众博而不精，所以我要搞一个既精又博的。于是开始遍注群经，比如注《易》，有费氏，有子夏之说，有孟氏、梁丘氏、京房氏。注《尚书》，有郑氏、贾逵之说。注《诗》，有毛诗、有韩诗。还有什么《三礼》、《孝经》、《论语》，甚至《老子》、《淮南子》、《离骚》以及刘向的《列女传》他都来作注。注了还不够，还搞文学创作，什么赋、颂、碑、诔、书、记、表、奏、七言、琴歌、对策、遗令，都能玩儿。

古文经学全是这些狠角色，难怪那些抱着家法章句的今文经学要式微了。不过所幸的是，到后汉末年，今文经学里也出了一个博古通今的大家，那就是何休。

如果说马融是以古文经学家而兼通今文，何休算是以今文经学家而兼通古文；如果说贾逵是用今文的谶纬解释古文经学，那么何休就是用古文的注疏法来重读今文经学。

为什么要用注疏法呢？因为跟章句法一比较就知道了。章句法像是教辅，或者像是讲课的课件，一般的形式都是设问，一问一答。先把标题布拉布拉的解释一大通，为什么要用这个字而不用别的字，有什么含义，为什么这个字在那个字前面，再是后面的记事，为什么要这么说，是表扬还是批评呢，为什么有话不好好说，非得藏着掖着，等等。而注疏就比较简单，就是把那些生词注释一下，必要时再标一下读音，再把整句的意思解释一下，但也仅此而已，不会搞什么一问一答。所以虽然前面的教辅有利于考试——背下来就行了——可后面的却有利于学知识。这就相当于应试教育和素质教育，虽然应试教育在博士还比较吃香的时候很管用，可等到大家不是那么看重学位而更看重学问本身的时候，素质教育的成果就后来居上了。

不过如果何休仅仅是用注疏法来重读今文经学，还算不上经学大家。他的厉害之处在于让今文经学回到了董仲舒的"微言大义"，以至于有人说他是对《春秋繁露》继承得非常好的。"微言大义"一出来，今文经学的长处就出来了，有了"微言大义"才能治国安邦通经致用嘛，天天像古文经学一样钻故纸堆有什么用？

不过何休也像所有注重"微言大义"的经学大师一样，是不会满足于仅仅继承前人的东西，而必定要"托古改制"的。因为时代在变，社会在变，他的时代，与董仲舒不同，与胡毋生也不同。他的时代，有著名的党锢之祸，很多清正廉明刚直不阿的朝廷重臣被抓、被杀，很多民间的知识分子被关押、被迫害，京师几万太学生各州郡更多知识分子参与的学生运动被镇压；而他，作为清流党援引推重的人物，也遭到罢免和监视，他的著作，就是在这种状态下，历十七年之功而写成的。如果说通经致用，还有什么比现在的政治形势更需要通经致用的呢？所以他的著作里，有他的社会理想，有他的政治抱负，也有他的家国天下的理解，比如他提出的"衰乱世"、"升平世"、"太平世"的社会进化论。他提出"三科九旨"说，什么新周、故宋、以《春秋》当新王，什么所见异辞、所闻异辞、所传异辞，什么内其国而外诸夏、内诸夏而外四夷，他提出五始、七等、六辅、二类，等等。他的"条例"里固然有以胡毋生为主的各家各派学说，固然也有根据经文贯通后形成的，类似于《春秋繁露》的东西，但还有很多，都是自己的思想。

所以从这一点上来说，何休的确是回到了董仲舒。他们一样博学——董仲舒就不说了，完成了先秦学术的统一；何休则是今文经学的集大成者，不仅精通今文和古文经学的各家各说，而且"三坟五典，阴阳算术，河洛谶纬，莫不成诵"。他们一样政治失意——董仲舒差点儿被关进大牢，何休也遭到禁锢。而且重要的，他们都是搞《公羊》的。

不过有一点不太一样，董仲舒的学术对手，是淮南子为代表的道家；而何休的学术对手，却是古文经学。而最为重要的，就是《公羊》的对手《左传》，也许还有穀梁。

所以何休除了有名的《春秋公羊解诂》外，还有三本奇书：一本是《公羊墨守》十四卷，指出公羊学说各种正确，就像墨子守城，哪个能够攻破？一本是《左氏膏肓》十卷，指出《左传》各种问题，问题还非常严重，就像人病入膏肓了，没救了，还是放手吧。还有一本是《穀梁废疾》三卷，可能是因为《穀梁》是不太重要的对手，所以只用了三卷，不过也是各种问题，就像人得了瘫痪，残疾人哪，死不了，不过想起来也难。因为书写得实在是太高深了，人们称这三部书为"三阙"。为啥叫"三阙"？可不是三个缺心眼哦，也不是三傻大闹宝来坞什么的哦，而是像三座高高的宫殿望楼，哪里能够登得上去哟。

如果何休仅仅是作《春秋公羊解诂》，收收学生——因为何休和韩非子一个毛病，所以教学生只能用笔，难于口授，学生肯定是不可能像马融数以千计的——估计还不至于树敌。但何休既然都把《左传》说成病入膏肓，那么古文经学就少不得要来应战一番了。马融岁数太大，这时可能都已作古，不过马融数以千计的学生，就少不得有一两个异常出众的。

那个人果然来了，他就是郑玄。

63. 一代宗师的诞生

那时候，有一个少年，从小家境贫寒，但天赋异禀，又勤学苦练，功夫不负有心人，终于声传一方。那时候，少年变成了青年，那个青年拜某派著名高手为师，尽得所学，又拜另一派高手为师，又尽得所学，十年之后，在东方，已没有人能做他的师父。那时候，青年又变成了壮年，他去西方继续学艺，拜在天下第一高手的门下，但高手门下弟子数以千计，三年都见不到高手本人，只能得到高手的弟子相授，但他仍用自己的勤奋和才华得到了机会，七年后学成下山，一代宗师诞生。

这不是武侠剧，也不是励志剧，这是一代经学大师郑玄的生平。

他和孔子一样，都曾经有很好的家世，但早已败落。他的远祖曾是孔子三千弟子中的一个，他的八世祖曾是前汉后期，哀帝时候的一个贤臣，哀帝也很信任他，只可惜太贤了一点儿，以至于与哀帝的好基友董贤以及其他的好朋友合不来，最后死在了牢里。结果就是他出生的时候，家道败落得不能再败落，他的阿公和老爸，都是种地的庄稼人，庄稼人是没有什么收入的，所幸那时是平民教育的一个小高潮，京城的太学生就有三万，教育很普及，而且初等教育成本比较低，所以就读了书。

他读书不是一般的好，八九岁的时候就已经精通算学了。算学是很重要的一门学问，不比现在的数学差，因为要学天文、历法、术数，都要先学算学——都不会算，怎么能弄清日食月食、二十四节气的时间？怎么能弄懂阴阳五行九宫八卦的运行规律？到十二三岁时，天文、历法、术数也都非常熟悉，什么"占候"啊，什么"风角"啊，什么"隐术"啊，都不在话下。不过他最感兴趣的，还是经学。这时候，他已熟读五经——是的，十二三岁，就是现在的普通人小学毕业的时候。

更为难得的是，和别的小学生相比，他更耐得住、更拿得起、更放得下，他知道自己要的是什么，他知道什么是重要的、什么是不重要的。因为家境贫寒，所以穿得就不怎么样。有一次，也就是在他十一二岁的时候吧，他和母亲去外公家，外公家客人很多，个个衣着光鲜，夸夸其谈，一个个表现得有家世、有学问。他母亲坐不住了，就想让他出头表现一下才华，可他却毫无兴趣，说这些不是我想要的。是的，他们欣赏又如何，不欣赏又如何，与我何干？那时候，他是一个神童，他没有上什么《天天向上》之类的节目，没有走一般神童会走的道路。

但并不是不出风头，才华就会被埋没，是金子总会放光。他十六岁那年，县里出了两件祥瑞，在当时那个到处谈灾异的年代，自然少不得要写点儿公文颂辞报喜，可县里官吏实在干不了这个，结果就让郑玄这个少年捉刀了。文章自然是精彩非凡，连郡守也夸得不得了，后来亲自为他举行冠礼，祝贺他长大成人。如果在明代，他显然是一个才子，然后琴棋书画诗词曲赋样样精通，再留下点儿风流韵事，不过他也没有走才子的道路。

当然，还有精通的天文历法术数，能掐会算，曾以预测过火灾，被视为异人，但他也没有走术士之路。

到他十八岁的时候，一方面家里实在太穷，没办法继续求学，一方面官府也在向他招手，就在乡里做了个办事员，没多久因为办事能力强，成绩突出又被提拔成了副乡长。对于他的家庭来说，这也是一个好的开始，毕竟吃上皇粮了。

可他仍然没有走公务员之路。他利用节假日和工作之余继续求学，甚至到很远的地方访师求教。虽然他的这种"不务正业"，不花时间专心与上司同僚打成一片，反而求那些没用的学问，让他的老爸和哥哥非常不满。要知道郑玄除了有才华、写得一手好文章外，酒量也极大，据说能喝三百杯都不醉，既是县里出了名的一支笔，又是县里出了名的好酒量，还有谁比他更适合混仕途呢？

机会终于来了。当时清流党核心人物之一的杜密，做了北海相，到郑玄所在的高密县视察的时候，相中了他，把他调到郡里去做事，让他有进一步读书求学的机会。郡里机会毕竟更多，杜密还是天下闻名的人物。而且，也算是摆脱了老爸和哥哥的影响——他们老是想让他安安稳稳地做一个公务员。再过了不久，又辞官——算是完全放弃了仕途——去太学读书。这一读，就是十年。

这十年里，他先是师从今文经学的大师第五元先。第五这个姓现在看起来有点儿奇怪，不过在那时却是一个不奇怪的姓，汉朝就有第五伦，唐朝还有第五琦。现在那些姓伍的，说不定祖上就是姓第五呢。不过虽不奇怪，却很别致，元先的名字，也很别致，元者岁之始也，先者人之始也，很有春秋隐公元年的味道，所以郑玄在他这里学了《公羊春秋》。

而第五元先也不是一个死守家法的人，学问也很大，历法、算法都精通。所以郑玄又学了京氏易，然后还有古文经学家刘歆创建的三统历，还有著名的《九章算术》。

接下来就是拜到古文经学的大师张恭祖门下。恭祖恭祖，对祖上的东西很恭敬，恭者礼也，祖者古人也，放到一起，就是很重视古代礼制，看上去就像个搞古文经学的。郑玄从他这里学了《周官》、《礼记》、《左氏春秋》、《古文尚书》，不过没有学《毛诗》，学的却是《韩诗》，可见当时今文经学和古文经学的确越来越趋于合流了。

然后还在幽州、并州、兖州、豫州方圆几千里的地方，到处旅行，寻访名师名儒，进行求教，读万卷书，行万里路。虽然以今古文各家各派的经学为主，可天文历法算学什么的都学，还有跟陈球学法律，算是一种真正的博雅教育了。果然博雅教育出人才啊，到三十来岁的时候，在东方已经没有人能比得过他。

他放弃了那么多条道路，只在寻求真理的道路上越行越远，也一天天地向一代宗师的道路前进。到他三十三岁的时候，他的前面还有两座高峰，一座是当时已闻名天下的马融，一座比他还要小两岁、他日将会成为他对手的何休。

64. 名师高徒

传说，一千年后，关中长安南郊的终南山下，有一位中年男子带着一个少年从东方不远千里来到这里，那位早已青出于蓝成名于江湖的中年男子，将在这里把那个少年交给终南山上他当年的师父。

而据史书说，一千年前，长安西边，终南山西侧山脚下的扶风县，也有一位青年男子带着一个已过而立之年的儒生，也是不远千里从东方来到这里。在这里，他要把那位已闻名东方的儒生介绍给他的老师。

在传说中一千年后的那位中年男子，就是当时江湖顶尖高手之一的大侠郭靖，而那位少年，就是杨过。而一千年前的那位青年男子，是后来非常出名、成为刘备老师的卢植，那位儒生，则是郑玄。

所不同的是，生性倔强的杨过，并没有在终南山的那些师傅那里学到什么本领，反倒因为那些人被大侠打败，而饱受欺凌。幸运的是，他终于在后山的古墓里，遇见了一生里最重要的人；而郑玄，则用前后十年的时间，让自己完成了从儒林高手向一代宗师的转变。

相同的则是，如同杨过根本没有得到全真七子的亲授一样，郑玄在扶风的前几年，也根本没有得到那位大神的亲授，甚至连面也未曾见两回。

这也是很显然的，以郭大侠的面子，杨过尚且不能得到亲授，那么以一个当时才二十出头的卢植的身份——仅仅是马融亲传弟子之一——又怎么能让马融亲收郑玄做弟子呢？虽然郑玄当时的确了得，在东方名头很响，可马融忙得很。

马融当时有上千弟子，其中有四百多个都是多年跟随，而他比较得意的有五十多个，虽然不及孔子七十贤人，可也非常可观。要知道那时还没有学会搞应试教育，一个老师带五十多个学生，水平、偏好、进度都不一样，得一个个亲授，哪有精力随便收插班生。而马融本身是经学家，不是教育家，还要从事学术研究，涉猎非常广泛，还要著书立说，所以其他的那成百上千的弟子，都是由他的高才生们再去教，也就再正常不过了。那么卢植，一个二十一岁学生的面子，还没有大到让马融让郑玄当入室弟子，也就并不奇怪了。郑玄在东方的名头是响，可毕竟是新成名的高手，比起马融这个儒林名宿泰斗宗师，还是差了很多的。

于是郑玄就只能一边听那些马融的高才生们上课，一边自学钻研，就这样过了三年，据说连马融的面都没见到。但还是那句话，是金子总会放光，机会总是留给有准备的人的。三年后的某一天，马融这个博学的经学家，和一众高才生们演算浑天的时候卡了壳——什么叫"浑天"？这可不是骂人话，可不是混账的老天的意思哦。这是一种天文学的学说，就是说宇宙是个球——这也不是骂人话哦，宇宙其实像鸡蛋一样——和现代的宇宙蛋学说很像哦；而大地也是个球，这个地球在天球里面，而外面则有各种天体，以一定规律运行着。浑天仪见过吧？后汉的张衡就造过这玩意儿，其他人当然也对这个充满兴趣，没事就拿来演算一番。所以他们演算浑天嘛，其实就是用数学知识演算天体的运行。这种高难度的智力游戏，现在那些高校生——如果不是天文学天体物理学专业的话——恐怕都未必能轻松拿下。马融和他的那一众高才生们当然也出现了困难，而神奇的张衡，这时候早已作古，这时就有个高才生——不知道是不是卢植——提到了郑玄，他说我知道这里有个叫郑玄的学生，非常了不起，他天文学和算学都很厉害，说不定他能搞定。而马融就说，那你就喊他过来吧。

郑玄过来之后，当然很轻松地就解决了问题。马融当然是又惊又奇，又喜又恨——惊的是，这么难的问题，他居然这么快就解决了；奇的是，天下居然还有这么聪明绝顶的人物；喜的是，这么聪明绝顶的人居然是我的弟子；恨的是，我居然把这么聪明绝顶的弟子错过了三年。但不管怎么说，他还是很高兴地对郑玄说，你这个年轻人很了不起啊！他又对卢植说，你和我，都比不上他啊。他说的也许只是天文学和算学，而不是经学，但也可见是内心的欣赏。于是郑玄当然也就成了马融的高才生之一，得以耳提面命。于是郑玄终于也能把他多年里，在经学方面遇到的那些高深的问题，进行请教。

这样又过了七年，郑玄也不知是觉得自己已经学到了马融的知识，还是父母的确身体不好，还是兼而有之，总之他辞别马融，要回到东方了。马融这时也知道这位学生，将是他所有学生里最了不起的，也将是唯一能真正全面超过自己的人。他对其他弟子说，郑玄走了，我的学问已经去了东方了。

不过根据《世说新语》那本书的记载，这时还发生了一段小插曲。就是马融虽然知道郑玄是自己的学生，但对于这个将全面超过自己，取代自己成为儒宗第一人的弟子，还是心生忌恨的。特别是这个弟子将要离开自己去东方，无异于放虎归山、驱鱼入海，所以打算派人去追杀。而郑玄看到老师在自己辞别时那奇怪的样子，也料到他们可能会被追杀，于是就坐到桥下，脚上穿着木屐踩在水面上。而马融在用转式之法占卜郑玄行踪时，发现郑玄现在在土的下面，在水的上面，而且还踩着木头，这是黄泉之上，黄土之下，棺木之中啊，必死无疑的征兆啊。一个必死的人，还用得着追吗？不过马融没想到的是，郑玄的确必死，不过是在多年以后。

这个故事让人看着有点儿心寒，透着魏晋时代那些士人身陷政治旋涡朝不保夕的不安感，而且魏晋之时，伪书并出，《世说新语》本来就是一个半小说的东西，这个故事未必可信。他们不知道在后汉的时候，儒林还是一片祥和之气的，儒生们以名节相标，以忠孝廉正自期，否则也不会有清流党人了。所以后来有人说，马融一代儒宗，怎么会做这种下作的事？当时的读书人，小心眼的肯定有，但一代大儒能下作到这种程度的，应该见不到。

但不管怎么说，郑玄都是学成归来了。在他面前的，将是怎么样的道路呢？

65. 一生布衣复何求

如果说少年时代郑玄的道路，还有一半是因为机缘，那么中年以后郑玄的道路，则完全出乎个人的选择。他选择了自己想要选择的，而放弃了自己不想要的，哪怕那些是别人梦寐以求的。就像少年时代，他放弃在一众亲戚前面炫耀才华的机会，很多年以后，他也放弃了腰金衣紫，光宗耀祖，妻荣子贵的机会。

本来，求学了那么多年，在入关中之前，已经在东方数一数二，有清流党领袖之一杜密的赏识，有太学的名师推荐，现在又师从马融门下十年，连马融也要说"吾道东矣"。如果真要按照当年父兄的想法，在体制内即使不能弄个博士，也一定有个不低的位置吧。不过郑玄没有那么做，他当年辞去公务员去求学，学成之后，他选择的是"客耕东莱"。

东莱是东莱郡，在现在胶东半岛的北部、东部和南部，算是胶东半岛的外围，里面就是他的老家北海，而北海的中部则是他的家乡高密县。他选择的地点则在东莱南部的不其县，接近现在的即墨或崂山，也算是一个风景优美的所在了。不过他可不是去度假的，他是"客耕"的——什么叫"客耕"呢？就是说他是租种别人的地，用后来的话说，他就是个佃农。虽然比起当年陈胜的"庸耕"——当长工——要好那么一丁点儿，但也说明过得很清贫，连自己的地都没有。

不过这并没有妨碍他的快乐，他就像很多年前那个不改其乐的颜回一样，或者像很多年后一辈子生活在一个小城柯林斯堡的康德一样，他要的是心灵的安静和自由。真理不能带来富贵，但能带来自由；德行不能带来爵禄，但能带来内心的安静。

这样的生活，大概持续了一两年，朝廷进行了第二次清党运动。

什么是第二次清党运动？就是还在郑玄求学关中的时候，朝廷中的正直的读书人，与民间知识分子，太学生三万多人，联合起来反对当时比较腐败的残疾人党，结果遭到反击，朝中有名望的公卿，民间有声望的公知，两百多人被逮捕。这是第一次清党。所幸娘舅党看不过去，施以援手，这批人终于被放出来，谁知遭到了残疾人党新的反击。不仅这两百多人被处死，而且还逮捕朝野各种异见人士，连同他们的父子、兄弟、学生，甚至当年做官时的下属，都一律有官的免官、没官的列入黑名单，并且都永不录用。这次杀伤面非常大，可以说朝野的正义力量，一网打尽，仅北海一地就有四十多人，郑玄这个当年被清流党领袖之一杜密推荐过的人，当然也不会例外。

所幸郑玄就没想过去做官，他本来想要的就是讲堂书斋，半耕半读的生活。虽然清贫，仍不妨碍很多人慕名而来，做他的门生。现在有了清党运动，正好将余生都用来著书立说。很多年以后，郑玄在他老病的时候，就表示自己最遗憾的事，一是父母双亲没有安葬得好一些，二是家里那么多的书都快要坏掉，没来得及一一抄写。

比较有意思的是，郑玄学术上的对手何休，也因为这场清党运动——还真是一个也别想漏掉啊——被禁锢在家，也在那里发愤著书。好些年后，还让诸葛亮"未尝不叹惜于桓灵"的那场惊天祸事，最后成全了的，也许也只有这两个天才学者的交锋了，用整个国家崩塌溃败的代价，换来了经学时代的绝唱。这段时间，何休完成了他的那些最经典的著作，而郑玄也正值著书的黄金时期，前后完成了百万字的写作，而且字字珠玑，考据精实。

第二次清党运动持续了十四年。而它之所以结束，并不是因为皇帝或残疾人党大发善心，却是因为很有名的黄巾大起义。

这个很有名的黄巾大起义到来之后,皇帝或残疾人党发现国家已经没有合适的人才能让这场洪水退去了。因为人才差不多都入了清流党。当政治败坏的时候,有时候成为异见人士,甚至为此坐牢,那是一种荣誉。比如说范滂被处死之前,他妈妈就对他说,你今天能和李膺、杜密一起被处死,有什么好遗憾的呢?

皇帝能做的,就是重新起用这些清流党人——如果还没有被处死的话,这中间,也包括海内知名的郑玄。皇帝起用清流党是有道理的,因为当年还没有清党的时候,那些山中的好汉们,经常会避开清流党人任职的地方。而多年以后,郑玄回到老家高密后——黄巾党人几万多人,就是不肯进高密的县境,理由是郑玄是个能为老百姓说话的好人。

郑玄活过了清党运动,他的对手何休没有活过,很多很多的人都没有活过。不过郑玄本来就无意于仕途,现在更不会对仕途有一丝一毫的兴趣。所以郑玄其后十几年,差不多就是弃官拒官的十几年。

五十八岁那年,大将军何进第一次征郑玄入京做官。当今掌握权柄的大将军的命令,下面的官员当然是没有困难要执行,有困难克服困难也要执行,就几乎是胁迫着把郑玄送进了京城。大将军很客气,赐给他扶几、手杖,而郑玄硬是不穿朝服,穿着平民的衣服见了他。在京城住了一晚,还没等宣布官职就逃走了。

接下来过了两年,三司府两次请他做官,又被他婉言谢绝。做官不愿意,做博士总可以吧?六十一岁那年,他和别的十三人一起被征为博士,他以父亲去世为由拒绝。再后来后将军袁隗推荐他去做侍中,他仍以父亲去世要居丧为由拒绝。

然后是董卓时代,很多大臣推荐他做赵王相辅佐赵王,他又拒绝了,理由是道路不通。

再然后是袁绍时代,一伙儿被袁绍养着的附庸风雅不知天高地厚的家伙,见袁绍对郑玄太客气不服,和他辩论,结果哪里是博古通今的郑玄的对手。袁绍就让郑玄当茂才——就是前汉时代的秀才,郑玄拒绝了,又请他当左中郎将,他又拒绝了。这场辩论还有个结果,就是袁绍手下一个叫应劭的,想当郑玄弟子,说我是太山太守,当你的弟子没问题吧?郑玄当时就笑着说，孔门弟子四个系，没有哪个系的学生是以官职相称的。

最后一次，是七十一岁的时候，汉献帝请他做大司农。这是省部级的高官，还送了一辆车，让途中各郡各县亲自送他过来。这是皇帝亲自下的圣旨，不比从前。郑玄在家拜受之后，就坐车到了许昌，然后马上又借口自己病得很厉害，请求告老还乡。也因为这一次虽然没有就职，但却拜受，被后来的人称为郑司农——到底还是以官职相称了。

不过也许在郑玄自己看来，他更喜欢别人称他郑先生，或干脆称一声郑康成吧。康成者，成康之治也——或许，那才是他心向往之的地方。

那么这个一生用力于训诂考据、让古代礼仪文明得以重见于后日的郑康成，又都有些什么样的成就呢？

66. 小统一时代

圣贤总是相似的，而不圣贤的人却各有各的不圣贤。

后汉的时候，人们喜欢用各种俗语来称呼那些他们认为很圣贤的人，比如喝毒酒而死的名臣杨震就叫"关西孔子杨伯起"。如果按这个算起来，郑玄也许更应该叫北海孔子什么的了，因为他和孔子有着更多的相似之处。

他们一样的有着不错的祖先，而且一样的很早就家道败落，从小过得非常清苦，他们一样的自幼聪颖好学，一直学到"不知老之将至"。他们一样的在仕途上非常不顺利——不同的是孔子还有心救世而郑玄根本无意仕途，他们一样的晚年时在教育上有意外的成就，弟子门生满天下，孔子弟子三千，郑玄前后不下万人，他们一样受到弟子的拥戴，孔子的话被整理成《论语》，郑玄的话则被整理成《郑志》。他们一样梦见了先贤，孔子梦见了周公，而郑玄梦见了孔子，所不同的是，孔子是年轻时经常梦见周公晚年时反倒不梦见——这个郭沫若解释说是因为晚年孔子的思想已经超越了周公。年轻时乱做梦反倒是身体不好的象征——而郑玄则是七十三岁时梦见孔子对他说，"起起，今年岁在辰，来年岁在巳"——传说圣贤在龙年或蛇年是有劫数的。而且他们还一样的在古籍整理上有着惊人的成就，尤其是古代礼仪文明、典章制度。他们还一样的在晚年，对《周易》情有独钟，传说孔子晚年把《周易》竹册的绳子都用坏了三次。而郑玄在生命的最后时刻还在给《周易》作注。

如果按照古文经学的看法，他们应该还有更多的相似之处。按古文经学的看法，孔子是一个历史学家，他并没有为后世立法，他所做的，是把古代的文明成就整理并流传下来，"述而不作"。而郑玄所做的，也是这些事情。所不同的是，郑玄的"述而不作"，前后达六十部，上百万字，可以说，包罗万象。

那么，都有哪些呢？

第一，校雠学。其实就是把古书里各种版本，各种说法，放到一起比较，把错误的地方进行订正和说明，对这些文字的不同进行来源的辨析，弄清真正的意思，对存疑的地方进行收录，反正就是特别特别有学问的人才能做的事，因为那该要读多少书啊。

根据后人的说法，郑玄在校雠学方面做了十二件事。哪十二件？一是辨章六艺，这是弄清楚六经是做什么用的，通经致用，通经致用，得知道怎么用；二是注述旧典，理查群书，这是查阅各种书籍，对古籍进行注释；三是条理礼书，这是把本来很杂乱的书弄得条理非常清晰；四是叙次篇目，这其实就是编图书目录；五是广罗异本，这是把各种不常见的版本都进行搜罗和比较；六是择善而从，这是说他根本无视当时的什么家法，也无视今古之争，哪个对就听哪个；七是博综众说，这是说他最终综合了各家各派的长处；八是求同存异，这是说他对存疑的地方进行保留，然后给出自己的看法；九是考辨遗编，这是对那些逸书逸文进行考证；十是校正错简，这就是对错误进行订正；十一是补脱订伪，这是对有些缺失的地方进行补全；十二是审音订字，这是对文字的写法和读音进行审订。

第二，音韵、文字和训诂学。这个在古代被称为"小学"，和"大学之道，在明明德，在亲民，在止于至善"的那个"大学"相对，意思是读书做学问之前必备的功课。有了这个功课，才能读懂古书，才能被称为"识字"，否则嘛就是"不识字"。不过话虽这样说，对大多数人，这个要求还是非常高的，也未必比学习古希伯来文或梵文容易多少，涉及的学问,可比现在的大学还要厉害。

郑玄在古音韵方面的成就呢,除了把很多字的古代读音都给弄清之外,还把古代的字音分成声类和音类,大约相当于现在拼音里的声母和韵母。这个就非常了不起了,因为之前都是说什么字读成什么字,有了这个分类之后,后人就能用反切来注音了。

古文字学方面在许慎的基础上做了更多的事情,他把文字的各种用法和含义都进行了研究。许慎的《说文解字》主要是文字的来源和本义,而郑玄则解释了字的假借义和引申义。

训诂学方面就更丰富了,解释词,解释句子,解释语源,说通假字,说修辞,说典章制度,解释各种名物,解释地方方言,分析语法,算是训诂学的开山祖师。

第三,教育学。郑玄不仅自己是个出色的老师,和孔子一样弟子满天下,和孔子一样,经常和弟子谈文艺、谈读书、谈人生、谈理想,而且也留下了很多教育方面的思想。比如说教师要言传身教,自己行得正,才好教学生。比如说教师必须自己精通学业,自己真正理解了才能教人,照本宣科是不行的,"记问之学,不足以为人师",因为根本经不起别人细问。比如说因材施教,问难式、启发式,不能搞填鸭式教育。比如说,教师应该不断深造,终身学习,自己就要做到学无止境。

第四,是赢了和何休的一场笔仗,这是后汉时代最后一场今古文之争——其实都是《左传》、《公羊》之争。

何休写了《公羊墨守》、《左氏膏肓》、《穀梁废疾》,论据十分充分;而郑玄偏偏在这几本书里,找出问题,然后用同样的手法,写成了《发墨守》、《针膏肓》、《起废疾》。意思就是你说《公羊》像墨子守城一样坚固,我就证明你并不坚固,你说《左传》病入膏肓,我就把它治好,你说《穀梁》成了半瘫,我就让它健步如飞。似乎也不是非得《左传》一家独大,而是证明大家都有长处,也都有短处,同时都有价值。无疑这个出发点就更高一些,虽然把春秋三传摆在同样的位置上,《左传》有天然的优势,毕竟大家都宁愿听声情并茂地讲故事,谁愿意听天书一样的微言大义啊?而何休本来也是为了这个为《公羊》打抱不平,可人家把三家摆到一样的位置,何休还能怎么说？而且手法还用的是何休的手法，可谓"以彼之道，还施彼身"，弄得何休很吃惊地说，"康成入吾室，操吾矛，以伐我乎"。

第五，也是最重要的，当然是遍注群经了。

所谓遍注群经，就是把所有的经书都注了个遍，不仅《周易》、《尚书》、《毛诗》、《仪礼》、《礼记》、《论语》、《孝经》、《尚书大传》这些传统的经典注释，而且还有像《中候》、《乾像历》这样的旁门左道，简直就是当日儒家的搜索引擎，维基百科，只要你想到的，都能找到答案，保证你能学到要的东西，而且保证你看读懂。

有了这样的贴心服务，大伙还用得着读其他的书吗？正如有了维基百科，还用得着拼着老命挤公车去图书馆，在无数的卡片中大海捞针一样寻找资料吗？而且郑玄比维基百科给的还要多，他比当日今古文各家各派的说法都看上去更有学问，也更正确、更完美一些。

最后的结果，当然就是郑学兴起，经学陨落。再也没有人去学今文经学或古文经学了。他们学的，只有郑学，此之谓"小统一时代"。以至于许多年后，一些人就怪郑玄，你这么做，是方便了那几个读书人，可你让古文和今文的家法从此失传，也让很多珍贵资料从此丧失，你究竟是有功呢还是有罪呢？

但不管怎么说，该来的终归是要来的，两汉的经学打了那么久的战争，石渠阁，白虎观，讨论了那么久，还不就是为了找一个标准答案，还不就是为了实现经义的统一吗？现在郑学来了，经学统一了，不是很好吗？更何况，即使没有郑玄，该走的也毕竟是要走的，因为马上一个叫作玄学——不是郑玄的玄，而是《道德经》里面的"玄"——的道家新流派就要兴起了。

当然，即使有了玄学的兴起以及其对《周易》及整个经学的道家化改造，郑玄对群经的注释，仍然流传到很多年以后，特别是《毛诗》和《三礼》。

是时候对《毛诗》和《三礼》进行了解了，毕竟通经致用，通经致用，不讲微言大义，不画政治蓝图，只搞古籍整理的考据狂古文经学家们，到底是怎么通经致用的，《毛诗》和《三礼》里有答案。

第七章　诗礼传家　昏冠乡射

67. 诗三百的用处

　　前汉的人提起儒家典籍，第一个想起的，恐怕是《春秋》，因为那里面有着圣人的微言大义；到后汉的时候，则是《礼》，因为那里有古代的全部名物礼仪典章制度；魏晋的时候是《易》，因为只有这个才能带给人最多的玄思和冥想；宋朝是"半部《论语》治天下"，不过在秦朝以前，儒家让人印象最深的，却是《诗》和《书》。"诗书"差不多是儒家的代名词，而秦皇焚书，也以诗书占多数。等到汉朝废除挟书律，《诗》和《书》也是最早出现在世人面前的。

　　为什么会这样？按照今文经学的说法，六经的顺序应该是《诗》、《书》、《礼》、《乐》、《易》、《春秋》，这是由易到难——古文经学的顺序是由古到今，且不去说它——循序渐进，等学到《春秋》，那就代表六经都掌握了。而"诗书"则是读得最早的，那年月还没有《幼学琼林》，没有《龙文鞭影》，没有《声律启蒙》，没有《三字经》、《百家姓》、《千字文》、《千家诗》，那么"诗书"，也许还有《孝经》，差不多算是蒙书了。既然是蒙书，自然是个儒生都知道了，"诗书"作为儒家的代名词，也就顺理成章了。

《书》是古代的文献选编，十分难懂。对于孔子时代，也差不多都是五百年甚至上千年以前的文字，有点儿像后世的《古文观止》。但它难的是文字，而不是内容，内容大多是些政府公文，有啥稀罕的？所以对于孩子来说，过了这个坎，后面学起《礼》来倒容易了。而在它之前的《诗》，朗朗上口，非常适合小孩子背诵。更为难得的是，《诗》在古代，都是配音乐的，根本不是念的，是唱的，所以《诗经》其实就是个古代的歌词本，歌词本有啥难记的？而更为难得的是，《诗》不仅可以吹拉弹唱，还可以手舞足蹈，所谓"诵诗三百，弦诗三百，歌诗三百，舞诗三百"，想想看，可比今天的那些学前教育有趣多了。所以"诗书"不仅是儒家的代名词，而且也是人人都记得——只要上过学的话——的东西，十几年的秦火，烧毁或烧残了其他的书籍，《诗》却毫发无伤，也就不足为怪了——你怎么能阻止人们唱歌呢？

有同学就要说了，我知道了，诗三百的用处嘛，就是教人唱歌。这位孩子哇，如果《诗》真的只是教人唱歌，为什么能千百年来，成为儒家最核心的典籍之一呢？又为什么秦皇会对区区一个歌词本恨得牙痒痒，非得除之而后快呢？

《诗》之所以成为儒家最核心的典籍之一，那是因为在春秋之前，它就是贵族必修的课程之一。贵族嘛，特别讲究各种礼仪，凡事都要拐弯抹角，留足面子，人人都会的《诗》，就发挥了很大的作用。什么作用？现在人引经据典可以增加说服力，武林中人会用招式代表友好或抗议，而贵族则会用《诗》表明立场、观点和情意。比如《嘉乐》可以表示欢迎，《蓼萧》可以表示赞颂，《缁衣》可以表示忠诚，《无衣》可以表示同仇敌忾，《鹑之柔矣》可以表示劝人宽大，《将仲子》可以表示人言可畏。相同的诗，不同的段落，可能都有特别的用意，用在不同的场合，可能也不尽相同。你不懂怎么办？还不能问，毕竟你是贵族，是文化人，不是"野人"，只能猜。猜错了，可就麻烦大了。别人谈话中，会引用《诗》，你不记得，那就进行不下去。社交场合中，人家让乐工演奏某首《诗》，你听不懂，不知道别人的用意，也不知道接下来该怎么说，可能就有问题。比如齐国的庆封，人家赋《相鼠》他不懂，人家赋《茅鸱》他还不懂，结果什么事都办不成。这还不算最严重的——最严重的，丢人事小，得罪人事大，像齐国——又是齐国——的高厚，赋错了诗，惹恼了晋国，各国都说要"同讨不庭"。

难怪孔子要说，"不学诗，无以言"。各何况，各种礼仪里，《诗》也是必备之物，祭、丧、婚、冠、乡、相见之礼，哪个不要用到《诗》啊！比如婚礼要用《关雎》、《桃夭》吧，燕礼要用《鹿鸣》、《白驹》吧。要是不懂《诗》，这些礼仪学起来，当然也很困难。

不过到了春秋后期，礼也坏了，乐也崩了，人们不谈礼仪只谈利益，不听音乐只听淫乐——别想歪了，指的是那种靡靡之音缺少正能量的音乐。《诗》的社交用途就没那么重要，不学诗，照样可以"言"，虽然有孔子整理六经，普及教育，把《诗》从贵族读物变成了平民教育的课本，虽然有孟子呼吁大家读诗书，可还是拦不住它的价值的没落，以至于荀子要"隆礼义而杀诗书"。

什么叫"杀诗书"？可不是高考完了，解放了，把书放到一起，拿把大背刀，"大刀向诗经尚书上砍去"。荀子虽然有点儿另类，毕竟也是大儒，不会做那种事。他的意思是，虽然儒生们诗书不离嘴，可诗书救不了世，甚至未必救得了自己。一个古代公文汇编——还都是些档案馆里都找不到的老公文，一个歌词本——还都是些老掉牙的爷爷的爷爷辈都不唱的歌，济得什么事，还不如把诗书放到一边，直接学习礼，通过推广礼仪来移风易俗。荀子是相信性恶论的，与相信性善的孟子不一样，不相信仅仅读些优美动人的诗歌，听些陶冶情操的古典音乐，就能唤起人们仁慈的心。而只有社会礼仪的约束力，才能做到这一点。

不过，荀子也没能救得了自己。他的两个弟子，都是法家的，还互相残杀。礼仪的约束，哪里比得上法令的威慑来得迅速而又彻底呢？只是他们不知道的是，这种迅速而又彻底代价却是人的工具化。

不过荀子也算是救了自己，经他手传下的几种经典，包括《诗》，终于在两百年后开花结果。是的，即使是尧舜禹汤在世，也无法让人们不爱钱，可即使是最坏最恶的桀纣，也无法让世上的好人消失得干干净净。性恶也罢，性善也罢，动人的诗歌、无邪的心灵、美好的情感总不会过时。经荀子之手传下的《诗》，流传最广，也最早分出流派，其中包括今文经学的齐、鲁、韩三家，和古文经学的《毛诗》。

68.《毛诗》的传承

《毛诗》不是毛某某写的诗，也不是毛茸茸的诗，更不是某种艳诗，类似《香奁集》或《竹枝词》的那种，虽然《毛诗》的确有些诗——以《郑风》最著——比较的出位，以至于到了宋代，还会被人"代圣人删诗"。它其实就是《诗经》一个流传最久的版本，也是古文经学唯一流传下来的版本，之所以叫《毛诗》，是因为传授它的人，是两个姓毛的。简单说，就是孔子传子夏、子夏传荀子、荀子传大毛公、大毛公传小毛公，然后——然后就没有然后了。

可见《毛诗》的传承，不像今文经学的齐鲁韩三家，一代代的都数得出来。但是奇怪得很，一代代的都数得出来的齐鲁韩三家最终失传，而《毛诗》却最终流传了下来。

原因可能有几个。第一，《毛诗》是训诂，而另三家是章句，训诂过了很多年还有人信，而章句过了些年就没人信了；第二，《毛诗》没什么阴阳谶纬，而三家诗有阴阳谶纬——齐诗最厉害也最先消亡，等阴阳谶纬失去魅力之后，人们会发现还是《毛诗》比较自然；第三，"毛公述诗，独标兴体"，虽然最终也要联系到政治背景和道德教化，可也算是从文学角度去联想，而不像三家诗，只是讲历史故事；第四，《毛诗序》比较给力，每一篇一个序，解释这首诗的时代背景、作者、主题，这比三家诗要高明；第五，郑玄尤其给力，做了个《诗谱序》，把三百篇的历史顺序都给整理出来了，讨论了诗歌的起源、功能、正变；第六，还是郑玄——郑玄是毛诗代替三家诗的大功臣——做了个《毛诗笺》，在《毛诗》的基础上，又开创了一种叫作"笺"的方法，解释得那才叫详细啊，除了字义、读音、句意，还有语法、修辞等；第七，可能更为重要的是，《毛诗序》

实际上是经过很多人之手补充、修订过的，据说有，可见今文三家，是从一分为三，三家还分了更多的家法章句，力量分散，自己都不统一，而古文只有一家，大家有不同意见，也只在这一部《毛诗》下功夫，力量是聚集的。兵法云，"十则围之，五则分之"，本来力量就差不多，还分成几路，能不输才怪。

不过《毛诗》也并非谁都能接受，今文经学——汉代的或近代的——就不说了，说它是假的，"小人伪托"。到宋代，那些比较喜欢标新立异反传统的哲学家也不喜欢它，说它是"山东学究"，"村野妄人"写的。什么是"村野妄人"？乡下无知而又狂妄的人。简而言之，就是个土鳖的作品，一点儿都不大气，一点儿都不上档次。据他们说，《毛诗》——主要是指《毛诗序》——有三个大问题。一个是妄生美刺，就是动不动就"歌颂了"什么什么，"反映了"什么什么，"表现了"什么什么，"批判了"什么什么。第二个是随文生义，就是不懂装懂，看了几个字，就按字面的意思想当然。第三个是穿凿附会，就是心里有了个意思，然后硬往这个意思上套。朱熹朱老夫子，干脆搞了个《诗集传》，把《毛诗序》一脚踢开。

但《毛诗》仍然是非常好的东西，《毛诗》能流传下来是有道理的，至少它以及郑玄的谱和笺，是认识两三千年前诗歌的重要门径，也是今天许多《诗经》注释的最重要来源。朱熹的《诗集传》虽然没有"歌颂了"什么什么，"反映了"什么什么，"表现了"什么什么，"批判了"什么什么，却加了很多理学修身养性的东西，搞成了《一个诗人的自我修养》，而且这个《一个诗人的自我修养》后来还成了科举必修课。以至于等到理学或心学的光环失去，经学复兴，人们又发现《毛诗》居然是"奇货秘籍"。

那么，按《毛诗》的说法，《诗经》有什么用呢？简单地说，就是美刺、言志和歌颂。十五国风主要就是美刺，即"反映了"什么什么，这些反映，也有可能是好的，也有可能是坏的——那就是"批判了"什么什么了。也有可能看上去是好，实际上是坏的，比如在幽王时代说宣王时代多么好，或在厉王时代说成康之治，就有可能仍然是为了对现在不满，所谓"下以风刺上"。大小雅主要就是言志，就是"表现了"什么什么，大雅一般是朝臣对朝中大事的看法，小雅是贵族小资们对政治个人生活的感受。三颂则主要是歌颂王的美德，算是那个年代的红歌。

按历史的眼光看，这些看法是有一定道理的，因为现在的文科教科书仍然喜欢这么玩——根子原来在《毛诗》那里，而且那年头的确应该有不少诗是"歌颂了"什么什么的——比如三颂里的红歌，也的确有不少诗是"批判了"什么什么的吧——比如《相鼠》之类。但按现在的眼光来看，总归是不够的，集几百年文学精华的诗集或歌词本就是为了歌颂或批判？尽管《毛诗序》把哪怕是国风里的情诗，也说成后妃之德，《关雎》里的什么"窈窕淑女，君子好逑"，是歌颂了周文王和太妃互相爱慕对方品德最后产生感情的故事，《蒹葭》里的"所谓伊人，在水一方"是批判了秦襄公不能用周礼来巩固国家，可宋朝人仍不满意，正如现在又有人说《诗经》中很多劳动诗是奴隶之作或说《红楼梦》是揭露阶级矛盾批判四大家族之类不能让人满意一样——这样的解释能让人满意才怪。《关雎》、《蒹葭》这些明明就是情歌嘛，这还是《周南》、《秦风》里的，而郑诗和卫诗，就更明显是情歌了。朱老夫子就说，"郑卫之乐，皆为淫声"。而且郑风最为过分，卫诗三十九篇（包括邶风、鄘风、卫风三部分）情诗占四分之一，而郑诗二十一篇里，情诗占了七分之五，同时卫国的情诗一般还是男追女，像"对面的女孩子看过来，看过来"那种，而郑国的情诗则是女追男，成了"像我这样为爱痴狂，你究竟会怎么想"了。无怪乎以卫道士自居的宋人王柏要"代圣人删诗"了。可他也不想想，孔老夫子当时都没有删，还轮得着你这个晚出生一千多年的小毛头来删？

当然，王柏有他的解释，他说这些诗孔子已经删过了，是汉朝人不知轻重，为了凑数又加了进去，正如又有其他宋人认为是孔子用作反面教材。但他们却不想想，"诗三百"是孔墨时代就有的说法，而且孔子还说，"诗三百，一言以蔽之，曰思无邪"——都"思无邪"了，哪儿来的反面教材？

那么对孔子来说，诗三百的用处又在哪里呢？

69. 孔子的见解

其实按现在人的眼光来看,《诗经》最大的用处,还是因为它是一部很好的文学作品,其成色不亚于数量相当的——全唐诗那种级别的就不比了——其他诗歌选集,经得起读,经得起背,经得起反复的吟哦,也经得起岁月的检验。无论是学作古诗,还是仅仅是审美欣赏,都是不错的选择。数以十计的修辞方法,重章叠章,音律的运用,意境的营造,用闻一多的话来说,有建筑的结构美,有绘画的意境美,还有音乐的节奏美,如果要想作四言诗的话,还有比这更好的教材吗?

不过在古代,这却是个问题,因为后世哪怕是那些诗写得很好的人(比如杜甫)他们的志向也并不在诗上,他们总是要以天下为己任的。所以他们总不肯像画家或别的什么家一样,能为艺术而艺术,能承认诗歌其实就是诗歌。他们总希望诗歌能有一些其他的意义,"致君尧舜上,再使风俗淳"什么的,虽然他们真的能在诗歌中找到乐趣,"为人性僻耽佳句,语不惊人死不休"。陶渊明也许有些例外,贾岛那些人也许也有些例外。不过,他们之所以如此,也是因为他们放弃了治国平天下的儒家济世理想,诗言志,诗言志,他们志在田园,志在诗趣,自然,也反映在他们的作品里。

如果按建安诗坛领袖曹丕的想法来看,《诗经》可能另有一个用处,就是让自己的作品流传下来,哪怕自己死了,而诗还活着。因为他说了,人世无常,人的生命是极其短暂的,唯有写诗写文,那才是"经国之大业,不朽之盛事",算是一个"为艺术而艺术"的开创者。曹丕这么说的一个原因就是,当时建安七子中的四个,居然一下子就死了,"徐陈应刘,一时俱逝,痛可言邪?昔日游处,行则连舆,止则接席;何曾须臾相失",现在就那么死了,早知这样,还不如及时行乐,"先据要路津",然后,还一定要,一定要留下不朽的诗文,而且在想写的时候一定就要写出来,有什么便说什么,不要顾忌什么礼乐教化,此之谓"通脱"。张爱玲说得好啊,"成名要趁早",因为她身处战争孤岛之中,也与当年魏晋或晚唐的那些读书人一样朝不保夕,在心境上,或许一致。不过同为建安诗坛瓢把子的他的弟弟曹植就不这么看。曹植说,"辞赋小道,固未足以揄扬大义,彰示来世也",尽管曹植的诗文写得可一点儿也不比他哥哥差。也许是因为曹丕政治上该有的已经有了,而且也知道这些有一天也会失去,所以希望能在文艺上能够"不朽",但曹植却在政治上非常失意,求之而不可得吧?

如果换成孔子之前的人,诗歌的作用当然没有什么疑问。因为那时候,只有贵族才会学这些诗,是个贵族都会学,别的贵族都会去学,这也是博雅教育的一部分。不是贵族,当然就不会去学,也没有机会去学。有同学就要说了,不是听说《诗经》是民歌集吗?这位同学啊,孔子用于普及教育的教材,原本都是贵族读物啊,你觉得经过那么多代贵族的润色,还是原来那个民歌吗?《诗经》中的确也有个别劳动号子,可那都是被加工过的劳动号子,正如很多年以后人们唱的一些伪民歌——你见过几个纤夫光着膀子拉着女朋友在江上对歌的?

假如换成庄子呢,当然也没有问题——我读诗,是因为我喜欢,我喜欢那种美,喜欢那种意境,喜欢那种诗带来的快乐。

比较难办的,就是孔子之后的那些人,《诗经》对于他们的意义,始终在摇摆——政教,还是审美,这是个问题。其根源,当然还是在孔子,因为孔子有时候把《诗经》的作用说得很高,什么"兴于诗,立于礼,成于乐",可见学诗是礼乐的开始啊;有时候,说得又很一般,无非是陶冶情操,提高修养,"温柔敦厚,《诗》教也"。不过好在孔子的好学生们真的是好记性不如烂笔头,什么话都记下了,这才让人知道孔子对《诗经》比较完整的看法。孔子怎么说的呢?孔子说啊,"小子何莫学夫诗?诗可以兴,可以观,可以群,可以怨。迩之事父,远之事君,多识于鸟兽草木之名"。

这其实有六个目的,分别是兴、观、群、怨、"迩之事父,远之事君"、"多识于鸟兽草木之名"。

如何是兴?这个"兴"在《诗经》的各种解释里,出现了无数次,而且据说也是诗经"六义"风雅颂赋比兴中的一个。根据后来人的解释，就是见景生情，因景移情的意思，比如看见江上沙鸥默默地飞过，水边芦苇无际无涯地绿着，遂想起自己那逝去的青葱岁月，那不知穿了谁的嫁衣的姑娘。所以孔子说"可以兴"，大约也是如此吧，学诗读诗歌诗乐诗，可以慰藉心灵，借他人酒杯，浇胸中块垒吧。如果能写诗，自然会更好一些，不过那年月，写诗的很少——可能是因为那时候的诗都带着乐谱所以写诗还得作曲吧。直到两百年后，一个叫屈平的人，开始真的借写诗来慰藉心灵。

如何是观？据郑玄说这是为了"观风俗之盛衰"，说白了，就是那时候的风土人情，世道人心，当然，还有日常生活的点点滴滴，他们怎么治国，怎么齐家，怎么劳动，怎么恋爱，怎么结婚，怎么怀念家乡，怎么出门远行，也许还有，怎么做一个好人，一个正直的人。正如我们可以通过唐诗知道唐朝人的浪漫田园和壮丽边塞，通过宋词知道宋朝人的繁荣市井和精致享受一样，我们也能通过诗经读到从西周到春秋的很多生活，真实的生活。

如何是群？这个其实就是孔子说的"不学诗，无以言"，因为可以用诗来跟别人交流，从诗词歌赋，谈到人生哲学。有些话，只可意会的，用几句诗，别人就懂了。有些话，可以直说的，但总归不雅，还是含蓄点好，用几句诗，别人也明白了。

如何是怨？当然，一看这个字就知道不是什么正能量、主旋律，不就是编顺口溜、说怪话吗？所以这个功能后世很多人也不太喜欢，称之为"变风"，"变雅"，不是"正经"，但也有些人认为是必要的，把它当成了谏书。但不管怎么说，按孔子的意思，诗还可以用于劝谏和批评的。

如何是"迩之事父，远之事君"？当然就是你通过诗，能学很多知识，也能学很多道理，你可以帮助家庭和睦，国家兴盛。

如何是"多识于鸟兽草木之名"？当然更好理解了，《诗经》里有那么多的动植物，什么芃兰啦蒹葭啦女萝啦，要是都能认识，一定是一件非常快乐而有趣的事。孔子是这样想的，后代很多人也是这样想的，比如古代的东洋人冈元凤，就写了个《毛诗品物图考》，把《诗经》里的各种东西画成了图，分成草木鸟兽虫鱼，教其他东洋人认识鸟兽草木。前几年也有人写了《诗经植物图鉴》，因为都是照片，比冈元凤或其他古人手画的，要精彩些，不过只有植物。

但不管怎么说，孔子的见解，还是不错的，仅从这些见解，我们也能知道，《诗经》的确是很有用的一本书，而且还是很有趣的一本书。用它来做古代孩子们的蒙书，肯定是合适的。

那么诗书读完了，后面"立于礼，成于乐"，又该怎么玩儿呢？"礼"这个被荀子和古文经学推崇得无以复加的东西，又都有些什么内容呢？

70. 礼仪之邦的维护者

"礼"实在是儒家文化里顶顶核心的一个内容了，因为儒家治国方法就是礼治嘛——可不是人治哦。而且"礼"也是夷夏之辩的一个最最重要的内容，华夏礼仪之邦嘛，与野蛮人的区别，就是咱们是知礼，守礼的，发乎情，止乎礼的。尊老爱幼重义轻利的，礼仪之邦；恃强凌弱人人争利的，野蛮人；谦虚辞让替人着想的，礼仪之邦；自吹自擂事事争先的，野蛮人；恋爱婚姻慎重，必经合适程序然后才能在一起的，礼仪之邦；玩一夜情，偷香窃玉的，同居试婚的，野蛮人。如果野蛮人有一天也学会这些礼遵守这些礼了，也就差不多能被接受为华夏一员啦，即所谓"脱夷入夏"，或"由夷变夏"。如果反过来呢？"由夏变夷"呢？或者干脆被野蛮人统治，文明倒退呢？那就是一件很痛心的事，所谓"夷夏易代"。

不过这个礼，实在点儿说，也算是一个很古老的东西了。因为在孔子之前，就有这些东西好些年，比如周公时代就有所谓"礼仪三百，威仪三千"，而到孔子时代，据说都已经过了气，有些"礼坏乐崩"了。而且据说就连周公制的礼，也是参考了夏殷两代而有所损益。在周初的时候，那些殷人遗民反而知道更多的礼仪，所谓"先进者小人也，后进者君子也"。想想也对，徐偃王行仁义闹得诸国朝拜，结果遭到周穆王绞杀，而殷人的国家宋国，也是出了名的讲礼，大敌当前，也要守着礼不放。当然，当时最最讲礼的，还是我们孔子的祖国鲁国了，毕竟是周公的后人嘛。从这个意义上说，儒家云者，不过是古代礼仪的继承者和传播者，他们本来的职业也是各种礼仪场合的司仪，以及各种生活礼仪社交礼仪的教导人。

但儒家仍然是"礼"的拯救者和发扬光大者，因为如果没有儒家，这些"礼"都已经"坏"了不知道多少次了。

春秋之前，"礼"只是给贵族用的，所谓"刑不上大夫，礼不下庶人"，合起来就是"礼法"。因为贵族不需要用刑，他们做了不合礼法的事情，自己就会脸上挂不住，宁愿抹脖子也要保全荣誉，其中有名的，就是"二桃杀三士"。封建时代的人都有这个习惯，像后来岛国的武士、泰西的骑士。这些人，自然是不需要用"刑"的，宁愿自己抹脖子也不能接受用"刑"；只有毫无荣誉感的庶人，才需要用刑。到战国之际，虽然这些抹脖子的习惯还在一些没落贵族那里存在，但那些从庶人中上升的"士"就不一定会这么玩儿，甚至一些脸皮厚的贵族都不一定会这么玩儿，法家的办法是把"刑"也上推到"大夫"，从而出现了所谓法治——其实就是刑治，而儒家的办法是把"礼"也下降到"庶人"。从孔子时代就开始了"有教无类"，希望让人人都能拥有那种之前贵族才有的荣誉感，如果失了礼虽然不一定要抹脖子，至少要"知耻近乎勇"吧，用孔子的话说，就是"道之以政，齐之以刑，民免而无耻；道之以德，齐之以礼，有耻且格"。这就是孔子为什么要用礼治，而不是刑治的原因，他希望人民不仅仅是因为害怕犯法而循规蹈矩，而希望人民都能明事理知是非，拥有理想而健全的人格。

这是儒家对礼仪之邦的第一次拯救，其方法就是让旧的礼仪在新的形势下有着新的诠释和内容，以期移风易俗，最终在两汉近乎完成。之所以说完成，是因为后汉的风俗之淳朴据说是很有名的，这一点看看后汉末年朝野以品德相标，读书人如何在反抗不正之风方面前赴后继就知道了。之所以说近乎完成，则看一下这些前赴后继的读书人，遭遇怎样惨也就知道了。

第二次则是汉朝灭亡五胡乱华之后，再加上印度文明东来后，对华夏文明的冲击，然后到北宋，由新兴的新儒家进行第二次拯救。他们不仅传播和提倡恢复古礼如冠礼，而且把原来的礼，为适应新的平民社会进行了一些简化，也有不小的成就，至少造就了一个新的乡村士绅阶层，在其后的近千年里，维持了乡村宗族社会的基本道德水准。但也只能算近乎完成，因为他们的努力，也是屡被皇权和异族征服破坏。到了清代，甚至比不上清廷的奴化训练效果，因为再怎么移风易俗也得有个两三代的时间，而奴化只要一个剃发令，再加个文字狱就够了，那些不具备奴化资质的，自会跳出来被淘汰。

其后西洋文明的进入，成全了儒家，也最终断送了儒家。说成全了儒家，是因为西洋文明强势侵入之后——开放果然是专制社会的大忌，清廷的文网渐渐松了，文字狱不好搞了。而且在做掉那个携道听途说的西洋学说而起事的太平天国后，居然地位渐涨。说断送了儒家，是因为这个时候的西洋文明虽然尚有某些野蛮人的特征比如恃强凌弱，但文明程度其实并不在华夏文明之下。其文明所蕴含的人道关怀，并不输于儒家的民本和人文主张，其文明所蕴含的民主自由博爱诸普世价值，也不在儒家的仁义礼信诸普世价值之下，而文明分权制衡种种，甚至比儒家以相权制衡皇权以礼法约束皇权以灾异恐吓皇权或是以舆论史笔监督皇权还更为有效一些，而其法治精神，有法家之利而无法家之弊，其科学精神，得墨家之用而无墨家之锢。虽然也有不足，不患贫而患不均，不合儒家天下为公之理想，争利而忘义甚至大打出手，无墨家和平非攻精神。但总之是不输于甚至更为先进的文明，西洋文明至少在他们国内，也是算得上礼仪之邦的，虽然并不是我们那个样子的礼仪之邦。儒家遇见的麻烦，不是孔孟时代的"礼坏乐崩"，兵家纵横家当道，不是董仲舒时代的帝国兴起，各学术争用，也不是隋唐的佛学大盛，儒家遇到的麻烦比史上任何时代都大。而且即使是西洋文明里最最不起眼的歪曲过的学说，也够把儒家消灭得差不多，看看拜上帝教惹的麻烦就知道了。不是简单西化那么简单，万一邯郸学步，学了西洋文明里的蹩脚货，走错了路，新的礼仪之邦没搞成，旧的礼仪之邦却丢了，没有变亚为欧，反倒变夏入夷，岂不更麻烦！也不是读几本经书就可以的，看看历史上儒家遇见那些麻烦后，所做的改造，董仲舒的改造，宋明理学的改造有多大，就知道了。那些改造，都是充分吸收了对手的理论、阴阳学、道家、佛学等，适应新形势的改造。儒家如果还能改造的话，恐怕也得充分吸收西洋文明，总之都是一件极费时费力的事——如果在这之前有消失的话。

当然，这是后话。在历史上，儒家仍然是礼仪之邦的最佳维护者，让这个民族在政治每况愈下的情况下，整个社会在多数时候还算得上文明。那么儒家的礼治又有些什么内容呢？

71. 三礼的价值

如果要在"礼"的前面加一个数字的话，大概有几种加法：一种是"三礼"，一种是"五礼"，一种是"八礼"。

当人们说"三礼"的时候，通常指的是三本书。哪三本？《周礼》，《仪礼》，《礼记》。"五礼"由周礼提供，包括吉凶军宾嘉，说是五种，其实是五大类，加起来倒有数百种。"八礼"则由仪礼提供，说是八礼，真的就是八种，冠昏丧葬乡射朝聘。所以三礼大于五礼，五礼又大于八礼。

《周礼》就是《周官》，就是当年刘歆在故纸堆里挖出来后，到王莽时候改了名，又被王莽、宇文泰还有王安石当成治国圭臬的《周官》。这是古文经学里很重要的一本，是郑玄用尽心力作注的，因为郑玄而成为三礼之首的一本书，也是今文经学最不肯承认的一本书。

从《周官》这个名字就能看出来，以周朝的官制和典章制度为主。当然，只是半想象的周朝官制，因为如果是真正的周朝官制的话，周朝恐怕比柏拉图的理想国还要完美。虽然从上古三代到春秋列国，有不少制度真的与这本书的描述相同或相似，却没有一朝或一国的制度与之完全吻合。这本书不仅像是上古三代典章制度的集成，而且远超三代，国都之选择，政区之划分，居民之组织，农田水利之规划，上至治国安邦祭祀教化，下至织染医卜耕渔制造，无一不规划得极为妥帖，职责分明，考核明确。仅以官职数量论，荀子描述的战国时代官制，也不及这本书的五分之一。读上三遍之后，就有"治天下如指之掌中"的感觉。

这么多的内容，字数当然不会少，四万字哩。要知道《尚书》汇集三代以上的各式公文，或《诗经》汇集商周以来的各种诗歌，也都不过两三万字。所以虽然刘歆和郑玄信誓旦旦地说这本书的确是周公所作，人们仍然不信。不管你信不信，反正我是不信的，据很多人说，它非常有可能出自战国。

不过不信归不信，它仍然是中国古代儒生们的一个极大的正能量，因为它告诉人们，国家原来是可以治得非常非常好的，它告诉人们，一个好的制度能让国家越来越好。其影响甚至在柏拉图的理想国之上，因为柏拉图的理想国是在海外某个找不到的岛上——和神仙家的海外仙山差不多——而《周礼》的理想国却在神州大地上。

当然，正能量归正能量，好制度固然重要，但儒生们也知道"人能弘道，非道弘人"，具体操作起来，还是有许许多多的负能量的。所以还得有其他几种"礼"。

比如《仪礼》。

《仪礼》又叫《礼》，或《礼经》。听名字就知道，这应该是最正统的有关《礼》的书了，所以这本书倒是古文经学和今文经学都承认的一本了，不过承认的篇数嘛，又出现了分歧。今文经学只承认十七篇——这是汉初传承下来的篇数，而古文经学承认的则有五十六篇之多。多出的三十九篇，也是当年刘歆拼了命推荐的。只可惜，尽管有刘歆的推荐，又有后汉的传承，多年以后仍然失传，以至于甚至有人怀疑这些根本就不存在，只有少数篇名散落在郑玄和别人的注疏里，像什么《天子巡狩礼》、《朝贡礼》、《烝尝礼》、《王居明堂礼》、《古大明堂礼》之类。

现在能看见的十七篇的名字则为士冠礼、士昏礼、士相见礼、乡饮酒礼、乡射礼、燕礼、大射仪、聘礼、公食大夫礼、觐礼、丧服、士丧礼、既夕礼、士虞礼、特牲馈食礼、少牢馈食礼、有司。

从这些名字能看出来，《仪礼》其实是一部古代贵族的人生行为规范，从成人到结婚，从社交到丧葬，贯穿生死。当然，实际不止如此，不仅这些礼仪的每个细节，每个分解动作，神态都做了描述，而且涉及宫室、车旗、服饰、饮食，在什么场合你穿什么衣、戴什么帽子、说什么话、用什么器具，无所不包。如果说《周礼》是对上古制度的宏观规划，则《仪礼》就是对上古制度的微观记录，它是古代贵族的日常生活。

从这些名字还能看出来，这些礼主要是针对士大夫的，对天子如何操作，并没有专门的记叙，而且也没有涉及行军治军的礼仪，如大田之礼、大师之礼、大均之礼。所以古文经学家说《仪礼》不止十七篇大约是真的。

但今文经学家说十七篇已经能完整的包括全部人生礼仪，也是有道理的，因为对于普通的读书人来说，这些还真的就够用了。

事实上，即使这十七篇，多数人还用不好呢。开始时大家都看不懂，后来是各种观点太多，互相矛盾，不知道信哪一个；等到郑玄的注出来后，清楚明白，经学时代又结束了，玄学和佛学先后兴起。只有山东还有些名门大姓在坚持用这个教育后代，维持着良好的家教门风，一直坚持到唐朝。等到儒学复兴了，那些平民出生的读书人，一个个心比天高，哪里有耐心讲究这些古代贵族的繁文缛节——要知道，可以一夜成就一个富翁，却要三代才能培养一个贵族。那些古代的贵族礼仪骑士精神，都是从小耳濡目染才能学得会的，哪里是"朝为田舍郎，暮登天子堂"的平民政治新秀能一下子掌握的。所以虽然也有司马光和朱熹删繁就简，为这些平民量身定做了一些简单的礼仪，比如《朱子家礼》之类，但在当时独冠中古时代的科举制度中，居然被王安石把《仪礼》从考试科目中废掉了。

不过，对于有宋之后的哲学家们来说，"礼"并不是不重要，而是他们更看重礼的精神，而非礼的形式。所以"三礼"之中，倒是《礼记》被抬得最高，其中的两篇《中庸》和《大学》，被计划单列，与中古时代不起眼的两本少儿读物《论语》和《孟子》一起，构成《四书》，与《五经》分庭抗礼。

《礼记》从名字看，就知道，似乎是一本"礼学笔记"。事实上也差不多，据说是孔子及其门人，记载的一些关于礼仪，关于人生，关于心灵的文字。比较散，比较杂，所以在讲究顶层设计的先秦两汉并不受重视，虽然文字不少，却都依附于《仪礼》，更像是《仪礼》的教学参考资料，直到郑玄，才开始被列入群经，并有了《礼记》这个名字。不过到了讲究心灵感悟个人修行的后世，却格外受重视。

后世重视《礼记》还有另一个原因就是，《周礼》和《仪礼》实在太古奥难懂了，而《礼记》则相反，像《中庸》、《大学》或《礼运》这种文章，恐怕不用注释，现代人也能看个八九不离十。而且其中还有大量的格言警句，像"大道之行也，天下为公"，"凡事预则立，不预则废"，或精彩的小故事，像"苛政猛于虎"这种。所以《周礼》是政治家读物，《仪礼》是贵族读物，而《礼记》更像是小资读物、格言警句、小故事，你懂的。

当然，如果《礼记》只是小资读物，恐怕也早就被淘汰了，毕竟小资风气盛行，还是宋朝的事，而这之前，一本光靠格言警句和小故事的书，是决计逃不过七百年的儒学中衰期的。

《礼记》的价值，在于它不仅好懂，而且它还解释了《仪礼》的礼何以要如此，知其然，还要知其所以然。或者说，它告诉了人们礼的意义。

那么，礼的意义又是什么呢？

72. 礼学笔记

《礼记》最早就叫作"记"。什么是"记"呢？就是一些记录性文字。它和"经"不一样，"经"都是那种必须读的，一个时代只有一两本的东西，而"记"则是读"经"之余的闲笔。它也和"传"不同，"传"是用来传播经的，是讲义，所以通常都是一段经，对应一段传，而"记"就比较的随意，可能是一篇经一篇记，也可能是一本经读完了，再写上几篇记。就是说，"传"是正规的教辅，而"记"就是些私人的笔记和心得。

比如这个关于礼的"记"吧，就有两种：一种是夹在《仪礼》每篇后面的，比较散，就是对《仪礼》难懂的地方做点儿解释，有点儿像我们上学时记的课堂笔记；还有一种就是一篇一篇的，内容也不一定都是礼学的东西，有可能是讲音乐的，也可能是讲制度的，还有可能就像《孔子家语》一样记录孔子事迹的，单独成册，而且也不是一个人写的，孔子哪个后人都有可能是作者，倒像是论文汇编。

这前一种，到汉朝多半流传了下来，而后一种就被烧得数量不多。到河间王刘德的时候，才求来一批用古文写的，多少篇不知道，都献给了刘野猪那个坏小孩。而刘野猪虽然号称尊儒，其实是希望儒来尊自己，当然不可能像河间王刘德么热心学术，这些书自然都束之高阁。当然即使是真尊儒，也未必会重视，因为连"经"都算不上，不过是战国时代一些私人笔记、日记、参考资料而已。

一直到刘歆，整理国家图书馆时，才又找到这批书。据说有关于"礼"的"记"一百三十篇，另有"明堂阴阳记"三十三篇，"孔子三朝记"七篇，"王氏史氏记"二十一篇，"乐记"二十三篇，一共是二百一十四篇。不过因为只是参考资料，当然也不存在为它来争立博士的问题了，只是把这些篇目分了类别，制了目录。后汉的班固写《汉书》时，说有一百三十一篇，不知道是根据什么，还是他看见的就是这么多，这就不得而知了。

不过不重视归不重视，类似的"记"——应该是今文的而并非刘德找的那些——还是有人会看的，毕竟《仪礼》太难懂，所以就有了大戴礼和小戴礼。这大小戴礼也是叔侄二人，和大小毛公一样，但毕竟是搞今文经学的，所以就热衷于分家，结果反倒发展出两大流派，内容甚至篇目都不一样。大戴礼有的，小戴礼不一定有，小戴礼有的，大戴礼也不一定有。但他们都有一个共同的特点，就是比刘歆或班固所说的要少得多，小戴礼四十九篇，大戴礼在最高的时候，据说有八十五篇。

为了把这一堆数字圆上，后人传叙了很多个版本的故事。流传最广的说法是，一开始的确有两百多篇的，后来被大戴删成了八十五篇，后来又被小戴删成了四十九篇。还有一个说法有点儿区别，就是小戴后来只有四十六篇，被后汉的马融卢植那些人，加了明堂记乐记和月令的三篇，又变成了四十九篇。这些说法疑点都很多，因为无法解释大小戴礼为什么既有大量重复的内容，又有大量不重复的内容。

其实他们没必要那么纠结的，因为经过秦火之后，又有哪个经不是变得扑朔迷离呢？今文和古文的两大系统，不也是多半拜其所赐吗？篇目的不同，也许只是流传的必然现象而已。比如号称八十五篇，比小戴高出一大截的大戴礼，因为郑玄那个偏心眼的注的是小戴礼，小戴礼四十九篇到现在还在，而大戴礼到唐朝就只剩下三十九篇了，变成了小小戴礼，你说气人不气人。

所以这事纠结不得，上千年的历史，能传下几篇就不错了，也用不着为着刘歆或班固的数字而困惑，毕竟人家是古文经学家。古文经学有一个规律，任何经典如有篇目差异，古文经学的篇目通常都比今文经学的多出一倍还不止，毕竟人家是秦火之前的东西嘛。

但也不能怪郑玄偏心眼，因为没有郑玄的注释，大戴礼也未必就一定能传下更多，反倒是小戴礼非常可能失去更多。毕竟郑玄之后，北宋开始大力发展学术出版——唐朝主要印佛经——事业之前，有七八百年的历史，中间还有五胡南北朝，其对书籍的毁灭性其实是在秦火之上的。这一点，只消看看《汉书·艺文志》中的那些书，到唐朝还剩几本就知道了。

而且那些书还都是独立的，而《礼记》，或者说"记"，在郑玄之前，根本是个附庸，即使有独立成册的，也只是些资料选辑。前汉很多人都有自己的资料选辑，大小戴，很可能也只是资料选辑的两种，而不是什么删古礼。今人考古，战国古墓里挖出来的，也多半是其中的若干篇。本来就是些参考资料，又哪里谈得上篇目的永远完整呢。郑玄至少让它脱离了附庸的地位，一跃成为"三礼"之一，这才有后来宋代的风光无限。

那么这个四十九篇的《礼记》，又有哪些内容呢？

按后人的分类，一共有九种。其中有三分之一是通论，就是孔子言行啦，政治、哲学、伦理之类，像著名的《礼运》、《中庸》、《大学》，都是属于通论。其他差不多都是关于制度和礼义的，像什么《曲礼》、《王制》、《丧服四制》之类，还有像婚礼的意义是什么、冠礼的意义是什么、为什么这么做……还有少数其他内容，明堂阴阳两篇、世子法一篇、子法一篇、乐记一篇。除了乐记，其他其实还是讲古代制度的。

可见《礼记》其实有三种：第一种是修身养性，乃至安身立命的大道理；第二种是古人是怎么通过礼来完成修身养性，乃至安身立命的；第三种是如果还不知道怎么做，我来教你。

清楚了这一点，也就清楚为什么平民出身的宋朝知识分子，会更喜欢《礼记》而不是《仪礼》了。因为实在是考虑周到，通俗易懂，老少咸宜，童叟无欺。实在不想学，甚至可以只学第一部分，明白大道理就行了。道理明白了，自然就学会了"礼义"。

不过他们没有明白，古代贵族——可能还有西方贵族——之所以从小进行那些礼仪的训练，并不是真的闲着没事干，而是这些训练，非常符合心理学的原理，即"一致性"。正如经过训练的士兵在遇到危险会不由自主冲到前面，而普通人则会不知所措或拔腿就跑一样，经过大量礼仪训练的人，多半也会在各种事情上，不自觉的按照这些礼仪的原则去做事，或思考。他们会克制，会尊重他人，会面带微笑，会替别人着想，会不卑不亢，会保持分寸和适当的距离。而这些，都不是简单地读几本理论书，就能解决的，非得有长时间的潜移默化不可。

对于宋人来说，多半是平民出身，"朝为田舍郎"的那种，当然在小时候很少会有机会接受这种潜移默化。所幸的是，还是有少数比较明白的宋人，能够改造古礼以为今用，致力于乡村士绅社会建设，希望能由少数诗礼传家的士绅阶层，通过为人仰慕的社会地位，来对其他族人移风易俗，至少是部分地潜移默化。

不过，这都是后话了。眼前要了解的，仍然是古礼究竟有什么意义。

73. 礼的法则

很多人大约都学过现代商务礼仪或社交礼仪，这些礼仪的好处，是让别人感受到尊重，而且走出国门，也能传递出善意，不至于让别人误会。

中国的古礼也有这个用处，而且远超过这些用处。实际上，差不多是一切人生活动的法则。在那里，可以知道如何处世，如何做人，如何安身，如何立命，如何追求事业，如何和睦家庭，如何培育身心。

那么礼有哪些法则呢？

第一，自卑而尊人。这个"自卑"不是我们今天心理学意义上的"自卑"，也不是自我轻贱的意思。用现在的话说，也许是"自谦"，就是要谦虚，眼睛要看到别人的长处，和西方人善于赞美别人，有相通之处。不过比起西方人来说，古礼更注重自谦，所以看古代人谈话，很少能听到现代人那种自我吹嘘。

"尊人"也不是现代人拍肩膀、套近乎、拉家常，那是"昵人"，不是"尊人"。不是吹拍捧抬，那是"佞人"，也不是"尊人"。尊是尊重、尊敬的意思，是传递出足够的善意，表达出你的欣赏、你的肯定，让别人觉得自己很重要。

第二，礼缘人情。就是说，礼是要符合人性的。

礼本身在设计上就要注意到符合人的心理，是人能够做到的，同时又有劝善的作用。比如根据亲疏远近来决定礼的轻重，这是比较合理的，血缘关系比较近的，自然就更愿意付出一些。

礼还有一个符合人性的地方，就是礼的人道主义情怀。

比如反对殉葬，文明人是不殉葬的，只有野蛮人才那么做。话说齐国大夫陈子车死在卫国，他的妻子和家宰准备用活人殉葬，他的弟弟陈子亢到卫国奔丧时，就制止了这种行为，说"以殉葬，非礼也"。另一个叫陈乾昔的，在他死时，他的儿子也说"以殉葬，非礼也"。

"亲戚或余悲，他人亦已歌"固然也算是人之常情，但是在一定关系的人之间，这么做就不太厚道了，哪怕是君对臣。像晋国大夫去世还未安葬，国君晋平公就饮酒作乐，就受到了批评，说他无礼，晋平公当然也就只好认错，说自己一时糊涂，下不为例。

战争中死几个人很正常，但也不能太过分，不能滥杀无辜。比如不能砍伐神社的树木，因为那跟刨祖坟近似。也不能杀害病人，不能俘虏老人，因为那样太残忍了。

第三，礼尚往来。所谓"来而不往非礼也"。

假如某天有人通过阍者向你递了个名片，慕名来访，你首先当然要客气地说，让你大老远跑过来，怎么好意思，不如这样吧，你先回去，我随后就到府上拜访，然后这么客套一番后，请进来宾主尽兴一番。那么随后的几天，你一定也要登门回访，回访是必须的，否则就是失礼。

礼尚往来还有个意思，就是礼是相互的，不是单方面的。比如在酒席上，主人给客人下堂洗杯敬酒，客人也一定要下堂洗杯回敬，反正就是这种程序要再走一遍。再比如皇帝崩了，大臣固然要出席，而朝中重臣卒了，哪怕是致仕之后死在家里，皇帝也不能托大不去，南宋就有皇帝不参加大臣的葬礼，被儒生认为是亡国之举。

礼尚往来还有个意思，就是礼无不答。别人给你下堂洗杯，你不能坐在上面不动，你也要下堂劝阻，说勿要这么客气。哪怕你是国君，也不能例外，你赐给大臣东西，大臣还礼，要上堂拜你，你也不能托大，就很高兴地让他上来拜你，你得让小臣下堂劝阻。像清宫戏里那些高高在上，坦然接受别人跪拜的，要么是戏拍错了，要么就是蛮夷不懂教化。总而言之，人家尊重你，你也得尊重人家，即使做不到人敬你一尺，你敬人一丈，至少也不能比一尺少吧。

第四，礼乐并举。

就是说，礼是离不开音乐的。当然反过来，乐也是离不开礼的。因为礼是作用于人的内心的，而音乐一样可以熏陶人的心灵。现在流行一句话，叫作"爱音乐的孩子不会变坏"，多少有那么点儿道理。所以古人在行礼时，必伴以音乐，就像西洋人在做礼拜时，必伴以管风琴和赞美诗一样，那都是能让愚夫落泪、顽石点头的东西。

当然，这里面的音乐，主要指的是古典音乐，像郑卫新出的流行音乐，是没有这样的作用的。因为古典音乐舒缓庄重，是呼唤人心里最善良最美好的东西；而郑卫之声，则是用快节奏和高分贝激荡人的感官。这非但不能呼唤真善美，反倒"五音使人耳聋"。

第五，内容与形式统一。

礼的内容就不说了，反正就是培养各种美好的品行和节操。如果人有了美好的品行和节操，一般来说，多半就比较合礼，比如说他丧母的时候，怎么可能还有心思喝酒吼歌呢？比如他对别人，怎么可能不尊重，怎么可能托大呢？比如他在听到别人的不幸时，怎么可能不面有戚容呢？

不过形式也能反过来作用于内容。像一个孩子，从小进行的礼的培育，自然会影响他的内心。反过来也一样，从小各种不规矩，自然内心的节操也不会怎么样，所谓"心中斯须不和不乐，而鄙诈之心入之矣，外貌斯须不庄不敬，而慢易之心入之矣"。

这些形式除了各种仪式、规矩，还有辞令，什么场合和什么人该说什么话，那都不是乱来的。称呼也一样，不同的人不同的关系，有不同的称呼，有的是尊称，有的是谦称，不能乱用，用反了就是无礼。像现在有的人，称"拙荆"为"我夫人"，就是一种托大的表现。

还有神态，神态乃是内心的流露，所以神态的培养，也是对内心的一种改变，习惯成自然嘛。孔子就做得很好，看"入公门，鞠躬如也，如不容"到"没阶趋，翼如也，复其位，椒措如也"那一段，或愉悦，或恭敬，或勃如，或变色，神态，动作随场景变换，可谓礼容的最高境界了。

第六，礼是秩序。

礼固然互相尊重，但在互相尊重的基础上，却存在差别。

这一点，很多现代人很不满，觉得不平等。可想想就知道了，自然法则就不可能完全平等，因为人有差别，像父子、兄弟、上下，本来就不一样，更何况还有贫富、强弱、君臣的差异，强行地进行平均，反倒会平生攘夺之心。比起平等，公平更为重要。公平是在互相尊重的基础上，承认这些差别，而让差别保持在一个合理的，双方都能接受的范围之内。

所以礼是有等差的，但这种等差并非无限制，甚至也不是一边倒。比如"礼有以多为贵者"，"礼有以高为贵者"，"礼有以大为贵者"，"礼有以文为贵者"，天子七庙，诸侯五庙，大夫三庙，士一庙，搞舞会，天子八佾，诸侯六，大夫四，士二，但还有另一种情况。比如"礼有以小为贵者"，地位越高酒器越小，"礼有以素为贵者"，天子祭祀的玉器不加雕琢，祭天的木车没有装饰，"礼有以少为贵者"，食礼天子一食告饱，诸侯再食，大夫三食。

礼的法则其实也是礼的意义。那么具体到各种常见的人生礼仪，这些法则或意义又是如何体现的呢？

74. 长大成人之礼

现在终于到了古礼中最精彩最实用的部分了。

前面也说过，三礼大于五礼，五礼又大于八礼。《周礼》的"五礼"虽然内容多，可《周礼》包罗万象，志在天下，讲的都是国之大事，对于具体的仪式，反倒"观其大略"了。而《仪礼》就不一样，《仪礼》中的"八礼"，看上去好像是多了，其实是少了，因为《仪礼》，是给普通的小贵族，甚至普通的小知识分子用的，不需要大而全，更需要小而精。

《仪礼》是哪"八礼"呢？冠，昏，丧，祭，乡，射，朝，聘。各种版本顺序不太一样，这是大戴礼的顺序，刘向《别录》则把丧祭放到最后，郑玄说刘向这样放得好，因为丧祭是凶礼，理应在最后。有的版本还把这八种合成四种，分别是冠昏、朝聘、丧祭、射乡。顺序这种事，对于汉代的经学家来说，是非常非常重要的事，因为关系到各种阴阳五行上下尊卑，不过对于我们来说，倒不必那么较真。

丧祭的确非常重要，讲起来，一本书都下来了，做起来，三年还没个完，在"以孝治天下"的年代，这是最主要的考察指标。不过对于今人来说，也许更愿意了解一些轻松的，比如成人礼或婚礼之类。那么，就以三个比较轻松的礼——冠礼，婚礼和乡射礼——来挂一漏万吧。

先看冠礼。不管在哪个版本里，冠礼都是八礼之首。这是有意义的。

因为冠礼是成人礼，意味着你拥有了成人的权利，你可以像一个大人一样去做事，像一个大人一样被对待；但同时，你也有拥有了成人的义务和责任，你必须顶天立地，你必须独立自主，做一个合格的儿子、合格的弟弟、合格的臣下、合格的晚辈，你不再是一个无责任的"孺子"。

冠礼一般是二十岁开始，比现代似乎更晚一点儿，但这并不是因为古人更笨，而是成人礼必须在能真正承担责任的时候，才能举行。举行了成人礼，而心智还不成熟，又承担不了责任，光玩儿虚的，有个毛线用啊！在周朝，六岁，开始识数，识一些名称；八岁，简单的礼节；九岁，天文历法；十岁住宿到外面，向老师学文字、礼仪、辞令；十三岁，学音乐，文舞，读《诗》；十五岁，学武舞，射箭，驾车。到二十岁，这些都学得差不多了，可以举行成人礼了。

好，现在你穿越到了周朝，然后从一个很小的孩子一路学到了二十岁，该举行冠礼。该怎么做呢？

第一步当然是通过算卦——那时候还没有老皇历可翻——选个好日子，良好的开端，才是成功的一半嘛。

第二步是提前三天通知亲朋好友，请他们到时来观礼，这叫"戒宾"。

第三步再次通过算卦，选一位担任仪式的正宾，因为是算卦产生的，所以叫"筮宾"。其他人即使不能来，这个"筮宾"千万不能缺席，为了郑重起见，也为了尊重起见，找好正宾后，提前一天还要再登门特别邀请。另外还得给正宾配一位助手，叫"赞者"，虽然这不是魔术，但流程很复杂的，助手是必要的。

第四步就是在家庙里，在列祖列宗面前，正式开始，要注意站位——其实是座位，因为古代是席地而坐的，那些个地方，都会铺上席子。

怎么站位呢？好，假设你现在庭院里，南边是大门，北边是堂，就是大厅了。大厅再往里，是房，堂房之间，两侧有厢房，东边叫东序，西边叫西序。在庭和堂之间，有台阶，东边的供主人走动，叫作阼阶，西边的供客人走动，叫作宾阶。院子的东边，有各种观礼的人，亲戚、诸子、诸弟，院子的西边第二个台阶开始，有三个有司，拿着三种帽子依次站着。正宾开始站在宾阶之上，你的老豆开始站在阼阶之上，赞者则在正宾稍北稍西的地方。你站在哪里呢？要看身份——如果是嫡长子，就是阼阶上面，表明你将要取代父亲在家里的位置；如果不是，对不起了，就要到堂北偏东了。

第五步，站位完成，开始加冠。记住，你有三种帽子：一种黑布帽子，其实就是一块黑布外加两根绳子；一种是皮帽子，一般用鹿皮缝的，有点像瓜皮小帽；一种是爵冠，听名字就知道比较高级，实际上也是贵族的标志物之一。为什么要用三种呢？因为你要明白祖先——不管你是穿越者还是原住民——创业艰难，最早他们只能戴块白布，祭祀时能戴上黑布，后来才有了皮帽子，再后来才有了爵冠。你也要学习祖先——不管你是穿越者还是原住民——这种艰苦奋斗的精神，先难后易，先苦后甜，反正就是这个意思。所以加冠要加三遍。

从那块黑布开始加起。你先由赞者帮你梳头——对于穿越者，要记住你现在应该拥有一头乌黑亮丽的飘逸的长发，要保持它的光滑和色泽，不要有太多头屑，否则此时此景，会糗大了的。所以推荐皂角，猪苓更好，切记，切记。好，回到正题——赞者帮你梳完头之后，用帛把你的头发仔细包好，后面的工作就交给正宾了。

正宾先下堂洗个手——古人是很爱干净的，然后上堂在你的席前坐下，把同样坐着的你的帛扶正——其实已经够正了，再从西阶下一级台阶，接过布帽子，走到你的席前。再一次端正你的仪容，再祝福你一番，"今天是个好日子，非常吉祥，我现在就为你加冠。记住，你不是小孩子了，要抛弃你的童稚之心，要培养你的成人之德，希望你健康长寿，幸福美满"，诸如此类吧。说完了，才给你戴上帽子，由赞者把你的冠缨系好。完成后，你要到房里，脱掉少年穿的采衣，穿上青年穿的玄端服。记住，这个玄端服也不是最终穿的，只是和那个黑布帽子配套罢了，所以衣服也有三种。

换好衣服后，你走着台步来到堂上，面朝南，向大伙展示你成人的风采。接下来就是第二套和第三套，流程差不多，祝福的话虽然不同，但也类似。

再就是第六步，醴冠者仪式。什么叫醴冠者？当然是让冠者喝酒了，这是成人酒哦。你的位置变了，变成了堂的西边，不到西序的位置。还是由正宾向你敬酒，也是一些祝福，什么用甘甜的美酒祝福你健康安详，什么请你下拜受觯，祭献脯醢和佳醴之类。你呢，就接过这些酒喝了，起身离席，答谢正宾让冠礼圆满完成，正宾当然还要再还礼，有来有往，才算礼毕。

这就完了吗？

完了？这只是个开始。你还得让正宾帮你取个字，成人都是有字的，小孩子才只叫名。你还得用成人的身份见尊长，见亲戚，见国君，见各种长辈，只有见过他们了，你才是成人。

见尊长——比如说母亲，见亲戚——比如说姑姑，礼节是相似的，基本上都是过去后，你献上干肉什么的，母亲或姑姑拜着接受，你拜送，她们再回拜。

见国君，乡大夫——就是退居二线的官员，乡先生——反正就是地方上有头有脸的人，礼节也比较相似。就是穿上合适的衣服，拿只野鸡，放在地上——你不能亲手交的，然后他们都要教诲一番。无非是："我跟你爹老熟了，他这人有点满嘴跑火车，你可不能这样，一定要踏实"，"你爷爷那人非常不错，对人好，做事情也好，对国家还很忠诚，你也要这样哦"，"我是看着你长大的，你现在成年了，要一心向善啊，你只有一心向善，才能越来越优秀啊，切记，切记。"

只有这些全部完成之后，才算是全部完成，主人，就是你那可怜的被乡先生背地里说坏话的老爹，要向正宾敬酒。敬完了，正宾回敬，然后再敬，最后还有五匹帛，两张鹿皮还有一些肉食相赠。

是不是很复杂？复杂就对了。复杂了，你才能印象深刻，你才能脱胎换骨，真正的长大成人。现在为什么很多人感觉高考结束后自己长大了，还不是因为印象够深刻，不过高考作为一种仪式，深刻是深刻了，却不能给人足够的教诲，所以虽然长大，却不算成人。难怪宋朝的司马光和程颐那些人，面对印度文明入侵后，传统礼仪废弃后的社会风气大感痛心，认为人情轻薄，根本没有责任心，没有公德心，"冠礼废，则天下无成人"，"故往往自幼至长，愚呆如一，由不知成人之道故也"。礼仪这些东西，大约还是需要的，不管是什么形式，即使在原始社会，也要有射死鹰，打死狼，或咬住箭的能力，还要有相关仪式，才算成人的。

顺便说一下，女子似乎成人得更早一些，因为和男子仪式类似的笄礼十五岁就可以进行，这或许是女子需要学的东西要少一些，而且女孩子，懂事也要更早一些吧。

成人之后，就是成家，那么成家礼又是什么样子呢？

75. 成家立业之礼

据说按照古礼，男子要到三十岁，女子要到二十岁成亲，不过又有人解释说，这其实是年龄的上限。因为到了这个年纪还没成亲的话，是要被算成"旷夫"、"怨女"的，这个"旷夫"、"怨女"比现代的"剩男"、"剩女"更耐人寻味，也更准确，极形象地抓住了大龄未婚男女那表面上虽不动声色、内心却急不可耐的心情。

但不管这个古礼的三十岁或二十岁是否确实，实际上古人都没有做到这一点，而是在冠礼或笄礼之后的不久，就得进行昏礼了。等到后世冠礼不行，实际年龄可能还要早一点儿。为什么呢？怕自己的孩子成"旷夫"、"怨女"大约是一个方面，另一个方面，大约是对于大多数人来说，冠礼始终是一个遥远的存在——那基本上只属于上古的贵族和后世的少数士大夫，而对于普通人来说，昏礼才是真正的成人礼。成家立业，成家立业，成家了，才能真正地立业，也才能真正地被当成一个独立的成年人看待吧。

这当然也是有原因的。虽然霍去病也说"匈奴未灭，无以家为"，虽然哥伦布如果结婚了根本去不了美洲，因为他的妻子会拼命地阻止他，但那都是属于一些危险的行当，而且总会有深明大义的乐羊子妻支持丈夫的事业。更重要的是，结婚是社会关系的一次飞越，它甚至也不仅仅是把两个家庭的社会关系合到了一起，而且实际效果远大于此。在中国人的心中，社会关系的价值，已婚者大于未婚者，有子者大于无子者。社会关系对于一个中国人意味着什么，不用说了吧。还有其他的原因，比如婚后生活对于人的历练。经常听说好男人都已经结婚了，她们不知道，正是婚姻，让那些毛头小子变成了好男人。

好了，闲话休提，回到古代婚礼，或者说，昏礼上。有同学就说啦，我知道我知道，就是一梳梳到头、再梳梳到尾嘛，不就是大红的婚袍、凤冠霞帔、大红的花轿吗？不就是一拜天地二拜高堂夫妻对拜吗？不就是掀起你的红盖头吗……这位同学，我要说的是，你如果抱着这种想法穿越，除非是穿越到很近的朝代，否则会很失望的，哪怕穿越到唐朝，都会失望。因为你目前在电视里见到的各种古代习俗，大多是到了宋代才形成的，比如红盖头，剩下的一些，也基本上形成于明代，比如使用银两。清宫戏我就不说了。

所以为了穿越计，恐怕还是得换换观念。如果你是个烟鬼，或者吃饭无辣不欢的，恐怕只有辫子朝代适合你，虽然那年头烟草和辣椒也不普遍，可至少有个指望，不用跑到美洲去找；如果连辫子也不喜欢，就干脆死了穿越这条心吧。如果你对于尼古丁或舌头的痛觉神经末梢并没有太大的兴趣，所以你确定可以去唐朝或汉朝或春秋战国的话，衣食住行也得斟酌——席地而坐，分餐而非合餐，没有银两，很多习俗可能都跟你想象的不同。当然，包括婚礼。

比如说轿子，虽然很早就有肩舆一类的东西，可使用并不普遍，一般人还真没见过。古时候结婚是坐车的，想想看，林间小路，油壁车，青骢马，车轮吱吱地响着，似在唱和，有多浪漫，哪像轿子抬出去那么小家子气。还比如说夫妻对拜，想想这会是古礼吗？两个脑袋一齐前倾，甚至会碰到一起，很有风度吗？怎么也得一个拜了，另一个再答，更为温雅吧。

再比如婚服吧，西洋人男子黑礼服女子白婚纱似乎比较多，电视上见到的古代婚礼，似乎大红的比较多，红色喜庆嘛，而现代人则似乎居于两者之间。可如果你穿越到了上古，哪怕中古，你如果看见给你穿的并非大红的衣服，却多嘴了一句，"为什么不穿红的，不是姑娘大喜的事情吗？"他们一定会说你，"真是白养了你了，要离开爹娘了，还说什么大喜！"记住，上古的婚礼，低调而不低俗，简朴而不简陋是最重要的特点，不低俗不简陋当然不用说了，仪式那么多，比后世还复杂，还件件都有深刻的含义，那么低调呢，这个礼服也是表现之一。实际上，根本没有什么特别的婚礼礼服，新郎不过是爵弁服加黑边纁裳，新娘是黑边纯玄色衣裳，其实就是黑色，天青色外加一些橙黄色，够低调吧？对了，不仅不是轿子，车也不是红的，而是漆成黑色的哦。

至于红盖头，唐朝杜佑的《通典》是说过，"以纱縠幪女氏之首，而夫氏发之,因拜舅姑,便成妇道",看上去似乎和盖头有点儿像了,可这是在"拜时妇三日妇轻重议"里说的。什么叫"拜时妇"、"三日妇"?无非就是因为天下大乱,或家庭变故,把婚礼的各个阶段都省了,直接一步到位,拜下天地高堂什么的,就算是结婚了。"拜时妇"意思就是拜一拜就得了,"三日妇"意思就是不过三五天的时间,一言以蔽之,闪婚也。既然是闪婚,当然要追加上措施,以保证婚礼的严肃性,所以盖个东西,也在情理之中。唐朝当然也有"却扇"的习俗,用把扇子——不是后世文人墨客经常摆弄的折扇哦,折扇也是宋代才有的而且还是日本人发明的——遮住颜面,必须卖弄风雅地赋首诗才能拿开,这说明了两点可能——要么是唐朝真的人人都会作诗,要么是只有会作诗的结婚才会"却扇"。但即使如此,这也只是唐朝才有,因为"却扇"又是始于晋人温峤,而且是这个坏小孩被堂姑母委托给表妹择亲。他倒好,瞒天过海,直到婚礼上把扇子拿开,才知道那个口口声声说不逊于自己的人物就是他自己。

所以盖头要不就是从唐朝文人圈里的"却扇"习气发展而来,要不就是把从前闪婚族的权宜之计变成了终身大计。当然,还有可能,就是包办婚姻时代,人们希望通过这个红盖头,满足一种乍忧乍喜的神秘感,或者说,提供一种紧张的悬念,以给今后的婚姻生活提供一段美好的记忆吧。要不那么多古装电视剧,对于洞房花烛夜,哪有什么戏码呢?

不过对于上古来说,没有盖头这种东西,也并不代表洞房花烛夜就会草草,实际上更为郑重,共牢而食,合卺而饮,可是一样也不能少。而且这些仪式更能体现夫妇一体、彼此亲爱的意思。所以你应该明白为什么只有闪婚族才会用盖头了,因为他们甚至连共牢而食、合卺而饮都来不及,而且假如都已经共牢而食、合卺而饮,再盖盖头也没有意义了。

不仅如此,上古婚礼,郑重的不仅是洞房花烛夜,更在于这之前,以及这之后的每一步,即所谓"六礼"。

这里又多出了个"六礼"——虽然仅指婚礼,那么"六礼"都是些什么呢?

76. 婚礼"六步曲"

好了，你现在已经来到了古代，很古的古代。

在举行完冠礼后不久，作为一个贵族破落户的嫡子，你现在觉得自己有必要找一个媳妇，于是你决定上街逛逛。

可奇怪的是，大街上并不如你想象的那样有很多美女。闲逛的都很少，他们要不就是拜亲访友，要不就是赴某个集会。虽然说"出其东门，有女如云"，可等你真的到了东门，才会发现，那里贵族女子很少，即使有，身边也肯定有几个保镖虎视眈眈地盯着你这个试图搭讪者。平民女子倒是很多，可一来你毕竟担心家里的老爸不认可一个平民女子，二来你发现自己根本不知道如何在这个时代搭讪。你从香港电影里学的那些搭讪方法用上去直接被人当流氓，而你又不会引用《诗经》或对歌什么的。

总之，第一天你悻悻而归，第二天也是一样，直到你的好朋友，另一个贵族破落户，告诉你，听说那个城西有个姜姓小贵族的大女儿长得很美，而且待嫁。至于为什么是听说，那是因为他，还有告诉他这个消息的人，都没有亲眼见过——如果随随便便就能让人见到那还叫什么贵族？总而言之，那年月，像你这种小贵族，对于择偶对象的信息通常来源于听说，毕竟也没有照片或画像什么的。于是你向你的老爸提到了这件事，当然，你不能"听说"姜姓小贵族的大女儿长得很美，你只能说，听说孟姜非常非常的贤淑，尊敬长辈，善于持家，布拉布拉的。你老爸和你的老娘都动心了，于是他们决定请一个媒人。

记住，媒人是你婚姻成功的充分必要条件，所谓"娶妻如之何，匪媒不得"。不仅女孩子要矜持，不可随便许诺男子的求爱求婚之举，男子也是不可以自己跑到女方家里去提亲的，否则会被打出来的。要含蓄，含蓄晓得吧？再说这样也挺好，古人脸皮没有后世的人那么厚，这样至少不用担心被当面拒绝。记住，不管你是男穿还是女穿，都要有媒人，没有媒人的婚姻，那叫"私定终身"，叫"苟合"，是要被世人耻笑的，生出来的孩子，都只能是私生子，私生子晓得吧？一辈子抬不起头的。

好了，现在"六礼"的第一礼开始。第一礼是"纳采"，其实就是提亲啦，为什么说"采"呢？其实就是"选择"的意思。在没提亲之前，是可以双向选择的，你可以向孟姜提亲，也可以向仲姒提亲，而对方可以答应，也可以不答应。可一旦提亲之后，就不能随便"选择"了。

"纳采"要带礼物。带什么礼物呢？带一只雁——什么？一只雁？你觉得很委屈，好像这也太寒酸了点儿，好歹你也是个贵族嘛，婚姻这样难得的大喜事，一辈子也就这么一次，出手怎么也得大气一点儿吧？可当你把这个要求向你的老爸提出后，却遭到了他的痛斥。他斥责你，结婚是一件谁都要经历的平常事，何喜之有？媳妇进门后，就会代替你老娘的主妇地位，何乐之有？你们成家了，这说明父母也老了，父母老了，何欢之有？你居然说是大喜事，要大操大办，不像话！

这让你困惑不已。当然，后来你发现整个的婚礼过程中，始终都表现得很寒酸，而且也不喜庆，甚至连后世普通平民婚礼的热闹都大大不及。可你要说他们不重视你的婚礼吧，也不是这样，因为各种礼仪比后世要多很多。

后来你才知道，这个雁，虽然拿出来挺寒酸，意义却十分重大，因为雁是一个很特殊的鸟类嘛——雁是候鸟，从南方飞到北方，再从北方飞到南方，寒来暑往的，从来没有例外过，这是多么的诚信啊；雁总是排成一行一行的，一个跟着一个，这又是一种多么讲究秩序的鸟类啊；更重要的是，雁很有感情，从一而终哦，天南地北双飞客，老翅几回寒暑，如果一只大雁死了，另一只就会孤独终老，这样的感情很值得我们人类学习啊。

"纳采"虽然意义很重大，仪式却并不复杂，同意就收下这只雁，不同意就不收。这一关过了，接下来就是"问名"。

"问名"其实就在纳完采之后不久，媒人还没有回家，在外面转了几圈儿后又回去进行的。说是"问名"，其实是"问姓"，主要目的是防止出现同姓结婚的事。古人是很反对同姓结婚的，认为会导致遗传病，总之如果你看上了同姓的妹子，就趁早死了这条心吧。

"问名"的时候，大约还会问对方的生辰八字什么的，总之就是姓啊排行啊出生年月啊。为什么不是姓名而是姓和排行呢？因为古代女子只有家里的小名，大名是没有的，所以只能根据姓和排行来称呼，姓就是姜姬、姒嬴之类——注意是姓而不是氏哦，排行就是孟、仲、叔、季什么的。

"问名"之后是"纳吉"，就是拿到女子的信息之后，你老爸拿着这个信息和你的信息，来到祖庙进行占卜。然后，终于天遂人愿地得到了吉兆。于是媒人再次去女方祢庙——从"纳采"开始的这些仪式都要在祖庙进行——告诉女方，我们得到了吉兆了，要不，这事儿就这么定了？女方当然要谦虚一下："老夫自小女纳采以来，私心一直想着，小女不堪教育，恐不能与尊府相配，但今日府上既占得吉兆，我家也同样占辞甚美，想必姻缘总是极好的，所以不敢推辞。"

第四礼是"纳徵"，这个就是后世的订婚了。徵，就是征，其实就是后世的聘礼了。后世把这个聘礼搞得非常隆重，不过在当时，也就是五匹帛、两张鹿皮。

第五礼是"请期"，其实就是你们家通过占卜——那年月还没有老皇历，自己占卜，丰衣足食哦——选定了婚期。不过为了表示女方优先，你们假惺惺地请媒人去女方，请他们指定婚期。他们当然是一眼就看出了你们的假惺惺，当然就顺势说，还是你们定吧，于是你们就当仁不让地把早已定好的日期告诉他们。

最后是第六礼，激动人心的"亲迎"终于来到了。那么这最后一礼，或者说，你真正作为男一号的婚礼当天，又会发生些什么呢？

77. 洞房花烛与共牢而食

现代人提到婚礼当天，都会想到新郎去接新娘，被为难一段时间，终于接出来，然后有一个汽车的长队，运着很多嫁妆，招摇过市。最后有婚宴，亲戚朋友来了很多桌，然后在一个司仪的安排下，像晚会一样变出许多节目，浪漫而又繁华。后面可能还有闹洞房的戏码，闹洞房的激烈程度，通常与新娘的漂亮程度成正比，同时又与新郎在小伙伴们中的年龄成正比，即：新娘越漂亮，洞房闹得越厉害；而新郎如果在小伙伴们中年龄较大，结婚比伙伴们早一些，洞房也闹得越厉害。

如果再把时间往前推上几百年，招摇过市的就是大红花轿，花轿边是新郎，然后穿着大红婚服的新娘顶着红盖头走下轿子，与新郎拜天地。拜完天地就是送入洞房，洞房之外是热闹的婚宴，洞房之内则是一片温馨的两人世界。当然，考虑到整个过程中新郎和新娘都是饿着肚子的，洞房里往往准备有酒菜，以供新郎在掀起红盖头之后，与新娘分享。在一些狗血电视剧里，这一步通常会被省略，似乎新郎和新娘是不怕饿的。

可如果把时间再往前推上一两千年，那个习俗又不一样。

时间倒是差不多的，都是傍晚，婚礼本来是写成"昏礼"的，据说与原始部落抢婚习俗有关，也不知道是不是真的，反正是傍晚，太阳西下，暮色苍茫的时分，就对了。

话说傍晚时分，新郎要开始迎接新娘了。出门前，父亲大人会专门交代一番：儿啊，你这就去接你的贤内助，延续我们的家族，你要勉励和帮助她，保持我们先妣的美德啊。儿子当然要谦虚一番，恐怕我不能胜任，但我不会忘记父亲大人的教诲的。然后就坐着油壁车前往女家，前有仆役持烛开道，后面再跟两辆副车，浩浩荡荡地进发了。

女方那边也没闲着。实际上一直都没闲着。最近三个月，她都在向女老师学习德言功貌的内容，学成之后还要告祭。这样等到婚礼这天，就会穿戴整齐，面朝南站在祢庙里等着未来的丈夫到来。和她一起站着的，还有姆和陪嫁。

等新郎到来后，不是直接闯进去，而由新娘的父亲迎接进来，大家站好位置行礼——行什么礼？对未来的岳父再拜啊。行完礼之后，在西阶下来出门。而新娘这时也要跟着新郎从西阶下堂，站在东阶上的父亲就要交代女儿过去后要敬重公婆之类，把衣服首饰送给她。再由母亲给女儿结好佩巾，庶母结好丝囊，都各自交代一番。接下来就是出门坐车，姆还要给她穿上罩衣。

这一系列的仪式之后，新郎还有一件事，就是驾着那辆迎亲的车，不过只要车轮转三圈，就算是完成任务了，剩下的事，由车夫负责。自己驾着油壁车先回，在家门口等待新娘。

迎回来之后拜天地吗？错！迎回来后第一件事是洗手。

有同学就要问啦，为什么洗手？笨，连饭前洗手都不知道？新郎新娘还饿着肚子好不好？看看，古礼多么体贴、多么照顾人。

不过呢，考虑到这是新郎和新娘第一次一起吃饭，仪式还是有一些的。什么？你们之前也在一起吃过饭？真是成何体统，岂不闻男女授受不亲，授受可以，但不能亲热。什么？你们还在一起喝过酒？真是孺子不可教也。好好学习古礼吧。

话说古礼的这个吃饭仪式，有个名称，叫"共牢而食"，还有个伴随的仪式，叫"合卺而饮"。为什么这个仪式这么重要，因为上古的时候，准确说，唐朝之前，咱们的祖先和洋鬼子一样，是分餐制的。吃饭时，每人一个席位，各有器具，食物一人一份，互不相涉。所以夫妻这样"共牢而食"意义重大，就好比合餐制时代共吃一碗饭，一个碗里吃饭了嘛，而且比那个要更为卫生更为文雅。

好啦，新郎和新娘相对而坐，都坐在席子上。两人之间的案上，摆着各种食物，计有稷两份、黍两份、酱两份、腌冬葵菜两份、螺酱两份、肉汤两份、鱼俎一份、豚俎一份、腊俎——其实就是风干的兔肉啦——一份。有两份的，就放在两边，每人一份，只有一份的，就放在中间，大家一起吃，这可不就是"共牢而食"了。

虽然是饿着肚子，也要吃有吃相，第一餐不宜吃得太多，要斯文点儿，争取留个好的第一印象，所以顶好的，是在赞礼者安排下用餐。先吃黍，再喝肉汤，再吃酱，这叫"一饭"，这样进行三次，就"三饭告饱"。

饱了之后，自然要漱口，口腔卫生要讲究啊，虽然用牙膏牙刷要到宋代才形成风气，但漱口还是必要的。当然，那时不叫漱口，叫"酳"，就是用酒漱口的意思——贵族就是阔气。一共也要漱三次，才算是完成，而且前两次用爵，最后一次用卺——卺是什么呢？说白了就是葫芦瓢。一只葫芦两只瓢，新郎新娘各拿一片，合起来是一只完整的葫芦，分开来就是两只完美吻合的瓢。这说明了什么？说明了你们历经千辛万苦，终于找到了你的另一半了，从此你们的生命终于完整，你们要相亲相爱，好好对待你的另一半哦。

好像还少了点儿事情——没有拜高堂是不是？

不要急，古礼是很体贴人心的。拜公公婆婆——那时叫拜舅姑——不需要那么急，第二天早上就可以了，所谓"洞房昨夜停红烛，待晓堂前拜舅姑。妆罢低声问夫婿，画眉深浅入时无"，多么的浪漫！

第二天早上，仍然是在赞礼者的安排下各就各位，公公站在东阶，婆婆站在西房门前。新娘呢，先提着装了枣子栗子的竹篮从西阶上堂，去拜公公，把礼物送给公公。再提着装着干肉的竹篮去拜婆婆，把礼物送给婆婆。然后赞礼者代表公婆敬酒，表示接受。这是第一阶段。

第二阶段呢，礼物就要丰厚一些了，是一只蒸乳猪，做好后，剖成两半，分别送到公公婆婆的俎上。礼尚往来，公公婆婆也要用食物款待新娘和女方的其他人，赠送礼物。完成后，公婆从西阶下堂，而新娘从东阶下堂。这说明什么？说明新娘从此就是这个家庭的主妇了，长江后浪推前浪，世界是我们的，也是你们的。难怪那时并不认为结婚是一件大喜事了，新妇都成主妇了，而公公婆婆也就老了，老了有啥值得庆贺的？

如果公公婆婆不在呢，有车有房，父母双亡呢，也不见得就是好事。因为你只有到家庙里，才能去拜公婆，才能被接纳成为主妇啊。而家庙，要到祭祀的时候，最长，可能有三个月呢。也就是说，假如这三个月之内出了什么变故，比如意外身亡什么的，你也不能算是这个家庭的成员，娘家不要，夫家不收，就成了孤魂野鬼啦。所幸后世的朱熹老人家比较通人情，改三个月成三天，三天庙见，问题就不大了。

但不管是哪种，都与后世的"二拜高堂"大不相同，毕竟"六礼"到后世，就变成了"三礼"，只剩下提亲，下聘和婚礼三大部分。当然与后后世更不一样，后后世连奉子成婚这种事体都能搞出来，也算得上由夏变夷了。可该讲究的不讲究，不该讲究的，却又拼命讲究，上古婚礼，聘礼嫁妆不过随身携带之物，后世则夸侈斗富；上古婚礼当日，食物连主食不过一张桌子，八九份食物，后世则极尽奢华。这也可能是贵族根本不需要外在的奢华来证明身份，而平民则需要物质的炫耀来获得面子吧。

长大成人，成家立业的事情已然完成，那么乡间射箭，做游戏而已，又会有什么样的礼仪呢？

78. 公平竞争之礼

如果说乡饮酒礼源于部族聚会，那么乡射礼，则源于部落的射猎活动，前者是交流感情的，后者则是切磋技艺的。不过命运却有点儿区别，乡饮酒礼到很久之后尚有存遗，乡射礼嘛，后世的读书人，常常连弓都拉不开，自然很少有人知道是怎么回事了。武举虽然也有骑射，后世那些入主中原的游牧渔猎民族，射猎打围，也算是一个常见的保留项目，不过那都是纯粹的比赛或娱乐，无关礼仪。射猎打围，尚武精神是有的，教化作用却不足。既有尚武，又有教化的，大约非射礼莫属了。

射礼其实应该分成四类，乡射礼只是其中一种。其他三种是天子举行的大射礼，国君与大夫燕饮之后的燕射礼，故旧朋友进行的宾射礼。乡射礼算起来，应该是士阶层比较常见，也比较重要的一种了。

那么乡射礼都有些什么环节呢？环节有四，分别是确定人选，准备比赛，正式比赛，最后是余兴节目。

需要确定的人选，有乡射礼的主持者——宾，这是一个没有官爵而又德行卓著的处士，而且要州长——乡射礼在州序举行——亲自邀请和迎接，也算是尊重知识尊重人才吧。还有具体指挥者——司射，反正就是比较懂礼仪的人，在乡饮酒礼当完司正，这不，又来当司射了。自然还有各位射手们，也是要通知的。

比赛需要准备的，有"侯"，就是箭靶啦，是在堂的正南方三十丈以外。有把靶者，在箭靶左前方，藏在一个圆形的皮制小屏之后，那个屏，叫作"乏"。有射位，在堂上用十字标志。还有弓箭算筹等物，摆在堂下。

比赛过程分三轮，叫三番射。

第一番射是个热身赛，只有六个射手，技艺接近的两两配对，分别是上中下三耦，每耦分上射下射手各一名，每个射手四支箭。随着司射一声令下，"依次而射，不得杂越"，都纷纷脱去外衣左袖，右臂套上臂衣，右手拇指套上扳指，拿好弓，三支箭插于腰间，另一支在右手指间。

接着司射给大家示意射箭的仪式，左足踩上十字标志，面朝西，再转头向南，注视靶中，俯身查看双足，调整步式，开弓射箭，直到四支箭射完。然后上中下三耦两两依次上堂，随着司射又一声令下，"不许射伤报靶人，不许惊吓报靶人"，开始射箭。上射行礼后射完一箭，然后下射射，然后再由上射射，轮流结束后下堂，由下一组上堂，直至三组全部射完。全部结束后，司射报告给正宾。进入第二番射。

第二番射就要计成绩了，输了还要罚酒的。什么样叫有成绩呢，不仅要射中靶子，而且要射穿，否则有气无力的，准头再好难堪大用啊。人数也不一样，除了三耦，还有主人、宾、大夫、众宾，都要两两结对，主人和宾结对，并且自任下射，大夫虽然位置高，但也要与士结对，表示大家都是好伙伴，剩下的众宾也全部配合成耦。

正式比赛实际上是团体赛，在哪个耦其实并不重要，重要的是上射还是下射，上射射中一箭，有司丢一个算筹在右边，下射则在左边。每人仍然是四支箭，先三耦，再主宾组合，再大夫和士组合，再是众宾组合。都射完了，数算筹计胜负，或说左方胜了右方，或说右方胜了左方，或说双方算筹相等。

然后说是喝酒，先喝罚酒，再喝敬酒。罚酒自然是由输了的一方上堂喝，要穿上外衣左袖，脱下扳指和右手护臂，如果不是主宾或大夫的话，还要拿上弓，不过要放松弓弦，说明咱射得不好，暂时不射了。与此同时，胜者相反，脱下外衣左袖，戴上扳指和右手护臂，拉紧弓弦，表示咱还能射啊。敬酒主要是敬报靶人，释筹者，以及在靶前进行必要的祭祀。

接下来是第三番射，也是正式比赛，也有罚酒，所不同的是有音乐伴奏。这个音乐可不仅是让人心情愉悦的，也是增加难度的。难度在哪？司射说了，"不按鼓的节奏射箭的，不得计数"，要懂音乐，根据音乐的节奏来射箭哦。

三番射完，最后的旅酬嘛，和乡饮酒礼类似，无非就是从身份最高的人开始依次向下敬酒，同时堂上堂下还有或分奏或合奏的音乐，大家尽兴而止。告完辞之后，第二天还有些拜谢，宾要到主人家拜谢，主人也要到宾家拜谢。

从过程可以看出来，乡射礼和乡饮酒礼相比，环节要少一些，不过意义可一点都不少。这个意义，主要体现在三番射上。

那么三番射上有哪些意义呢？

其一，可以观盛德。一个射箭而已，有什么盛德呢？盛德还不少呢，因为乡大夫征询射手表现时，有五个评价内容。哪五个？和，容，主皮，和容，兴舞。什么是"和"？就是心志和体态相和，就是要有平常心，淡定，老实说，像古人自小就学习礼乐射御书数，技艺就是有差距，也不会差到很远，只有心态好，才能出好成绩啊。什么是"容"？容就是容态要端庄，要符合礼仪，第一番射不计成绩，看什么？还不是看容态。什么是"主皮"？这个听上去很费解，其实皮就是靶子啦，靶子是用皮做的啦，所以"主皮"其实就是成绩，就是技艺。"和容"呢，是最高境界，像第三番射，不仅合乎礼，还要合乎乐，还要出成绩。"兴舞"呢，也差不多，就是随着音乐的节奏射箭，姿势像舞蹈一样优美而有活力。看到这里，是不是跃跃欲试，一篇《记一次有意义的射礼》就要问世了？且慢，再看看其他的意义。

其二，可以锻炼反躬自省的能力。什么叫反躬自省呢？很简单哪，你四支箭，箭箭射歪，一箭上天，一箭入地，一箭孔雀东南飞，一箭郑和下西洋，怎么办？别骂人哪，别怪报靶人干扰你，也不要抱怨音乐的效果太差，推荐阅读《不报怨的世界》，对了，差点儿忘了，那年头没有这本书，那就推荐《射义》。《射义》请你记住，那不是靶子，那不是普通的靶子，那是你生活的目标，那是你人生的梦想，现在，看到这支箭没有？这就是你自己啊，你正要向你的梦想飞去，飞去……好了，松开你的手，让它去吧。这就是孔子所谓"发而不失正鹄者，其唯贤者乎"，射箭的过程，也是反复内省、寻找、励志、进取的过程啊，那么射得歪了，又怎么能怪别人呢，又怎么能不"反而不中，反求诸已"呢。

其三，可以锻炼公平竞争的能力。这就更好理解了，什么是公平竞争？既不是为了成绩不择手段，黑哨默契球兴奋剂什么都来，那是糟践自己，也不是为了所谓友谊，明明能赢的，故意去输，那是糟践别人。公平竞争是一定要公平地比赛，一定要尽力争胜，但如果胜不了，也不要抱怨，愿赌服输，衷心地祝福对方，并反躬自省，继续努力。所谓"君子无所争，必也射乎"，礼让的确是个好习惯，但既然参加比赛了，再去让成绩，那就是看不起对方，不把对方当成对手。比赛的确是涉及谦让的，比如上下射要行拱手礼，各耦上下堂相遇，也要拱手，但一旦开始射箭，就一定要全力争胜，那才是真正地敬重对方。

其四，还有最后一个意义，就是可以通过射礼选拔人才，特别是天子的大射礼。射礼可以看出技艺，可以看出德行，如果连区区一个射礼，都表现不佳，天子又怎么能放心把土地人民交给他呢？

好了，时至今日，你已长大成人，成家立业，学会公平竞争，至于待人接物，养生送死，养老尊贤，也已学得差不多了，在这个礼的时代，是不是显得非常的优雅文明呢。这的确是复杂了些，但你不得不承认，如果能坚持下来，多少还是有那么些教化的效果的，社会上戾气会少一些，大家基本上能互相尊重，礼让。特别是当我们的四邻，还多半处在原始部族时代的时候。

不仅你这么认为，汉朝那些经学家们，也这么认为的，他们千方百计考证那湮灭的古礼，并且试图恢复这些古礼，教化民众，也试图感化朝廷。他们几乎成功了，直到那一天，朝廷开始清洗党人，上至公卿，下至士子，被捕被杀者无数，社会菁华，一扫而空。再到某一天，黄巾大起义爆发，通经致用的时代结束了，属于军阀，谋士和将领们的时代到来了。

后记

那是一个普通人不太了解的年代。

大多数人对于汉朝的记忆，多半是在汉武大帝及以前，以及黄巾起义之后。汉武大帝之前多华丽啊，刘邦啊、项羽啊、韩信啊、吕后啊、萧何啊、曹参啊、张良啊、陈平啊……无一不是一时豪杰。再往后，文景之治，多风光；汉武大帝，击匈奴，通西域，定西南夷，多热血；黄巾起义之后呢？曹操袁绍吕布刘备刘表孙权该出场了；从献帝开始，几乎人人熟知。

这两者之间的两百多年呢，除了王莽和刘秀算是有点儿知名度外，抢镜的还真不多。

不过在思想史或学术史上，这却是一个极为重要的时代。儒学自秦之后，分为汉学、宋学两大谱系。汉学云者，就是在这段时间里生根、发芽、抽枝、散叶的。虽然有清一代，汉学仍盛极一时，可那都是文字狱重压之下，在故纸堆里以考据为业罢了，更不消说那些"避席畏闻文字狱，著书都为稻粱谋"的了。汉学里最最重要的一件事，"通经致用"，经是通了，用却是怎么也不敢去用的。

这个时代的另一个特点，则是它是思想与权力一次真正的短兵相接。之前先秦的思想是很多，可先秦的儒从来没被正眼看过，道从来不正眼看别人，墨我行我素最后被灭，法则是打心眼里替权力着想。而到了汉代，儒家的社会改造理想，才真正有了用武之地，并且因为儒家理想与皇权的根本矛盾，而虽然有过美好的开始，甚至刘秀还以"经行明修"立国，但终于撕破脸皮，酿出了桓灵两朝的党锢之祸。

究其原因，无非是从汉武正式使用儒术开始，到汉宣，虽然表面上尊重儒生，可内心却按法家那一套做事，所谓"汉家自有制度，王霸道杂用之"，结果儒生虽然地位高，可不过是个位置高的摆设，真正执国柄的，还是桑弘羊一流。而到了桓灵之际，历一两百年的发展，经学弥漫朝野，京师太学生数万，全国学子不知凡几，与朝廷公卿同气连枝，互相标榜，谤议朝政，作月旦之评，几乎垄断了社会舆论，甚至人才选拔。因为汉朝的察举征辟制，察的就是读书人的名望口碑，如果社会舆论都被这些垄断，那么什么人会被选拔，不就可想而知了么。权力的核心内容有哪些？有财政权，有人事权，有军队指挥权，这些人已经拿到人事权，外加笔杆子，而通常由外戚担任的大将军，也常常与他们勾结，这就连枪杆子也拿到了手里，那么，这皇帝还剩下什么？

是的，你们是君子，你们是正直的，高尚的，不像宫里的宦官那么猥琐，你们推荐的人，也和你们一样正直，高尚，爱护百姓，受百姓的拥戴；不像宦官推荐的人，横行乡里，名声那么坏。可我想问问，这究竟是朕的天下，还是你们的？朕的天下，朕想用谁，不想用谁，为什么要你们说了算？宦官推荐的人，他们再不好，也是朕任命的，做了坏事，也得朕来处置，凭什么你们过去就抓，抓了就杀？宦官再猥琐，也是服侍朕长大的，凭什么你们想要诛杀就诛杀，跟朕的舅舅说一下就行了，都不告诉朕？你们的眼里，还有没有朕？

所以经学时代的结束，就可想而知了。因为他们实际上已经政党化，而且对于皇帝来说，他们甚至是一个反对党，他们的意见与皇帝不尽相同，而且在遇到不同的时候，他们并不会对皇帝愚忠，他们只会忠于他们的儒家理想，他们甚至想把皇帝也纳入礼的范畴，希望皇帝也完全按礼的规定来做事。

今天的人们当然知道，让皇帝只按某个特定的制度做事，而不能按自己意志操作，包括人事任免在内，都是如此，这实际上只有立宪制才能做到。可立宪制是一千多年以后的东西，在这个时代，皇权不仅是自古以来，特别是自秦以来就无可动摇的，也是董仲舒们承认的，它至高无上，不容怀疑，不容挑战。所以党锢之祸即使不是一个必然的事件，也一定是一个大概率的事件，几乎无法避免。正如某个功高震主的权臣如果不能顺利篡位的话，多半要被皇帝废掉一样，一个几乎把皇帝架空的政治力量，又怎么能不遭到灭顶之灾呢？虽然，也许，对于百姓来说，他们比宦官要好，可对于皇帝来说，宦官才是最忠心的，至少，宦官必须依附于皇权才能自保，而他们不用。

如果说古文经学时代是死于功高震主，那么今文经学时代则是亡于走火入魔。

王莽，不管从哪个角度讲，都是一个矛盾的人物，一个被今文经学家推上宝座的人物，最后葬送了今文经学的政治理想，那个在天人感应下完美运作的王道世界。以四海归心始，以众叛亲离结束，神一样的开始，神经病一样的结束。

这个事件，也宣告了儒家大同梦想的终结，相比之下，古文经学的时代，只能算得上小康。

是的，根据后人的说法，今文经学和古文经学的分歧虽然是从几本经书被发现开始的，其根源，也许要上溯到战国。那时候，孟子不也是喜欢谈王道、谈井田、谈春秋、谈大同，非常的理想主义吗？而荀子不也是喜欢谈礼乐、谈教化、谈小康，非常的现实主义吗？只不过，他们也许没有想到，有一天，他们的后人真的把儒家的理论，按理想主义和现实主义的道路各走上一阵之后，会有那样的结局，谶纬大兴，或玉石俱焚。

当然，很多年以后的人，对他们也许都殊无兴趣，甚至颇有微词。革命派批评董仲舒不该抬高君权，现实派批评经学家迂腐不化，各种帽子都有。可就像我在第二卷里，对那些在朝廷之上与公卿分庭抗礼而丝毫不落下风的贤良文学所说的那样，醇儒也罢，腐儒也好，都不是犬儒有资格嘲笑的。他们，在他们的年代里，用那个年代所拥有的知识，做出了他们的努力，他们为这个民族，为这个文明努力过，甚至付出了他们的生命，那就够了。多年以后的那些嘲笑他们的人，为了自己的政治或社会理想，付出过什么？甚至在很多年以后，人们还在羡称汉代政治之善，而儒学大盛的后汉，则被称为"尚气节，崇廉耻，风俗称最美"。是的，虽然诸葛亮叹息痛恨于后汉的桓灵，但他叹息的是皇帝"亲小人，远贤臣"，而不是朝野无贤士，风俗虽美，贤士虽多，无奈皇帝偏偏亲信那几个小人，而大杀贤臣。不管怎么说，那都是儒家离理想最近的一个时代。

不管怎么说，这个通经致用的年代结束了，再也没有回来。后世虽有以诗礼传家的，不过只是治家，未可治国，宋明更有理学，但理学非经学，更重修身，清代也有经学，不过只是治学。再后来，孔家店都倒了，同时西洋又舶来了更先进的学说，更先进的文明，原也不必非用经学不可。大约世事皆是如此吧，有些人，一旦错过就不再，有些时代，一旦过去了，也不会来。

或者也正如这个时代之后的那个时代，虽然有庄园，有门阀世家，甚至还有同样由大姓控制的晋，同春秋时代那个晋国命运类似，但毕竟不可能是从前那个骑士时代了。从前那个时代，是真正的封建社会，贵族世袭，而这个时代，只有权力，首先是权力，才能保证地位。那个时代有真正的贵族，几百年几百年的传承下来的，真正的贵族，有自己的采邑和封国，而这个时代，则只能叫士族，甚至只能叫权贵，他们所拥有的，只有官职，只有私有化的可买卖的土地。

贵族时代的结束，多半是因为贵族之间的斗争，因为封建制度的解体，王纲不振，礼坏乐崩，处士横议，而权贵时代的结束，除了因为权贵本身的斗争外，也会遭到那些来自底层的倾覆或逆袭。他们的斗争同样漫长而惨烈，伴随着整个士族阶层的兴起和消亡，伴随着一个个王朝的崛起和终结，伴随着制度的发展和流变，甚至还伴随着民族的变迁。他们的斗争历时数百年之久，波澜壮阔，上至门阀，皇帝，下至兵卒，士子，卷入其中者，不计其数。是的，那就是战争，是一场真正的《门第战争》。

跋

又有了一段本来不会有的文字。

当然主要还是因为字数有点多，所以存在删减问题。不过与第二卷不同的是，这一次并没有两个方案，因为显然的事，虽然古代礼仪也非常非常重要，而且也是古文经学的得意之处，可比起今古文之争的过程来说，甚至比起今文经学的天人感应春秋大义来说，这些丧葬什么的，分量都是显然不够的。离主题么，也更远一点。

所以删减的部分，当然是古代礼仪，只是到底删哪些礼留哪些礼，就稍有些讲究了。礼义的部分当然是要留的，而五礼的大部分，基本上都是些简要介绍，既不详尽，用处也不大，不必留。八礼之中，丧葬够详细，也够重要，可一来这是凶礼，连刘向郑玄都把它放到八礼之末，二来又详尽得过头了，说起来要费许多文字，三来对于今天的人来说，生养的价值远大于死葬。所以想了想，就拿掉了。

对于古人，重丧葬是有意义的，而生前奉养则问题不大，毕竟父母没有去世之前仍然是一家之主——至少对大户人家是这样，贾母需要考虑儿女们奉养她的问题吗？而对于今人，生养则成问题——很多人老了连收入都没有；而死葬呢，没必要也没有机会用三年时间完成一个繁复的礼仪了——你停灵三个月试试？所以墨家之薄葬，再加以生前善加奉养，倒更实在些。

至于昏冠或射礼，虽未必也能实行，可意义却是在的。毕竟现代人，对于成人之礼过于缺失，此为不及古人处。对于成家之礼又过于奢华，而婚礼最重要的那些部分却没人记得了，此为过于古人处。射礼呢，今天的人一旦参与竞争，或无下限只以争胜为务，美其名曰为国或为别的什么争光，或干脆让，打友谊球，好像摆明了别人不被让就一定赢不了一样，又好像别人会把这个被让的当成荣誉而不是耻辱一样，这就是既过而又有不及了。所以从另一个角度多少了解些，并不是坏事。

当然，如果你一定要除昏冠外的礼仪，包括丧葬都要加以详细了解，当然也可以读帖子或博文，或其他类似书籍。

只是对于我来说，也只好如此而已了。毕竟对于这本书来说，现在仍然是一个完整的存在，甚至，也许还是更好的存在呢。

是为跋。